Foto von Eli Reed

Robert Jensen ist emeritierter Professor an der School for Journalism an der University of Texas in Austin, wo er Medienrecht, Ethik und Politik unterrichtete und den Regents' Outstanding Teaching Award gewann. Jensen ist Vorstandsmitglied von Gail Dines' Culture Reframed sowie dem Third Coast Activist Resource Center.

Weitere Bücher von Robert Jensen

Plain Radical: Living, Loving, and Learning to Leave the Planet Gracefully (2015)

Arguing for Our Lives: A User's Guide to Constructive Dialog (2013)

We Are All Apocalyptic Now: On the Responsibilities of Teaching, Preaching, Reporting, Writing, and Speaking Out (2013)

La Angustia en el Sueño Americano/The Anguish in the American Dream (Translated by Mariano Hernan Spina, 2013)

All My Bones Shake: Seeking a Progressive Path to the Prophetic Voice (2009)

Getting Off: Pornography and the End of Masculinity (2007)

The Heart of Whiteness: Confronting Race, Racism and White Privilege (2005)

Citizens of the Empire: The Struggle to Claim Our Humanity (2004)

Ciudadanos del Imperio: Reflexiones sobre patriotismos, disidencias y esperanzas (2003)

Writing Dissent: Taking Radical Ideas from the Margins to the Mainstream (2001)

Pornography: The Production and Consumption of Inequality (with Gail Dines and Ann Russo, 1998)

Freeing the First Amendment: Critical Perspectives on Freedom of Expression (co-editor with David S. Allen, 1995)

Zu einer Zeit in der Vieles, was als Feminismus bezeichnet wird, nur ein liberaler Ansatz ist, der individuelle Ermächtigung revolutionären sozialen Veränderungen vorzieht, ist Robert Jensens Buch dringend notwendig, um das Radikale wieder mit dem Feminismus zu verknüpfen. Seine aufschlussreiche Analyse, sein ungebrochener Einsatz für den radikalen Feminismus und sein mutiger Aufruf, das Patriarchat abzuschaffen, macht *Das Ende des Patriarchats* zu einem wichtigen und mutigen Buch.

— Gail Dines, emeritierte US Professorin für Soziologie und Frauenforschung am Wheelock College, Autorin von *Pornland. Wie die Pornoindustrie uns unserer Sexualität beraubt*

Das Ende des Patriarchats. Radikaler Feminismus für Männer ist ein hervorragendes, starkes und aufschlussreiches Buch. Auf jeder Seite finden sich Ideen, die sich lohnen, weiter diskutiert und erforscht zu werden. Jensen ist ein kluger und bescheidener Mann, der bereit ist, Frauen zuzuhören und Männern Fragen zu stellen. Solche Männer gibt es nur selten. Er macht das Gegenteil von mansplaining: Er hört Frauen zu. Das finde ich großartig!

— Jeffrey Masson, Psychoanalytiker und Autor von *Hunde lügen nicht. Die verborgene Seele der Kühe* und *Lost Companions. Reflections on the Death of Pets*

Das Ende des Patriarchats ist ein äußerst lesenswertes Buch für Männer – und Frauen – die instinktiv wissen, dass die ökonomische, soziale und politische Dominanz der Männer für alle großen Schaden anrichtet, die aber keine triftigen Argumente und Worte haben, um das auszudrücken. Geschrieben mit grosser Bescheidenheit wie auch moralischer Klarheit, zeigt Robert Jensen die Angst auf, die viele Männer davor haben, sich ernsthaft mit Feminismus auseinanderzusetzen. Er erklärt aber auch, wie viel Männer gewinnen können, wenn sie diesen Sprung wagen.

— Dr. Jackson Katz, Autor von *The Macho Paradox: Why Some Men Hurt Women*

Frauen werden für dieses Buch dankbar sein, da Männer Robert Jensen auf eine Art zuhören, zu der sie bei Frauen nicht bereit sind. Wenn Männer sich für seine Ideen öffnen, wird das ihr Leben verändern.

— Dr. Betty McLellan, Psychotherapeutin und Autorin von *Hilfe! Ich lebe mit einem KindMann* und *Lust auf Glück: die Überwindung der Psychoppression*

Um das Patriarchat zu beenden, müssen Männer sich gegen die männliche Herrschaft stellen und sie stoppen. Das scheint zu viel gefragt, aber in diesem Buch beschreibt Robert Jensen, wie diese persönliche Herausforderung in einen politischen Aufruf zum Handeln umgewandelt werden kann. Mutig zeigt er uns, dass radikalfeministisches Denken und Handeln wesentlich für das Überleben der Menschheit und des Planeten ist. Durch seine Selbstreflexion und kritisches Denken entdecken wir einen Mann, der ein Vorbild für Männer und Jungen, Studenten und Aktivisten in ihrem Streben ist, eine Gesellschaft zu erschaffen, die frei von Misogynie und Ungleichheit ist.

— Kathleen Barry, emeritierte Professorin und Autorin von *Sexuelle Versklavung von Frauen, The Prostitution of Sexuality* und *Unmaking War, Remaking Men*

Das Patriarchat ist das Wasser, in dem wir schwimmen, und es ist vergiftet und stinkt. Wie können wir je wieder saubere Luft atmen, wenn wir das nicht erkennen? In diesem klaren, ausgewogenen und höchst professionell argumentierenden Buch zeigt uns Robert Jensen einen Weg auf, die wichtigste Frage unseres Lebens zu beantworten: Können wir eine gleichberechtigte Gesellschaft wiederentdecken? Können wir auf dieser Erde weiterleben?

Wir hatten eine solche früher und können sie wieder aufbauen. *Das Ende des Patriarchats* ist ein Buch der Hoffnung.

— Steve Biddulph AM, Autor von *Jungen: Wie sie glücklich heranwachsen, Das Geheimnis glücklicher Kinder,* und *10 Geheimnisse glücklicher Mädchen: Wie Sie Ihre Tochter zu einer starken und unabhängigen Frau erziehen*

Zu einer Zeit in der die männliche Linke Frauen weltweit verraten hat, tut uns Robert Jensen einen großen Gefallen, da er versteht, dass radikal-feministisches Denken und Handeln die größte Hoffnung für das Überleben unseres Planeten bietet.

— Dr. Julia Long, lesbisch-feministische Forscherin und Aktivistin, Autorin von *Anti-Porn: The Resurgence of Anti-Pornography Feminism*

DAS ENDE DES PATRIARCHATS

Radikaler Feminismus für Männer

Aus dem US-amerikanischen Englisch
von Doris Hermanns

ROBERT JENSEN

Die Originalausgabe erschien 2017
unter dem Titel *The End of Patriarchy: Radical Feminism for Men*
bei Spinifex Press, North Geelong and Mission Beach, Australien.

Erste Auflage 2021

© der deutschen Ausgabe

Spinifex Press North Geelong und Mission Beach, Australien

c/o KOFRA Baaderstrasse 30 80469 München

© 2017 by Spinifex Press

Umschlaggestaltung: Deb Snibson, MAPG

Satz: Helen Christie, Blue Wren Books

Schriftsatz: Minison Pro

ISBN: 978-1-9259501-4-4 (Paperback)

ISBN: 978-1-9259501-5-1 (E-Book)

Inhalt

Danksagungen

Mein Dank gilt dem engen Netzwerk von FreundInnen, die sich aufgrund unserer geteilten Liebe für den verstorbenen Jim Koplin zusammengefunden haben.

Weiter danke ich Gail Dines, Matt Ezzell und Rebecca Whisnant für viele Jahre feministischer Solidarität,

Peter Dimock, Nancy Gilkyson, Carla Golden, Heather McLeod, Tai Moses und Pat Youngblood für ihr kritisches Lesen, sowie Eliza Gilkyson dafür, dass sie mein Prüfstein ist.

Mein besonderer Dank gilt Susan Hawthorne, Pauline Hopkins und Renate Klein von Spinifex Press, nicht nur für ihre Großzügigkeit mir gegenüber bei der Arbeit an diesem Buch, sondern auch für ein Vierteljahrhundert vorbildhaften Einsatzes für feministische Wissenschaft und Organisieren.

Für die deutschsprachige Ausgabe gilt mein großer Dank der Übersetzerin Doris Hermanns. Ich danke auch Theresia Sauter-Bailliet für ihre großzügige finanzielle Unterstützung der Übersetzung, sowie Anita Heiliger für die Idee der deutschen Übersetzung und ihr Vorwort. Außerdem danke ich Renate Klein für ihre stetige Unterstützung meiner Arbeit (inklusive dieser Übersetzung) und Spinifex Press für die Veröffentlichung dieses Buches auf Englisch und Deutsch.

In *Getting Off: Pornography and the End of Masculinity*, 2007 bei South End Press erschienen, habe ich mich mit einigen der gleichen Themen wie in diesem Buch beschäftigt. Nach der Geschäftsaufgabe des Verlags South End 2014 war *Getting Off* nicht mehr lieferbar. *Das Ende des Patriarchats* erweitert diese Arbeit, indem es mit einem ausführlicheren feministischen Rahmen und zusätzlichen Themen über Pornografie hinausgeht.

Über einige Ideen aus *Das Ende des Patriarchats* habe ich bereits in Essays in Sammelbänden, Zeitungen, Zeitschriften und Webseiten geschrieben, unter anderem in:

"Pornographic Values: Hierarchy and Hubris." In: *Sexualization, Media, and Society*, Heft 1:1 (2016), S. 1-5.

"Letting Go of Normal when 'Normal' Is Pathological, or Why Feminism Is a Gift to Men." In: Donna King and Catherine G. Valentine (eds.): *Letting Go: Feminist and Social Justice Insights and Activism*. Nashville, Vanderbilt University Press, 2015. S. 57-65.

"Pornographic and Pornified: Feminist and Ecological Understandings of Sexually Explicit Media." In: Jacob Held and Lindsay Coleman (eds.): *The Philosophy of Pornography: Contemporary Perspectives*. Lanham, Rowman & Littlefield/ Scarecrow Press, 2014. S. 53-70.

"Stories of a Rape Culture: Pornography as Propaganda." In: Melinda Tankard Reist and Abigail Bray (eds.): *Big Porn Inc: Exposing the Harms of the Global Pornography Industry*. North Melbourne, Spinifex Press, 2011, S. 25-33.

"Pornography." With Ana J. Bridges. In: Claire M. Renzetti, Jeff Edleson, and Raquel Kennedy Bergen (eds.): *Sourcebook on Violence Against Women*. Thousand Oaks, Sage, 2011, 2nd ed. S. 133-149.

"Pornography Is What the End of the World Looks Like." In: Karen Boyle (ed.): *Everyday Pornography*. New York, Routledge, 2010, S. 105-113.

"Is the ideology of the transgender movement open to debate?" In: *Voice Male*, Summer 2016; und *Feminist Current*, 27. Juni 2016. <http://www.feministcurrent.com/2016/06/27/ideology-transgender-movement-open-debate/>

"How porn makes inequality sexually arousing." In: *Washington Post*. In: Theory, 25. Mai 2016. <https://www.washingtonpost.com/news/in-theory/wp/2016/05/25/how-porn-makes-inequality-sexually-arousing/>

"Can porn be good for us?" In: *The Economist*, 17.-27. November 2015. <http://debates.economist.com/debate/online-pornography?state=closing>

"Feminism unheeded." In: *Nation of Change*, 8. Januar 2015. <http://www.nationofchange.org/2015/01/08/feminism-unheeded/>

"Rape, rape culture, and the problem of patriarchy." In: *Waging Nonviolence*, 29. April 2014. <http://wagingnonviolence.org/feature/rape-rape-culture-problem-patriarchy/>

"Rape is all too normal." In: *Dallas Morning News*, 20. Januar 2013. <http://www.dallasnews.com/opinion/sunday-commentary/20130118-robert-jensen-rape-is-all-too-normal.ece>

Anita Heiliger

Vorwort zur deutschen Ausgabe

Als Renate Klein und Susan Hawthorne vor zwei Jahren für einen Vortrag in unserem feministischen Frauenprojekt KOFRA in München ihr Verlagssortiment präsentierten, sah ich das Buch von Robert Jensen und mir war sofort klar: Dieses Buch brauchen wir in Deutschland! Also fingen wir an, die Übersetzung zu planen.

Das Ende des Patriarchats ist ein Titel, der genau sagt, worum es uns geht, abgeleitet aus Jensens eigener Sozialisation zum Mann und dem permanenten Unwohlsein mit den entsprechenden gesellschaftlichen Erwartungen nach Dominanz, Konkurrenz, Verdrängung von Gefühlen, Gewaltakzeptanz und Zerstörungsmacht.

Jensen beschreibt, wie er dem Feminismus zunächst mit Skepsis begegnete, beeinflusst von den Mainstream-Argumenten der KritikerInnen. Erst die intensive Auseinandersetzung mit dem Radikalen Feminismus und vielen Frauen, die er dabei allmählich kennenlernte, überzeugte ihn davon, dass nur die Abschaffung des Patriarchats die Zurichtung zu gewalttätiger

Männlichkeit beenden und eine Zukunftsvision von Menschlichkeit für alle ermöglichen könne.

Dieses Buch ist an Männer gerichtet, die sich mit diesem Unwohlsein konfrontieren und individuelle Wege entwickelt haben, sich nicht an den Gewaltstrukturen zu beteiligen.

Diesen Männern kann Jensen Mut machen, sich nicht als „Versager" zu erleben, sondern als Vorreiter für eine neue Identität, die sich lautstark von den patriarchalen Zwängen abwendet und allen Männern eine Plattform anbieten kann, diese gemeinsam aktiv zu bekämpfen. „Zero Macho" ist z. B. solch eine Plattform, die von einer französischen Feministin gegründet wurde. Doch sie geht bisher nicht über individuelles Engagement einzelner Männer oder kleiner Gruppen hinaus. Robert Jensen aber bietet das Potential für eine grundlegende Veränderung auf der Basis seiner eigenen Erfahrungen, die er mutig preisgibt. Diese Veränderung muss prinzipiell an den Jungen im Prozess ihres Heranwachsens ansetzen, wenn sie die patriarchalen Zwänge noch nicht verinnerlicht haben. Sie sind in dieser Zeit ansprechbar, eine andere Entscheidung zu treffen, die allerdings voraussetzt, dass sie aufgeklärt werden darüber, was die von ihnen erwartete Gewalt, die sie (noch) als „Spaß" einüben, speziell bei Frauen anrichtet, deren Unterwerfung zum Kern der patriarchalen Männlichkeit gehört.

Die erstaunliche Wirkung solcher Aufklärung habe ich in meiner eigenen Forschung am Deutschen Jugendinstitut aufgezeigt,[1] die an der vielversprechenden Bewegung für eine „antisexistische Jungenarbeit" in den 1980er

---

1   Anita Heiliger/Constance Engelfried: *Sexuelle Gewalt. Männliche Sozialisation und potentielle Täterschaft* Frankfurt 1995; Anita Heiliger: *Männergewalt gegen Frauen beenden. Strategien und Handlungsansätze am Beispiel der Münchner Kampagne gegen Männergewalt an Frauen und Mädchen/Jungen*, Opladen 2000, insbesondere das Kapitel 4: Aktionen und Maßnahmen zum Bereich Schule: „Jungen Grenzen setzen", S. 119ff.

und 1990er Jahren in Deutschland ansetzte.[2] Nach der deutschen „Wiedervereinigung" wurde diese Bewegung von Maskulinisten und Vaterrechtlern zerstört, lächerlich gemacht und als „Verweichlichung" und „Benachteiligung von Jungen" gegenüber der Förderung von Mädchen diskriminiert.[3] Der Antisexismus war noch nicht stark genug, um diesen neuen reaktionären patriarchalen Tendenzen standzuhalten.

Jensens Buch setzt ein Signal an alle (selbst-) reflektierten Männer, teilzuhaben an der Beendigung des Patriarchats und sich mit dem radikalen Feminismus zu verbünden, denn „ich fing an zu verstehen, dass Feminismus ... mir die Werkzeuge gab, um aufhören zu können, der Mann zu sein, der ich nie sein wollte". Die Lektüre des Buches ist aber auch für Frauen zu empfehlen, um ihnen eine gut fundierte Möglichkeit zu geben, die Themen von Dominanz und Unterwerfung – und wie sie Frauen betreffen – mit den Männern in ihrem Leben zu diskutieren.

Anita Heiliger, München
Februar 2021

---

2   Vgl die HVHS, Heimvolkshochschule Frille, s. deren Begründer Franz-Gerd Ottemeier-Glücks: „Über die Notwendigkeit einer antisexistischen Arbeit mit Jungen", in: *Deutsche Jugend* 7/8/1987.

3   s. Anita Heiliger: Zu Hintergründen und Grundsätzen einer antisexistischen Jungenarbeit, in: Ingo Bieringer/Walter Buchacher, Edgar J. Forster (Hg.): *Männlichkeit und Gewalt. Konzepte für die Jungenarbeit*, Opladen 2000.

Fange im Körper an

Dieses Buch begann in meinem Körper.

Ich stieß zum ersten Mal auf eine radikalfeministische Analyse des Patriarchats, als ich dreißig Jahre alt war und an der Hochschule zu studieren begann. Ich nahm an einem Kurs über freie Meinungsäußerung und Recht teil und stolperte über einen Artikel, der eine feministische Kritik der Pornografie präsentierte. Meine erste Reaktion war, dass eine solche Kritik völlig lächerlich sei, während ich gleichzeitig merkte, dass sie unverkennbar wahr war.

Es ist nicht erstaunlich, dass ich mich damit in einem Konflikt befand. Als ein Mann, der Jahre der Sozialisation in patriarchaler Männlichkeit hinter sich hatte, war ich Feministinnen gegenüber misstrauisch, von denen mir gesagt wurde, dass sie hinter mir her seien. Wenn nun eine feministische Kritik von etwas mir eigentlich zwingend erschien, musste ich die Bedrohung schnell beseitigen und dann erklären, warum sie eindeutig falsch sei – und weitermachen wie bisher. Aber auch wenn ich darin geschult war, solche Ideen abzulehnen, fühlte ich eine Art Erleichterung auf einer tieferen Ebene, ein Erkennen, dass ich nicht nur einen ehrlichen Bericht über die Welt las, sondern auch über mich selbst: eine stimmige Erklärung meiner eigenen Erfahrung, für die ich zu dieser Zeit noch keine Worte hatte.

Als ich mehr über die Kritik an Pornografie und über Feminismus im Allgemeinen las, verstärkte sich trotz dieser Reaktion meine Skepsis, und ich untersuchte die Argumente mit aller wissenschaftlicher Schärfe eines angehenden Akademikers – ich identifizierte Annahmen, hinterfragte Definitionen, bewertete Belege, stellte die Behauptungen in Frage. Eine solche Skepsis ist wohl angemessen, um jede These, die jemand über etwas aufstellt, zu untersuchen, aber Skepsis, die Angst maskiert, kann uns dazu bringen, Ideen lächerlich zu machen, die sich bedrohlich anfühlen. Meine ersten Versuche, etwas über die feministische Herausforderung des Gebrauchs von Pornografie von Männern zu schreiben, waren genau das. Zum Glück erlaubte mein eigener Körper mir diese einfache Lösung nicht.

Ich habe mich dem Feminismus erst einmal über diese intellektuelle Arbeit angenähert und bin auf Abstand geblieben. Aber auf eine Weise, die ich zu der Zeit nicht beschreiben konnte, fühlte ich mich mit meinem Körper doch von der feministischen Analyse und Politik angezogen – irgendetwas an der Kritik des Patriarchats fühlte sich einfach richtig an. Auch wenn wir gerne klare und ordentliche Geschichten darüber erzählen, wie wir dazu kamen, das zu glauben, was wir glauben – Geschichten in denen wir normalerweise die kritisch denkenden HeldInnen sind -, so umfasst der Weg, auf dem wir alle lernen, die Welt zu verstehen, das komplexe Zusammenspiel von Gefühl und Verstand, Körper und Geist, bewusste geistige Aktivität und unbewusstes Körpergedächtnis. Wir „denken" und wir „fühlen" gleichzeitig, was ineinandergreift, auch wenn wir oft so reden, als ob dies zwei völlig verschiedene Aktivitäten in den getrennten Teilen unserer Gehirne und Körper sind.

Das bedeutet nicht, dass wir nicht kritisch denken sollten, oder dass ein intellektuelles Argument einfach mit dem Beschreiben von Gefühlen abgewehrt werden kann. In diesem Buch zeige ich ein Argument für eine feministische Kritik des Patriarchats auf, von dem ich glaube, dass es auf einem gründlichen Gebrauch des Verstands basiert. LeserInnen sind eingeladen, meine Annahmen, Definitionen, Nachweise und Behauptungen zu kritisieren. Aber wir brauchen keine intellektuelle Strenge zu opfern, um auch unserem emotionalen, verkörperten Leben Aufmerksamkeit zu schenken, und darauf zu hören, was es uns lehrt.

Wenn ich versuche zu verstehen, wie dieses Denken-und-Fühlen über das System von biologischem Geschlecht und Gender sich in meinem Leben entfaltet hat, wird deutlich, dass dieser Weg nicht klar oder gradlinig war, und dass ich kein großer Held bin. Obwohl ich die feministische Kritik ablehnen wollte, sagte mein Körper mir, dass ich mich nicht abwenden solle, auch wenn diese Herausforderung des Patriarchats kritische Selbstreflexionen erfordern würde, die schmerzhaft sind. Aber wie intensiv der Schmerz auch sein würde, er würde es wert sein. Etwas in mir – nennen wir es Instinkt oder Inspiration oder einfach Glück – brachte mich dazu, weiterzulesen und nachzudenken. Ich blieb skeptisch, aber mit einer zunehmenden Aufgeschlossenheit.

Ich könnte jetzt eine Geschichte zusammenreimen, wie ich mir radikalen Feminismus als Resultat eines sorgfältigen intellektuellen Prozesses zu eigen machte – wie eine rein rationale Auswertung der analytischen Kraft der feministischen Theorie mich dazu gebracht hätte, überzeugende Argumente für eine radikalfeministische Politik, die in unserer geteilten moralischen Verpflichtung für menschliche Würde, Solidarität und Gleichheit wurzeln, zu akzeptieren. Die radikalfeministische Theorie bietet eine solche Analyse und feministische Politik ist tatsächlich überzeugend, aber ehrlicherweise gesagt, war es so, dass ich mir den Feminismus erst einmal aus Eigennutz zu eigen machte, aus einer Sehnsucht heraus nach mehr im Leben, als das Patriarchat Männern zu bieten hat. Ich wollte aus dem ewigen Wettbewerb heraus, „ein richtiger Mann zu sein", wie es das Patriarchat definiert und war auf der Suche, einfach ein menschliches Wesen zu werden, so wie ich es mir vorstellte sein zu können. Durch den Feminismus begriff ich, dass die Angst und die Isolation, die ich empfand, und die viele Männer empfinden, das Resultat einer Vorstellung von Männlichkeit im Patriarchat war, die uns in die Falle eines endlosen Kampfes um Kontrolle, Herrschaft und Eroberung lockt. Das Problem war nicht mein Versagen, die Normen der Männlichkeit zu erfüllen, sondern die toxische Art der Männlichkeit im Patriarchat. Durch den Feminismus begann ich zu begreifen, dass die Art, wie ich als Kind von anderen Jungen und Erwachsenen missbraucht worden war, nicht das Ergebnis meiner Schwäche oder meines Versagens war, sondern das Ergebnis des brutalen patriarchalen Systems von biologischem Geschlecht und Gender, das Herrschaft und Unterordnung sexualisiert.

Ich fing an zu begreifen, dass das Patriarchat nicht nur mein Leben eingeschränkt und mich verletzbar gemacht hat, als ich jung war, sondern mich darin geschult hat, mir diese Dynamik der Herrschaft und Unterordnung zu eigen zu machen, als ich älter wurde. Auch wenn ich mich nie „männlich genug" gefühlt habe, so hatte ich letztendlich genug gelernt, um einige dieser toxischen Männlichkeitsnormen auf eine Weise zu benutzen, auf die ich nicht gerade stolz war. Wir wollen verstehen, wie wir verletzt werden, aber wenn wir nicht gerade Soziopathen sind, haben wir auch eine moralische Sehnsucht danach, zu verstehen, wie und warum wir andere verletzt haben. Der

Feminismus bietet einen Rahmen, die Verletzungen, die ich erlitten hatte, und die Verletzungen, die ich anderen zugefügt hatte, zu analysieren. Ich begann zu verstehen, dass die patriarchale Durchsetzung einer Hierarchie von biologischem Geschlecht und Gender einer der Schlüsselfaktoren ist, der die Welt, in der ich lebte, strukturierte: eine Welt, die ich besser zu verstehen versuchte und mithelfen wollte, sie zu verändern.

Diese Erklärung ist genauer, aber immer noch zu deutlich und ordentlich, sie klingt zu sehr nach einer dieser „Reise-Erzählungen", in denen der Held oder die Heldin Herausforderungen meistert und Hindernisse besiegt bis zum Moment der Erleuchtung. Selbst wenn wir lernen, das Patriarchat zu analysieren, leben wir noch immer im Patriarchat und werden mit den endlosen Herausforderungen konfrontiert, vor die es uns stellt, sowie den anderen toxischen Systeme der Macht, die die Welt strukturieren: weiße Vorherrschaft (Rassismus), Kapitalismus, Vorherrschaft der Ersten Welt und menschliche Arroganz im Allgemeinen. Je mehr wir unsere Fähigkeit zu verstehen schärfen, desto mehr sind wir in der Lage, unser Versagen zu sehen.

Und von Anfang an analysieren und kritisieren wir nicht als freie Geister, sondern als verkörperte Geschöpfe. Wir denken und fühlen unseren Weg durch diese facettenreiche Welt und benutzen dabei nicht nur unsere intellektuellen Werkzeuge, sondern all unsere Fähigkeiten, um diese Komplexität so gut wie möglich zu verstehen. Wenn wir Glück haben, haben wir unterwegs Augenblicke der Klarheit, aber wenn wir ehrlich sind, hören wir nie damit auf, uns zu bemühen, unsere Erkenntnisse zu vertiefen.

Dieses Buch begann in meinem Körper, und ich beginne dieses Buch mit dieser Erkenntnis, weil ich weiß, dass ich mit dieser Erfahrung nicht alleine bin. Während ich an diesem

Buch gearbeitet habe, erhielt ich eine E-Mail von einer Frau, die Artikel gelesen hatte, die ich über Pornografie geschrieben hatte. Sie schickte mir Fragen, die sich auf ihre laufenden Forschungen über Gewalt bezogen. Aber bevor sie diese Themen ansprach, erzählte sie mir ein wenig von ihrem eigenen Leben und gab mir die Erlaubnis, das hier zu teilen. Es ist eine Geschichte, die sowohl einzigartig in ihrem speziellen Weg ist, als auch alltäglich. Eine Erinnerung an Muriel Rukeysers Erkenntnis: „Was würde passieren, wenn eine einzige Frau die Wahrheit über ihr Leben erzählen würde? Die Erde täte sich auf".[4]

Lisa, eine heute mehr als dreißigjährige Frau, erzählte mir über ihre Welt:

> „Bis ich dreißig Jahre alt wurde, dachte ich, dass ich eine normale Person sei. Ich lebte und arbeitete und hatte Dates und war in Ordnung. Ich war aber auch eine Person, die zunehmende Schlafstörungen hatte, eine wachsende Liebe für Schlafmittel, eine verschwindende Aufmerksamkeitsspanne und eine Menge furchterregende verwirrende Träume. Ich fing an, in den Nächten, in denen ich nicht schlafen konnte, Tagebuch zu führen. Vieles darin war zusammenhanglos. Fast alles handelte von Sex.
>
> Mit Anfang dreißig erreichten die Schlaflosigkeit, Alkohol und Konzentrationsschwierigkeiten ihre Grenzen. Anders als mit unter dreißig regte mich unerklärlicherweise alles, was mit Sex zu tun hatte – Filmszenen, Witze unter FreundInnen, Sex selber –, so sehr auf, dass ich es um jeden Preis vermied. Es führte zu tage- und wochenlanger Schlaflosigkeit, eine Art endloser Schlaflosigkeit, bei der kein Ende in Sicht war.
>
> Zu dieser Zeit begann ich zum ersten Mal eine Therapie und während der nächsten Monate begann sich ein langer Strom von

---

4 Muriel Rukeyser: *Houdini: A Musical*, S. 89.

sexuellen Begegnungen aufzulösen, die ich nie jemand im Detail erzählt hatte, die mit verschiedenen Menschen im Laufe eines Jahrzehntes stattgefunden hatten, an die ich mich immer erinnert hatte, die in meinen Erinnerungen wie wortlose Vignetten gelebt hatten, von denen ich einfach ausgegangen war, dass sie normal seien, aber auch immer gewusst hatte, dass sie toxisch waren.

Als es vorbei war, sah ich mir den Trümmerhaufen an und fragte mich, wie es dazu hatte kommen können? Wie hatte ich Männern erlauben können, meinen Körper so zu missbrauchen, dass ich dabei beinahe umkam? Wie hatte sich so viel Schaden ansammeln können, ohne dass es jemand gemerkt hatte? Ich habe der Welt so viel mehr zu geben, und ich verdiene so viel mehr von der Welt als das.

Therapie rettete mein Leben, aber während ich einem grausamen und häufig sexuellen Egoismus ins Auge blickte, während ich vor seinen Auswirkungen stand, fing ich plötzlich an, mich mit allen zu streiten. Ich stritt mich mit Menschen in meinem Alter, ich ärgerte mich über das Kino, ich ärgerte mich über Werbung, ich ärgerte mich über Dating-Webseiten. Mich selber zu heilen und mir zuzutrauen, Fragen zu stellen, wurde die einsamste Sache, die ich je getan habe.

Ich wollte mir den Feminismus anschauen, um Antworten zu finden, aber ich war schockiert, wirklich wieder regelrecht traumatisiert, von einem Gedankenspiel von Ermächtigung- und Wahlrhetorik [üblich in einigen zeitgenössischen feministischen Texten RJ], das ich nur als sehr schmerzhaft zu lesen für jemand wie mich bezeichnen kann. Ich habe keine Antworten gefunden und mir nichts davon ausgesucht.

Die ganze Zeit hat mir niemand radikalfeministische Ideen erklärt. Als ich sie zum ersten Mal fand, war es, als ob ein schmaler Luftstrom seinen Weg durch ein beinahe geschlossenes Fenster in ein Zimmer gefunden hatte, in dem kaum noch Sauerstoff war. Ich brauche nicht viele Menschen, die mir zustimmen, aber ich muss wissen, dass ich nicht völlig alleine bin.

Ich habe eine Menge Ideen über die Verbindungen von einer Kultur des sexuellen Egoismus mit sexueller Gewalt. Ich weiß, wie sie von der befreiten Pop-Fantasie in den Körper einer realen Person eindringt. Ich denke, dass ich nicht alleine bin. Ich denke, dass es wohl vielen so geht."

Lisas Erfahrung ist nicht außergewöhnlich, genauso wenig wie ihre Bedenken, dass einige zeitgenössische feministische Analysen eine radikale Kritik des Patriarchats umgehen, und sich stattdessen auf Wege konzentrieren, in denen die Wahl von Frauen im Patriarchat einzelne Frauen „stark macht". Wie auch mir, half der radikale Feminismus Lisa, das Intellektuelle und das Körperliche zusammen zu bringen. Auch wenn ihre Erfahrungen als Frau vollkommen andere sind als meine als Mann – ich kann meinen eigenen Schmerz ernst nehmen, ohne ihn den Bedrohungen, die Frauen erleben und den Verletzungen, die sie erleben, gleichzusetzen – in ihrer Geschichte erkenne ich die Welt, in der sowohl sie, als auch ich leben.

Ich hoffe, dass dieses Buch dazu beiträgt, die Welt zu verstehen, und so zu helfen, mit unseren individuellen Schmerzen umzugehen, und das System zu verstehen, das die Grundlage für diese Schmerzen ist. Zentral für diese Aufgabe ist es, wie Lisa deutlich macht, dass wir uns unserer Angst stellen.

Folge deiner Angst

Menschen, die vor wichtigen Entscheidungen in ihrem Leben und ihrer Karriere stehen, wird heute häufig der Ratschlag, „folge deiner Leidenschaft", gegeben. Dieses Klischee schadet nicht, wenn es Menschen dazu anregen soll, geisttötende Jobs zum reinen Überleben nicht anzunehmen oder uns daran zu erinnern, mutig zu sein und unsere Meinung zu sagen, wenn Menschen um uns herum widersprechen. Aber in einer Gesellschaft, die mit zahlreichen, sich teilweise überschneidenden sozialen und ökologischen Krisen konfrontiert ist, kann die Besessenheit mit Ausleben von Leidenschaften eine gefährliche Ablenkung sein, wenn diese Leidenschaften dazu führen, dass wir schmerzhafte Realitäten ignorieren. Der wichtigere Ratschlag – für uns alle, individuell und kollektiv – ist, erst einmal „unseren Ängsten zu folgen".

Wenn es eine anständige menschliche Zukunft auf einem stabilen lebenden Planeten geben soll, müssen wir uns mit unseren tiefsten Ängsten konfrontieren, nicht nur mit denen, die uns selbst betreffen, sondern auch mit Ängsten, die mit den zutiefst ungerechten und grundlegend unhaltbaren Gesellschaften, die existieren, zu tun haben. Die Probleme, mit denen wir konfrontiert werden, sind das vorhersagbare Ergebnis der sozialen, politischen und ökonomischen Systeme, auf denen unsere Gesellschaften aufgebaut wurden. Während es in der Tat so ist, dass die Leute, die diese Systeme betreiben, häufig habgierig sind, manchmal inkompetent und zuweilen unmenschlich, so ist unser Hauptproblem nicht die Natur der verantwortlichen Menschen, sondern die Beschaffenheit der *Systeme*, für die sie verantwortlich sind.

Um höflich zu sein, sprechen wir in Diskussionen selten direkt über diese Systeme. Wenn wir es wagen, so vermeiden wir häufig Namen und genaue Beschreibungen. In den Vereinigten Staaten ist es üblich, dass Menschen sich für Diversität aussprechen. Aber über die Pathologie der weißen Vorherrschaft sprechen wir nur selten: der Ideologie, die EuropäerInnen geschaffen und dazu benutzt haben, 500 Jahre lang ihre Eroberung des Großteils der Welt zu rechtfertigen. Trotz der bedeutenden Erfolge der Bürgerrechtsbewegungen müht sich diese Kultur noch immer damit ab, den anhaltenden Auswirkungen weißer Vorherrschaft – Rassismus – ehrlich ins Auge zu blicken, obwohl wir behaupten, sie überwinden zu wollen.

Die krankhafte Habgier, von der diese Unterwerfung angetrieben war, entwickelte sich letztendlich zum neoliberalen Kapitalismus, mit seiner Forderung nach endlosem Wachstum und seiner unvermeidlichen Wohlstandsunterschiede. Aber statt ein ökonomisches System abzulehnen, das nicht mit unseren grundlegenden moralischen Prinzipien und einer ökologisch tragbaren Zukunftsperspektive vereinbar ist, tun wir so, als ob oberflächliche Reformen, die mit Begriffen wie „bewusster Kapitalismus" oder „grüner Kapitalismus" verkauft werden, diesen Weg magisch verändern würden. Die extravistische und expansive Besessenheit der heutigen energiereichen und

Hochtechnologie-Welt hat uns an einen Punkt gebracht, an dem die menschliche Existenz auf diesem Planeten in großem Umfang nicht mehr gesichert ist. Einige der schutzbedürftigsten Bevölkerungsgruppen weltweit sind bereits mit katastrophalen Bedingungen konfrontiert, und es gibt keine Garantie, dass die Reichen vor solchen Schicksalen unbegrenzt geschützt bleiben. Trotzdem werden kritische Stimmen von der Behauptung erstickt, dass es keine Alternative zu „unser Art zu leben" gibt, vor allem in den Vereinigten Staaten.

Es ist schwierig, sich den Herausforderungen von RassistInnen, KapitalistInnen, ImperialistInnen und HochtechnologieIndustriesystemen ehrlich zu stellen. Aber was noch schwieriger zu sein scheint, ist sich der tiefgehenden *Pathologie* des Systems von biologischem Geschlecht und Gender zu stellen. Diese Pathologie hat einen Namen – Patriarchat –, seine Ursprünge reichen weit in die menschliche Geschichte zurück, nicht nur Jahrhunderte, sondern mindestens sechstausend Jahre, bis zum Anfang der institutionalisierten männlichen Herrschaft, als „Männer entdeckten, wie man ›Unterschied‹ in Herrschaft umwandelt", und sie so „das ideologische Fundament für alle Systeme von Hierarchie, Ungleichheit und Ausbeutung" legten.[5]

Die Behauptung von Männern im Patriarchat, dass sie ein Recht auf die Kontrolle der Sexualität und Reproduktion von Frauen hätten, das mit Gewalt unterstützt wird, hat eine Welt hervorgebracht, die streng geordnet ist durch „Macht über (andere)", d. h. Macht definiert als die Fähigkeit, anderen deinen Willen aufzuzwingen oder sich der Auferlegung von anderen zu widersetzen. Im Gegensatz dazu steht die Idee von „Macht mit (anderen)", die auf einer gemeinsamen Konzeption

---

5   Gerda Lerner: *Zukunft braucht Vergangenheit*, S. 194.

mit anderen beruht.[6] Diese Dynamik von Herrschaft und Unterordnung bestimmte allmählich nahezu alle Beziehungen zwischen Menschen und ihrer Umwelt. Die Pathologie des Patriarchats, d. h. die Vorstellung, dass eine Gruppe von Menschen eine andere kontrollieren könnte – sie sogar besitzen sollte, sogar das Leben an sich – ist der Kern der heutigen Krise. Feministischer Widerstand, von alten Veteraninnen der Frauenbefreiungsbewegung und jungen Digital Natives, fordert diese Pathologie weiterhin heraus, wobei es einige Erfolge an einigen Orten und zu einigen Zeiten gibt. Aber das patriarchale System von biologischem Geschlecht und Gender hat sich als stabil erwiesen: Überall strukturiert die institutionalisierte männliche Gewalt auch weiterhin unser Leben und beeinflusst unser Selbstverständnis.

Die Realität des Patriarchats in all seinen Dimensionen ist nur schwer zu ertragen. So ist es kaum erstaunlich, dass die Welt voll von Verleugnungen und Ablenkungen ist, sowohl von Menschen, die oben stehen, als auch unten und überall dazwischen. Wir haben Angst und sollten diese auch haben. Um es persönlicher auszudrücken: Was Menschen erschaffen haben und wohin das führen könnte, versetzt mich in Schrecken. Ich bin nicht nur entsetzt über die ungerechten und nicht nachhaltigen Systeme, die wir Menschen erschaffen haben, sondern auch über den Willen von so Vielen, die Wahrheit zu

---

6   Die Unterscheidung zwischen „Macht über" und „Macht mit" wird normalerweise Mary Parker Follett zugeschrieben, einer Theoretikerin, politischen Organisatorin und sozialen Aktivistin, die in der ersten Hälfte des 20. Jahrhunderts mehrere einflussreiche Bücher schrieb. Diese Begriffe werden heute in einer Vielzahl von akademischen, politischen und geschäftlichen Zusammenhängen benutzt. Mir ist dieser Begriff zum ersten Mal in Diskussionen mit feministischen Aktivistinnen begegnet. Siehe Amy Allen: „Feminist Perspectives on Power". In: Edward N. Zalta (ed.): *The Stanford Encyclopedia of Philosophy* (Sommer 2014). <http://plato.stanford.edu/archives/sum2014/entries/feminist-power/>

leugnen oder davon abzulenken. Dieses Buch ist Teil meines ständigen Kampfes, mit diesem Schrecken umzugehen. Ich nehme den Rat von James Baldwin ernst, wenn es um den Umgang mit Schrecken geht: „Wenn du auch nur etwas Verstand hast, wirst du verstehen, dass du besser nicht weglaufen solltest. Es gibt keinen Ort, an den du laufen könntest. Geh' also auf ihn zu. Zumindest weißt du so, was dich treffen wird".[7]

Wenn wir verstehen wollen, was uns getroffen hat und was uns wahrscheinlich auch in Zukunft weiterhin treffen wird, vermutlich mit zunehmender Gewalt, müssen wir radikal werden. Auch wenn der Begriff „radikal" häufig dazu benutzt wird, Menschen oder Ideen als „verrückt" oder „extrem" abzulehnen, bezeichnet er in diesem Zusammenhang eine Analyse, die die Grundursachen von sozialer Ungleichheit und ökologischer Nicht-Nachhaltigkeit versucht zu verstehen, anzusprechen und letztendlich zu beseitigen. Ich bin davon überzeugt, dass wir feministische Analysen brauchen, um diese Krise zu verstehen: ein intellektuelles Projekt, um die unrechtmäßigen Autoritätsstrukturen zu begreifen, in denen wir leben. Wir brauchen Feminismus, eine politische Bewegung, um Widerstand gegen diese Autoritätsstrukturen zu organisieren. Wir brauchen Feministinnen und Pro-Feministen, Menschen, die zusammen auf das zugehen, was uns trifft. Feministische Analysen allein, die unsere Bewegungen informieren, und unseren Widerstand verstärken, werden uns nicht retten – dazu sind auch noch andere radikale Perspektiven und Bewegungen notwendig –, aber ich bin überzeugt, dass es

---

7   James Baldwin in einem Interview von Mavis Nicholson, „Mavis on Four" (1987). <https://www.youtube.com/watch?v=3Wht4NSf7E4> Baldwin, ein bekannter US-amerikanischer Autor und Essayist seit den 1950ern bis zu seinem Tod 1987, war eine führende Stimme für Bürgerrechte und soziale Gerechtigkeit im Allgemeinen.

ohne radikalen Feminismus, der zum Widerstand beiträgt, keine Hoffnung auf Rettung für uns gibt.

Die Historikerin Gerda Lerner, deren Werk dazu beigetragen hat, die Ursprünge des Patriarchats zu verstehen, drückte diese Hoffnung auf das feministische Projekt aus, als sie schrieb:

> „Das System des Patriarchats ist ein historisches Konstrukt. Es hat einen Anfang, und es wird ein Ende haben. Seine Zeit scheint zur Neige zu gehen – es dient nicht länger den Bedürfnissen von Männern oder Frauen, und seine unauflösliche Verstrickung mit Militarismus, hierarchischer Struktur und Rassismus ist eine unmittelbare Bedrohung für den Fortbestand des Lebens auf unserem Planeten".[8]

Meine größte Angst ist, dass Lerner sich über unsere Fähigkeit, das Patriarchat zu überwinden, irrt. Dass egal, wie offensichtlich es ist, dass die destruktiven Systeme, die wir Menschen entwickelt haben, – sogar wenn sie schon so bedrohlich sind, dass wir beinahe von den Klippen stürzen – wir nicht umkehren werden. Meine größte Befürchtung ist nicht nur, dass die Machthabenden nicht umkehren werden, sondern dass es an einem gewissen Punkt für alle unmöglich sein wird, umzukehren. Anders gesagt, dass wir bereits zu nah am Abgrund stehen. Lerner hat recht damit, dass das Patriarchat den Bedürfnissen der Menschen – Männer und Frauen – nicht dient. Leider aber dient es nach wie vor dem Bedürfnis einiger Menschen nach Reichtum und Status. Es sind diese Bedürfnisse, die starke Motivationen zum Leugnen und Ablenken schaffen.

Leider ist die radikalfeministische Kritik des Patriarchats in den letzten beiden Jahrzehnten nicht nur weniger geworden, sondern sie wird in einigen feministischen Kreisen sogar abgelehnt. Auch wenn keine intellektuelle oder politische

---

8   Gerda Lerner: *Die Entstehung des Patriarchats*, S. 283.

Bewegung sich je darüber einig sein könnte (oder sollte), wie die Welt zu verstehen ist, die Uneinigkeit innerhalb des Feminismus über die Natur des Patriarchats – sogar darüber, ob das Patriarchat ein nützliches Konzept ist, um die heutige Gesellschaft zu analysieren – macht eindringlich bewusst, wie sehr das Patriarchat in den Gesellschaftsstrukturen und im Alltag „normalisiert" und verankert ist.

Trotz all dieser Ängste, die mich plagen, versuche ich weiter, unsere patriarchale Welt zu verstehen – und mir eine andere vorzustellen. Dieses Buch ist mein Versuch, zu Diskussionen über das Patriarchat beizutragen. Das bedeutet, auf Meinungsverschiedenheiten darüber, wie wir die Welt sehen und verändern wollen, zuzugehen, einschließlich intensiver umstrittener Meinungsverschiedenheiten, die Feminismus und FeministInnen bitter voneinander getrennt haben. Aber all dies führt zu der völlig berechtigten Frage: Wen interessiert es denn überhaupt, was ich zu sagen habe?

Identitätspolitik und meine Identität

Ich bin ein Mann (ein kritischer)[9] und weiß (auch kritisch),[10] 1958 geboren, mit einer Frau verheiratet (auch wenn meine sexuelle Geschichte kompliziert ist), ein weltlicher Christ (kurz gesagt mit einer Theologie, die übernatürliche Behauptungen über einen Gott oder einen auferstandenen Retter ablehnt, und alle religiösen Traditionen als Mythos, Symbol oder Poesie

---

9   Robert Jensen: *Getting Off: Pornography and the End of Masculinity*. Vergriffen, aber gratis zu bestellen unter <http://robertwjensen.org/>

10   Robert Jensen: *The Heart of Whiteness: Confronting Race, Racism and White Privilege*.

ansieht)[11], ein lebenslanger Bewohner der USA (auch kritisch),[12] mit zwei Graduiertenabschlüssen und einer Festanstellung an einer Fakultät einer Universität, durch die ich zu den obersten 20 Prozent der US-amerikanischen SteuerzahlerInnen gehöre. Ich habe mein ganzes Erwachsenenleben als Journalist[13] oder Professor[14] gearbeitet, Jobs, für die ich eine umfangreiche Ausbildung erhalten habe, sowie auch Unterstützung für mein Schreiben und Reden. Ich bin etwas größer als der durchschnittliche Mann in den Vereinigten Staaten, ohne chronische Krankheiten und ohne nennenswerte Risikofaktoren für Krankheiten.

Mit anderen Worten, ich wurde im wohlhabendsten und machtvollsten Nationalstaat in der Geschichte der Welt geboren, zu einer Zeit von schnellen ökonomischen Expansionen, in Identitätskategorien hinein, die mit unverdienter Macht und Status einhergehen, neben einem guten Teil Glück im genetischen Würfelspiel. Die beiden offensichtlichen Vorteile, die ich verpasst habe, sind, reich und schön geboren worden zu sein.

Aus dieser gesellschaftlichen Position, also mit erheblicher Privilegien, heraus, einschließlich des zentralen Privilegs ein Mann zu sein, schreibe ich ein Buch, in dem ich nicht nur eine Analyse der Pathologie des Patriarchats anbiete, sondern zu hitzigen Diskussionen innerhalb des Feminismus Partei ergreife. Auf den ersten Blick mag dies wie ein extremer Fall von „mansplaining" erscheinen, der Begriff, der für die Art

---

11 Robert Jensen: *Plain Radical: Living, Loving, and Learning to Leave the Planet Gracefully.*

12 Robert Jensen: *Citizen of the Empire: The Struggle to Claim Our Humanity.*

13 Robert Jensen: *Writing Dissent: Taking Radical Ideas from the Margins to the Mainstream.*

14 Robert Jensen: *Arguing for Our Lives: A User's Guide to Constructive Dialog.*

und Weise benutzt wird, mit der Männer häufig Frauen Dinge erklären, oft auf eine herablassende Art, die besonders ärgerlich ist, wenn Männer versuchen, Frauen über Geschlechterpolitik „aufzuklären".

Bin ich also außergewöhnlich arrogant oder besonders ignorant? Oder beides?

Es ist verführerisch, mir eine Rechtfertigung zusammen zu basteln, um von möglicher Kritik abzulenken, dass ich keinerlei Recht habe, mich in diese Themen einzumischen, unabhängig von der Qualität meiner Analyse. Es gibt zwei Möglichkeiten, wie ich dies tun könnte. Erstens könnte ich darauf hinweisen, dass ich während meiner Arbeit in feministischen Projekten während der letzten drei Jahrzehnte oft von Frauen ermutigt wurde zu schreiben. Das ist wahr, aber einige Frauen von anderen feministischen Projekten haben mir gesagt, dass ich mich in fast allem irre, und haben vorgeschlagen, dass ich den Mund halte. Welche Frauen repräsentieren „Frauen" und können mir erlauben zu sprechen?

Ich könnte auch darauf hinweisen, dass einige Männer eher feministische Bücher lesen, die von Männern geschrieben wurden als welche von Frauen, eine unglückliche aber leider wahre Beobachtung. Aber auch wenn ich dieses Buch mit männlichen Lesern im Kopf schrieb und hoffe, dass Männer dieses Buch lesen werden, bin ich auch davon überzeugt, dass ich Frauen einige wichtige Erkenntnisse zu bieten habe. Und unabhängig vom biologischen Geschlecht der Lesenden wird die umstrittene Thematik garantiert dafür sorgen, dass einige Leute meine Abhandlungen als kontraproduktiv verdammen werden.

Die Rechtfertigung für dieses Buch kann aber nicht nur von der Zustimmung von feministischen Kameradinnen abhängen oder der Idee, dass es eine Strategie ist, um Männer zu erreichen.

Ich schreibe, weil ich glaube, dass ich etwas Nützliches zu sagen habe, das auf Jahrzehnten von Lehre, Forschung, Organisieren und kritischer Selbstreflektion basiert.

Ich erkläre Frauen ihre Erfahrungen nicht, sondern benutze die Arbeit von Feministinnen, um meine Erfahrungen mit dem System von biologischem Geschlecht und Gender zu verstehen, in dem ich gegenwärtig in den Vereinigten Staaten lebe. Feministische Kritik am Patriarchat hat sich aus den Kämpfen der Frauenbefreiungsbewegung entwickelt, und sie ist der Schlüssel zur Befreiung der Frauen. Aber die Kritik am Patriarchat ist auch Teil eines Kampfes für eine gerechte und nachhaltige Welt für alle.

Um es noch deutlicher zu sagen: Ich behaupte nicht, dass Identität unwichtig in unserem Verständnis der Welt ist, sondern dass Identität alleine nicht den Wert der Analyse einer Person, wie die Welt zu verstehen ist, bestimmt. Seit meinem ersten Austausch mit intellektuellen und politischen Bewegungen, die die Konsequenzen von „Identität" untersuchen, wie Feminismus und Critical Race Theory, wurde mir immer wieder bewusst, wie mein bisheriges Versagen, diese Themen selbstkritisch zu reflektieren, mich arrogant und ignorant gemacht hatte. Selbst mit den erheblichen Anstrengungen, die ich seither unternommen habe, um diese Themen zu verstehen, ist mir klar, wie meine unverdienten Privilegien nicht nur mein alltägliches Leben vereinfachen, sondern mir auch erschweren, zu sehen, wie leicht ich es habe.

Diejenigen von uns, die das Privileg haben, Systeme und Strukturen der Macht zu studieren und zu verstehen, müssen auch zum Kampf für eine bessere Gesellschaft beitragen. Anders gesagt: Wenn ich verstehe, wie Gruppen, in denen ich Mitglied bin, ungerechterweise andere dominieren – kann ich dazu nicht schweigen. Das würde ja den Kampf nicht voranbringen.

Wenn Menschen in untergeordneten Gruppen immer wieder die gleichen Fragen von Mitgliedern der dominanten Gruppe gestellt bekommen, sagen sie klar und deutlich, dass es nicht ihre Aufgabe ist, uns immer wieder zu erziehen. Diese Ermüdung ist gut zu verstehen. Verantwortung für meine Rolle in diesem Prozess der Erziehung zu übernehmen, fordert von mir, die Ergebnisse dieses Prozesses öffentlich zu diskutieren.

Allerdings gibt es keine Garantie dafür, dass jedes Mal wenn jemand wie ich sprechen will, das, was ich (oder wir) zu sagen habe, zum Kampf gegen das Patriarchat beiträgt. Um es deutlicher zu sagen, formuliere ich es persönlicher: Wann ist es richtig, dass Bob spricht? Wie immer in menschlichen Angelegenheiten gibt es hierauf keine definitive Antwort. Offensichtlich denke ich, dass ich im heutigen Moment der Geschichte über diese Themen sprechen muss, sonst würde ich ja nicht darüber schreiben. Einige Menschen, denen ich vertraue, dass sie mich zur Rechenschaft ziehen, haben dem zugestimmt. Genauso offensichtlich ist es, dass andere Menschen nicht zustimmen werden (und in Reaktionen auf frühere Versionen von einigen meiner Argumente, die online in Essays veröffentlicht wurden, nicht zugestimmt haben). Einige, die mir widersprechen, werden dies heftig tun. Die produktivsten Widersprüche sind immer höflich, aber ich kann von unhöflichen Widersprüchen auch lernen und habe das auch bereits getan.

Aber einer Behauptung kann ich mich nicht entziehen, auch wenn sie arrogant klingen mag: Ich schreibe, weil ich glaube, dass ich etwas beizutragen habe, und ich glaube, dass ich eine Verantwortung habe, etwas beizutragen. Gleichzeitig schreibe ich aber auch für mich selbst, um eine Verbindung mit anderen Gleichgesinnten herzustellen. Das gibt mir die Möglichkeit, mit meinen eigenen Ängsten umzugehen.

Mein Thema ist die Welt, in der wir leben – die Vereinigten Staaten am Ende des 20. und am Anfang des 21. Jahrhunderts. Ich versuche, diese Welt in einem historischen und globalen Kontext zu verorten, d. h. meine Bemühungen hier sind auf diesen Ort und diese Zeit gerichtet. Es ist nicht mein Ziel, zu erklären, wie die ganze Welt funktioniert, stattdessen versuche ich mein Leben, meinen Platz in der Welt zu verstehen.

Das Ende des Patriarchats bietet eine unbeschönigte Analyse des Zustands der Welt, in der wir leben. Ich habe versucht, es so klar wie möglich zu schreiben, sodass es möglichst vielen LeserInnen zugänglich ist. Wenn dieses Buch anderen Leuten hilft – selbst denjenigen, die einem Teil oder meiner ganzen Analyse widersprechen – etwas mehr Klarheit über ihre eigenen Ansichten zu gewinnen, sehe ich das als Erfolg. Wenn mir dies mit intellektueller Ehrlichkeit und Bescheidenheit gelingt, werde ich zufrieden sein.

Biologisches Geschlecht und Gender[15]

Wie bei anderen politische Diskussionen und Debatten, müssen in der Forschung zum Patriarchat Begriffe und Konzepte klar definiert werden – die soziologischen und wissenschaftlichen, die kulturellen und biologischen. Es kann ernsthafte Meinungsverschiedenheiten geben, wenn diese Begriffe auf verschiedene Arten benutzt werden. Daher fange ich mit den Grundlagen an.

Das Wesentlichste: Menschliche Wesen sind Organismen, die in einem Ökosystem leben, das Teil einer größeren Welt ist, die wir Ökosphäre nennen, unser Heimatplanet. Auch wenn die menschlichen kognitiven und linguistischen Fähigkeiten

---

15 Im englischen Original heißt der Titel dieses Kapitels „Sex and Gender". „Sex" steht für biologisches Geschlecht, „gender" für soziales Geschlecht. Dazu kommt, dass im Englischen die Begriffe „male" und „female" für das biologische Geschlecht (sex) angewendet werden und „masculine" und „feminine" für das soziale Geschlecht (gender). Im Deutschen werden die Begriffe „männlich" und „weiblich" für beide Begriffe benutzt. Außerdem ist „Geschlecht" das gleiche Wort für „sex" und „gender". Um den Unterschied deutlich zu machen, benutze ich den Begriff „biologisches Geschlecht" (für „sex") und den Begriff „Gender" für das soziale Geschlecht. (DH)

– soweit wir es verstehen – viel weiter entwickelt sind, als die von anderen Arten, erlauben uns diese Fähigkeiten nicht, die physischen Grenzen der Ökosphäre zu überschreiten. Während eine rege Diskussion über die Existenz einer nicht-materiellen Seele oder Verstand stattfindet (und es auf absehbare Zeit keine plausible Antwort geben wird), sollten wir uns alle darauf einigen können, dass wir materielle Wesen sind und dass unsere alltäglichen Aktivitäten durch diese Grenzen bestimmt werden. Wir können unsere kreativen Möglichkeiten wohl dazu benutzen, uns viele alternative Realitäten vorzustellen, aber im Moment leben wir in der materiellen Realität dieser Welt.

Eine logische Folge dieser Akzeptanz unseres Ortes in der Ökosphäre ist es, dass etwas existiert, das wir „menschliche Natur" nennen können, wie es auch eine Natur der Tauben gibt oder eine Natur der Gerste oder eine Natur der Algen. Das bedeutet einfach, dass jeder Organismus Erbanlagen hat, die einige Dinge möglich machen und andere Dinge unmöglich – es gibt Parameter, innerhalb derer jeder Organismus, einschließlich des menschlichen, funktioniert. Alltagserfahrungen zeigen uns, dass die menschliche Natur sehr variabel ist, d. h. dass zwei Menschen, die sich ziemlich ähnlich sind, in derselben Situation völlig unterschiedlich reagieren können, und dass wir mit Sicherheit nur wenig über das spezifische menschliche Verhalten in einer bestimmten Situation vorhersagen können.

Nehmen wir als Beispiel die Frage, ob Gewalt Teil der menschlichen Natur ist. Es gibt keinen Grund zur Annahme, dass es je eine menschliche Gesellschaft gegeben hat, die zu 100 Prozent frei war von aggressiven physischen Handlungen von einer Person gegen eine andere. Wir sind eine Gattung, die zu Gewalt in der Lage ist, und es ist wahrscheinlich, dass alle Menschen – selbst diejenigen, die nie in ihrem Leben gewalttätig waren, falls so ein Mensch je existiert hat – die

Fähigkeit haben, Gewalt auszuüben. Die wichtigste Frage ist, unter welchen Voraussetzungen Gewalt mehr oder weniger wahrscheinlich ist, und welche individuellen Unterschiede, die von diesen sozialen Voraussetzungen beeinflusst werden, die Wahrscheinlichkeit von gewalttätigen Handlungen verkleinern oder vergrößern? Wir wissen nicht genug um diese Frage beantworten zu können, und wir handeln oft aufgrund von „Ahnungen", die auf beschränktem Wissen beruhen.

So haben zum Beispiel Militärorganisationen gelernt, dass selbst wenn Töten in Kriegen von der Gesellschaft unterstützt wird, es Teil der menschlichen Natur von vielen Einzelnen ist, das Töten anderer Menschen zu vermeiden. In Kampfsituationen, in denen es das Ziel des Militärs ist, gegnerische SoldatInnen zu eliminieren, ist das kontraproduktiv. Militäroffiziere haben gelernt, dass das Training nicht nur darauf ausgerichtet werden darf, SoldatInnen beizubringen, Tötungswerkzeuge effektiv einzusetzen, sondern auch die psychologischen und spirituellen Hindernisse, das Leben eines/einer anderen zu nehmen, zu reduzieren. Die Umsetzung dieser Art von Training ist erfolgreich.[16] Dies bedeutet nicht, dass jedes menschliche Wesen dazu erzogen werden kann, auf Verlangen zu töten[17] – es gibt beträchtliche Unterschiede bei Menschen – aber es ist unsere Sozialisation, die den Ausdruck dieser Unterschiede bestimmt. Es gibt viele Verhaltungsmuster, wie Menschen auf diese Sozialisation reagieren.

Diese Muster zu verstehen, ist das Beste, auf das wir hoffen können, wenn wir versuchen, uns selber, unser Verhalten

---

16   Dave Grossmann: *On Killing. The Psychological Cost of Learning to Kill in War and Society.*

17   Für eine ausführliche Untersuchung siehe Kathleen Barry: *Unmaking War Remaking Men: How Empathy Can Reshape Our Politics Our Soldiers and Ourselves.*

und die sozialen Normen zu verstehen, die unser Verhalten prägen. Wir schauen die Parameter an, die uns von der Biologie vorgegeben sind, und tun unser Möglichstes, die Muster innerhalb der Parameter zu erkennen. Da alles, was Menschen tun, per Definition etwas ist, das in unserer Natur liegt, sollte die Frage „Was ist menschliche Natur?", durch Fragen darüber ersetzt werden, welche Aspekte unserer Natur unter bestimmten Voraussetzungen dazu neigen, dominant zu sein.

Ein anderes Beispiel, das Gewalt betrifft: Gehört es zur menschlichen Natur, ein Kind zu schlagen? Auf den ersten Blick scheint dies eine furchtbare Frage zu sein – wir sollten unsere Kinder lieben und hegen, und anständige Menschen schlagen Kinder nicht. Aber Kinder werden so oft geschlagen, dass diese Fähigkeit leider deutlich Teil der menschlichen Natur ist. Wie oben erklärt, sind die wichtige Fragen: Unter welchen Voraussetzungen ist Gewalt mehr oder weniger wahrscheinlich, und welche Unterschiede zwischen Individuen könnten diese Wahrscheinlichkeit der Gewalt beeinflussen? Jede und jeder, die sagen, „Ich würde nie ein Kind schlagen", sollte sich überlegen, wie sich die Ablehnung solcher Gewalt unter normalen Umständen in Extremsituationen, die übermäßigen Stress verursachen, ändern könnte.

Das hilft uns, die Bedeutung von „Essentialismus" zu verstehen, ein Begriff, der häufig in Diskussionen über biologisches Geschlecht und soziales Geschlecht (d. h. Gender) benutzt wird. In bestimmten Kreisen ist die Behauptung, dass jemand eine essentialistische Einstellung zu biologischem Geschlecht und Gender hat, abwertend. Essentialismus-Vorwürfe treten häufig in Diskussionen über Fragen auf wie zum Beispiel „Sind Frauen von Natur aus – das heißt grundlegend – besser darin, emotionale Kontakte zu knüpfen, vor allem mit Kindern, als Männer?" Eine stark essentialistische Behauptung

(„alle Frauen sind immer geschickter in emotionalen Bindungen als alle Männer") ist unsinnig und einfach durch Erfahrung zu widerlegen. Aber ist eine stark anti-essentialistische Behauptung („es gibt absolut keinen Unterschied in der Intensität und der Art von emotionaler Bindung zwischen Frauen und Männern") nicht genauso unsinnig? Eine vernünftige Behauptung ist, dass die Art und Intensität emotionaler Bindungen größtenteils ein Produkt der Sozialisierung von Frauen und Männern sind, und dass es erhebliche Unterschiede gibt – zwischen verschiedenen Gesellschaften, die unterschiedliche Arten der Sozialisation von Frauen und Männern pflegen, und innerhalb einer Gesellschaft zwischen Individuen, die größtenteils durch frühe Kindheitserlebnisse beeinflusst werden. Aber diese Behauptung ist im Grund genommen einfach ein Zugeständnis, dass wir die Antwort nicht wissen.

Die Frage, die wir beantworten wollen, ist: Selbst wenn wir einräumen, dass Sozialisation einen erheblichen Einfluss hat, gibt es bei den biologischen Unterschieden zwischen Frauen und Männern etwas, das es wahrscheinlicher macht, dass Frauen durchschnittlich besser darin sind, emotionale Kontakte zu knüpfen als Männer? Ist die Tatsache, dass Männer keine Kinder gebären können, wichtig für diese Diskussion? Da die Reproduktion für alle Organismen zentral ist und die menschlichen Kinder lange Zeit versorgt werden müssen, könnte dieser wesentliche Unterschied zwischen Männern und Frauen sicher wichtig sein. Aber genauso sicher gibt es keine einfache oder offensichtliche Antwort. Eine starke essentialistische Behauptung aufzustellen, scheint ungerechtfertigt, ebenso wie eine starke anti-essentialistische Gegenbehauptung. Uns fehlen zuverlässige Nachweise für beide Standpunkte.

Die Antwort ist theoretisch wichtig und nicht nur um intellektuelle Neugierde zu befriedigen. Stellen wir uns vor, dass mit einer Forschungsmethode, die weit über die Möglichkeiten der heutigen Wissenschaft hinausgeht, bestimmt werden könnte, dass Frauen „naturgemäß" 18 Prozent besser in emotionalen Kontakten sind als Männer. Und dass zusätzliche Anstrengungen, Männern größere emotionale Verbundenheit beizubringen, diesen Unterschied nur leicht reduzieren würden. Wenn wir wüssten, dass das richtig ist, sollten wir dann gesellschaftliche Vorkehrungen treffen, so dass Frauen Rollen bekommen, die mehr emotionale Intelligenz erfordern, und Männer andere Rollen? Ist der gesellschaftliche Nutzen bei Erreichen der höchsten emotionalen Verbundenheit am größten? Oder profitiert die Gesellschaft davon, wenn die Fähigkeiten der Männer verbessert werden, wenn auch nur wenig? Oder machen vielleicht all diese Bedenken über emotionale Verbindungen Menschen unzureichend kompromisslos und sind daher schädlich um ökonomische Leistungsfähigkeit zu entwickeln. Sollten Männer aus diesem Grund für emotionale Fragen verantwortlich sein, so dass weniger Aufheben darum gemacht wird?

Meiner Ansicht nach ist es einfach: Argumenten für politische Maßnahmen, die auf vereinfachenden, spekulativen Behauptungen basieren, sollte mit großer Skepsis begegnet werden. Was auch immer unser eigener Standpunkt sein mag, es ist sicher nicht gut, solche Fragen mit einer starken essentialistischen Behauptung zu beantworten, und den Anspruch zu erheben, dass wir nichts, was über unsere genetische Ausstattung als Mann oder Frau hinausgeht, mit zu berücksichtigen brauchen. Es scheint mir gleichermaßen schwierig, die Behauptung zu verteidigen, dass die körperlichen Unterschiede zwischen Männern und Frauen überhaupt nichts mit dieser Frage zu tun hätten. Wenn wir diese Diskussion jetzt in den allgemeinen „Natur oder Kultur?"-Rahmen quetschen wollen, könnten wir schlussfolgern – wie wir das fast immer tun –, dass es ein komplexes Zusammenspiel zwischen genetischer Ausstattung und epigenetischen Faktoren gibt. Es ist diese Komplexität, die die Parameter für menschliches Verhalten und Sozialisation bestimmt. Sie formt nicht nur individuelles Handeln, sondern die materielle Realität, unter der diese Prozesse sich weiter entwickeln.

Definitionen von biologischem Geschlecht und Gender

Diese Definitionen bilden den Hintergrund für die wichtige Unterscheidung zwischen Geschlecht und Gender, dem biologischen und dem kulturellen, den eine Historikerin beschrieben hat als „den wichtigsten feministischen theoretischen Beitrag zur Sozialtheorie ... die sozialen Strukturen und Deutungen von Geschlechtsunterschieden".[18] Diese Unterschiede zu untersuchen, hilft Meinungsverschiedenheiten über diese Begriffe zu verstehen, sowohl in der Gesellschaft im Allgemeinen, als auch im Feminismus.

In Anlehnung an die Historikerin Joan Scott ist Gender „die soziale Organisation von geschlechtlichen Unterschieden".[19] Dieser Rahmen von biologischem Geschlecht und sozialem Geschlecht (Gender) tauchte in den 1970er Jahren auf, vielleicht zum ersten Mal deutlich formuliert in dem Buch von Ann Oakley 1972:

---

18   Linda Gordon: "The Women's Liberation Moment". In: Dorothy Sue Cobble, Linda Gordon, and Astrid Henry: *Feminism Unfinished: A Short, Surprising History of American Women's Movements*, S. 85.

19   Joan Wallach Scott: *Gender and the Politics of* History, S. 2.

„›Geschlecht‹ ist ein Wort, das sich auf die biologischen Unterschiede zwischen Männern und Frauen bezieht: die sichtbaren Unterschiede bei den Genitalien, die damit verbundenen Unterschiede bei die Fortpflanzung. ›Gender‹ hingegen ist eine Frage der Kultur: Es bezieht sich auf die soziale Zuordnung von ›männlich‹ und ›weiblich‹".[20]

Fangen wir mit der Biologie an. Es gibt drei Kategorien des biologischen menschlichen Geschlechts: männlich, weiblich und intersexuell.[21] Die große Mehrheit der Menschen wird mit männlichen oder weiblichen Fortpflanzungssystemen, mit sekundären Geschlechtsmerkmalen und einer Chromosomenstruktur, die zwei Geschlechtschromosomen enthält, die entweder XX (weiblich) oder XY (männlich) sind, geboren. Die US-amerikanische Biowissenschaftlerin Anne Fausto-Sterling berichtet, dass 1,7 Prozent der Menschen intersexuell geboren werden. Wenn man die breit gefasste Definition „in irgendeiner Weise intersexuell" benutzt,[22] erhalten schätzungsweise zwischen 0,1 und 0,2 Prozent von

---

20   Ann Oakley: *Sex, Gender and Society*, S. 21f.

21   „›Intersexualität‹ ist ein allgemeiner Begriff, der für eine große Vielfalt benutzt wird, bei denen eine Person mit einer reproduktiven oder sexuellen Anatomie geboren wird, die nicht in die typische Definition von männlich oder weiblich zu passen scheint. Beispielsweise kann eine Person geboren werden, die äußerlich weiblich ist, aber innerlich vor allem eine männliche Anatomie hat. Oder eine Person kann mit Genitalien geboren werden, die zwischen den typischen männlich und weiblichen liegen – ein Mädchen kann beispielsweise mit einer auffällig großen Klitoris geboren werden oder es kann ihr eine Vaginalöffnung fehlen oder ein Junge kann mit einem auffällig kleinen Penis geboren werden oder mit einem Hodensack, der so geteilt ist, dass er eher wie Schamlippen geformt ist. Oder eine Person kann mit einem genetischen Mosaik geboren werden, so dass einige ihrer Zellen XX Chromosomen haben und einige andere XY." „Was ist Intersexualität?" Intersex Society of North America. <http://www.isna.org/faq/what_is_intersex>

22   Anne Fausto-Sterling: "The Five Sexes, Revisited". In: *Sciences*, Vol. 40, Nr. 3 (Juli/August 2000), S. 20.

ihnen eine Art „korrigierender" Operation der Genitalien.[23]
Die Existenz von intergeschlechtlich geborenen Menschen
negiert den geschlechtlich dimorphen Charakter der Gattung
Homo sapiens nicht. Die Philosophin Rebecca Reilly-Cooper
hat darauf hingewiesen, dass die Tatsache, dass es Menschen
gibt, die ohne zwei funktionierende Beine oder mit Problemen,
die sie vom aufrechten Gang ausschließen, geboren werden,
nicht bedeutet, dass Menschen nicht zweibeinig sind.[24]

Diese Kategorien sind biologisch – basierend auf der
materiellen Wirklichkeit, wer sich mit wem fortpflanzen kann.
Diese werden „Geschlecht" genannt. Außer der Kategorie
„Geschlecht" (den biologischen Unterschieden zwischen
Männern und Frauen), gibt es „Gender" (die nicht-bio-
logische, d. h. soziale Bedeutung, die Gesellschaften von den
biologischen Unterschieden ableiten). Gender zeigt sich auf
die verschiedensten Arten, einschließlich Gender-Rollen (bei
denen Männern und Frauen unterschiedliche soziale, politische
und ökonomische Rollen zugewiesen werden). Durch
Gendernormen (von Männern und Frauen) wird erwartet,
dass sie sich durch unterschiedlichen Verhaltensnormen und
Normen an ihre äußere Erscheinung anpassen. „Wenn man
von „gegenderten" Eigenschaften und Tugenden spricht, so
heißt das, dass erwartet wird, dass sich Männer und Frauen
intellektuell, emotional und moralisch in ihrem Verhalten
unterscheiden. Gender-Symbolik ist die Benutzung des Wortes

---

23 Melanie Blackless et al: "How Sexually Dimorphic Are We? Review and Synthesis".
    In: *American Journal of Human Biology*, Vol. 12, Nr. 2 (März/April 2000), S. 151-
    166.

24 Rebecca Reilly-Cooper: *Sex and Gender: A Beginner's Guide* (2015). <http://
    sexandgenderintro.com/>

Gender in der Beschreibung von Tieren, leblosen Objekten und Ideen.[25]

In der heutigen Gesellschaft sprechen wir üblicherweise über „biologisches Geschlecht" mit den Begriffen von Mann und Frau (eine biologische Unterscheidung, die unabhängig vom Verständnis jeder einzelnen Kultur existiert), und über soziales Geschlecht (Gender) mit Begriffen wie „Männlichkeit" und „Weiblichkeit" (kulturelle Unterscheidungen, die davon abhängig sind, wie Menschen innerhalb einer bestimmten Gesellschaft die Bedeutung der biologischen Unterschiede zwischen Mann und Frau verstehen). Die Begriffe „Mann" und „Frau" oder „Jungen" und „Mädchen" werden von verschiedenen Menschen in verschiedenen Zusammenhängen benutzt, so dass sie entweder biologisches Geschlecht oder soziales Geschlecht (Gender) bedeuten können, was in politischen Diskussionen oft zu Verwirrungen führt. Ich selber benutze „Mann" und „Frau" oder „Jungen" und „Mädchen", wenn ich mich auf Geschlechterdifferenzen beziehe, die ihren Ursprung in der Biologie haben. Wenn ich mich auf Gender-Rollen beziehe, benutze ich die Begriffe männlich und weiblich, so wie sie in kulturellen Konstruktionen von Männlichkeit und Weiblichkeit geprägt wurden. Für jemanden der oder die in die Geschlechter-Kategorie Intersexualität passt, haben wir keinen geltenden Begriff. Unsere Kultur hat traditionellerweise versucht, diese Menschen in männliche oder weibliche Kategorien zu zwingen, häufig mit negativen Konsequenzen.[26]

---

25 Elizabeth Anderson: "Feminist Epistemology and Philosophy of Science". In: Edward N. Zalta (ed.): *The Stanford Encyclopedia of Philosophy* (Fall 2012). <http://plato.stanford.edu/archives/fall2012/entries/feminism-epistemology>

26 Katrina Karkazis: *Fixing Sex: Intersex, Medical Authority, and Lived Experience.* Und Elizabeth Weil: "What if It's (Sort of) a Boy and (Sort of) a Girl?" In: *New York Times Magazine*, 24. September 2006. <http://www.nytimes.com/2006/09/24/magazine/24intersexkids.html?fta=y&_r=0>

Die Behauptung einiger TheoretikerInnen wie Judith Butler, dass nicht nur Gender, sondern auch das biologische Geschlecht ein soziales Konstrukt sei, ist schwer zu verstehen. Da wir unsere Welt durch Sprache organisieren, ist jeder menschliche Versuch, die Welt zu benennen, auf eine gewisse Weise ein soziales Konstrukt – Verständigung wird gesellschaftlich über Sprache geteilt. Aber das ist ein trivialer Gebrauch des Begriffes. Die Frage ist, inwieweit ist eine Erklärung der materiellen Welt in einer Realität verwurzelt, der wir vertrauen können und die unabhängig ist von menschlichen Wahrnehmungen und Praktiken? Ich gestehe, dass ich postmoderne Behauptungen, wie die folgende von Judith Butler, nicht hilfreich finde: „Das ›biologische Geschlecht‹ wird nicht mehr als ein körperlich Gegebenes ausgelegt, dem das Konstrukt des sozialen Geschlechts künstlich auferlegt wird, sondern als eine kulturelle Norm, die die Materialisierung von Körpern regiert".[27]

Wenn ein Begriff ein „soziales Konstrukt" ist, bedeutet das, dass er dekonstruiert werden kann und wir ohne ihn leben können. Wie Marilyn Frye es ausdrückt:

„Einen Begriff zu dekonstruieren, bedeutet, ihn auf eine Art zu analysieren, die seine Konstruktion enthüllt – sowohl zeitlich gesehen bezüglich seiner Herkunft und seiner Entwicklung im Laufe der Zeit und in gewissen kulturellen und politischen Matrizen und im Sinne seiner eigenen aktuellen Struktur, seiner Bedeutung und seiner Beziehung zu anderen Begriffen. Einer der beeindruckendsten Aspekte einer solchen Analyse ist die Enthüllung der ›Eventualität‹ des Begriffes, d. h. der Tatsache, dass es nur um das zufällige Zusammenwirken verschiedener historischer Ereignisse und Umstände geht, die zu diesem Begriff

---

27 Judith Butler: *Körper von Gewicht: Die diskursiven Grenzen des Geschlechts*, S. 22.

geführt haben, und der Tatsache, dass *es auch eine sinnvolle Welt ohne dieses Begriff geben könnte.*"[28]

Laut Frye kann es ohne ein Verständnis der Begriffe Mann und Frau keine sinnvolle Welt geben. Egal welches Verständnis eine menschliche Gesellschaft von biologischen Geschlechterunterschieden hat, die menschliche Fortpflanzung findet nicht ohne einen männlichen und einen weiblichen Menschen statt (selbst hochtechnisierte medizinische Eingriffe fangen mit Sperma und Eizelle an, also von einem Mann und einer Frau). Ich verstehe nicht, wie die Behauptung, dass geschlechtsspezifische Körper ›diskursiv konstruiert‹ sein sollen, dies ändern sollte, und daher bleibt mir die Behauptung, dass Geschlechterkategorien von Männern und Frauen laut Butler eine soziale Konstruktion sind, unklar, d. h. mir fehlt der Zusammenhang. Als eine Kollegin meine Position in Frage stellte, schlug sie vor, dass die Wissenschaft der Biologie nur *eine* Geschichte über Geschlechterunterschiede ist. Wenn das wahr ist, sagte ich, gibt es dann eine andere Geschichte, die jede und jeder erzählen kann, wissenschaftlich oder sonst wie, in der ich, als männlicher Mensch, ein Kind austragen, gebären und stillen könnte?

Biologisches Geschlecht, Gender und „Rasse"[29]

Ein Vergleich mit „Rassenkategorien" macht das alles deutlicher. Anders als Geschlechterkategorien, sind „Rassenkategorien"

---

28 Marilyn Frye: *Willful Virgin: Essays in Feminism 1976–1992*, S. 163.

29 Ich setze den Begriff „Rasse", der auf der „Rassentheorie" beruht, in Anführungszeichen, da es keine menschlichen „Rassen" gibt. Auch Jensen schreibt später, dass dieser Begriff abgeschafft werden sollte – zurecht! S. AntiDiskriminierungs-Büro Köln/Öffentlichkeit gegen Gewalt e. V. (Hrsg.): *Sprache schafft Wirklichkeit*, S. 13. (DH)

willkürlich, eine soziale Konstruktion im tiefsten Sinn. „Rassenkategorien" werden mit erkennbaren körperlichen Unterschieden verbunden (wie Hautfarbe und Haartextur), und es gibt einige Charakteristiken (wie Reaktionen auf bestimmte Medikamente oder Anfälligkeit für bestimmte Krankheiten), bei denen einige Muster auf der ursprünglichen Herkunft der Vorfahren beruhen. Aber anders als bei Geschlechterkategorien, ist die Einteilung der Menschen in „Rassenkategorien" nicht an biologische Unterschiede oder Charakteristiken gebunden, die für das Überleben der Menschheit wichtig ist.

In Anlehnung an Frye könnte es auch ohne den Begriff „Rasse" eine sinnvolle Welt geben. Wir könnten uns gut vorstellen, in menschlichen Gesellschaften ohne Unterscheidungen nach „Rasse" zu leben, wahrnehmbare körperliche Unterschiede würden bleiben, aber unsere Hautfarbe wäre zum Beispiel nicht wichtiger als die Ohrengröße um Unterschiede zu benennen. Menschen haben verschieden große Ohren, und wir könnten die Welt willkürlich in Menschen mit großen und kleinen Ohren unterteilen, was wir aber nicht tun. Die genetischen Unterschiede zwischen Menschen, deren Ursprung in den Herkunftsregionen unserer Vorfahren zu finden ist, sind extrem klein und sind keine Basis für ein sinnvolles Konzept von „Rasse". „Rasse" ist also ein zutiefst soziales Konstrukt, bei dem reale körperliche Unterschiede benutzt werden, um Menschen in Kategorien einzuteilen, aber diese Unterschiede haben nur aufgrund gesellschaftlicher Prozesse überhaupt eine Bedeutung. Die heutigen Ideen von „Rasse", die aus Europa während seiner Zeit der Eroberungen und des Kolonialismus stammen, sind das Resultat einer schamvollen Geschichte.

Aber, um es nochmals zu betonen, Geschlechterkategorien sind etwas anderes. Die menschliche Fortpflanzung ist von den körperlichen Unterschieden zwischen Männern und Frauen abhängig. Dies bedeutet nicht, dass Sexualität keine andere Funktion als Fortpflanzung hat – eine solche Idee führt häufig zu heterosexistischen Annahmen und zu politischen Maßnahmen gegen Lesben und Schwule. Es ist eine bloße Feststellung materieller Wirklichkeit. Für Menschen ist es notwendig, reproduktive Unterschiede, also Männer und Frauen, als unverwechselbar verschieden zu sehen und zu benennen; der Prozess ist nicht willkürlich.

Wir können uns eine Welt vorstellen, in der es keine „Rassenkategorie" gibt, aber eine Welt ohne Geschlechterkategorien ist – außer in Science Fiction –, unvorstellbar. Unser Fernziel sollte also sein, den Begriff der „Rasse" abzuschaffen, auch wenn wir vielleicht kurzfristig den Begriff beibehalten sollten, um ehrlich mit den gefährlichen Auswirkungen der sozialen und politischen Realitäten von weißer Vorherrschaft und Rassismus umgehen zu können.

Biologisch bestimmte Geschlechterkategorien werden bleiben, aber können wir die Vorstellung von sozial konstruierten Genderkategorien ablehnen? Denn wenn Gender sozial konstruiert ist, mit Unterschieden in Zeit und Raum, sollten wir dann nicht in der Lage sein, wählen zu können ob wir Gender überhaupt konstruieren wollen? Ist die Abschaffung jeglichen Konzepts von Gender (über die allgegenwärtige Wahrnehmung hinaus, welche Kategorie der Menschen Kinder austrägt) in unserem Leben möglich? Ich glaube das nicht, aus zwei einfachen Gründen: 1. Fortpflanzung ist für Organismen zentral und Geschlechtsunterschiede (Männer und Frauen) sind zentral für die menschliche Fortpflanzung und 2. benutzen wir Menschen unsere kognitiven Fähigkeiten, um die Welt zu verstehen, selbst wenn wir keine klare Vorstellung vom Meisten, was passiert, haben. Was auch immer unsere kognitiven

Grenzen sein mögen, wir suchen nach dem Sinn und erzählen Geschichten. Wir wollen verstehen, was in uns und um uns herum läuft. Auch wenn wir keine endgültige Vorstellung eines Phänomens haben (was meistens der Fall ist, mit den meisten Dingen), erzählen wir trotzdem Geschichten darüber, was es bedeutet (was heißt, dass wir die Geschichten erfinden).

Wenn wir das alles zusammenfügen – die zentrale Bedeutung der Geschlechtsunterschiede für unser Fortbestehen und unsere Neigung zu Sinnsuche und Geschichtenerzählen – dann ist es schwierig, sich eine menschliche Gesellschaft vorzustellen, die keine Geschichten darüber erzählt, was die Unterschiede zwischen den Geschlechtern über die bloße Fortpflanzung hinaus bedeuten. Das deutet darauf hin, dass wir dabei bleiben werden, Geschichten über Gender zu erzählen. Kann jemand sich eine Gesellschaft vorstellen, die den körperlichen Unterschieden zwischen Frauen und Männern keine Beachtung schenkt, außer wenn Männer und Frauen Geschlechtsverkehr miteinander haben, um ein Kind zu zeugen, und wenn Frauen gebären und stillen? Kann sich jemand vorstellen, dass Menschen nicht immer neugierig danach sein werden, was die tiefere Bedeutung eines solch grundlegenden Unterschieds ist – und die dazu Kunst schaffen, die die Bedeutung von Geschlechtsunterschieden über die Reproduktion hinaus erforscht, oder Symbole konstruiert, die Geschlechtsunterschiede kennzeichnen?

Kurz gesagt denke ich, dass ›Gender‹ uns die Möglichkeit gibt menschliche Geschichten zu erfinden, die darüber hinaus gehen, was Geschlechtsunterschiede in der Fortpflanzung bedeuten und die damit soziale Organisation erschaffen. Wenn eine Gesellschaft Geschichten erzählt, die behaupten, dass es keine Unterschiede zwischen Männern und Frauen über die Reproduktion hinaus gibt, ist das immer noch ein

Gender-System, allerdings eines welches die Ähnlichkeiten zwischen Männern und Frauen betont, statt der potentiellen Unterschiede.

Einige Feministinnen haben vorgeschlagen, dass wir Gender abschaffen sollten, einschließlich Feministinnen, deren Arbeiten ich vertraue und/oder die persönliche Freundinnen sind. Aber an diesem Punkt bin ich nicht mit ihnen einverstanden: Da eine Art von Gender-System – eine soziale Interpretation von Geschlechtsunterschieden, die über die Fortpflanzung hinausgehen – unvermeidbar ist, scheint es mir konstruktiver, mit dem Gender-Konzept zu arbeiten, als es abschaffen zu wollen. Die Tatsache, dass Gender im Patriarchat ein System ist, das Männer benutzen, um Frauen zu unterdrücken, bedeutet meiner Meinung nach nicht, dass wir Gender nicht auch zur Befreiung konstruieren könnten, wie zum Beispiel Geschichten über Geschlechtsunterschiede zu schreiben, *die Zusammenarbeit und Gleichheit fördern, statt Hierarchie und Herrschaft.* Menschen können Geschichten und Symbole über Geschlechtsunterschiede schaffen – und haben dies in der Vergangenheit auch getan –, die genau das erreichen; vorpatriarchale menschliche Gesellschaften zeigen uns, dass verschiedene Gender-Rollen mit Werten der Gleichberechtigung vereinbar sind.[30]

Wir können – und sollten – die Geschichten beurteilen, die Menschen über Gender erzählen; manche Ideen von Gender können tatsächlich ein Hindernis für ein gutes Leben sein. Im Patriarchat sind Gendernormen und -Praktiken häufig brutal und destruktiv. Meiner Meinung nach kann es aber auch nicht-patriarchale Aussagen über die Bedeutung von

---

30 Für Beispiele siehe Judy Foster with Marlene Derlet: *Invisible Women of Prehistory: Three Million Years of Peace, Six Thousand Years of War.*

Gender geben, die dazu beitragen, dass es Frauen wie auch Männern gut geht. Natürlich verstehe ich die Behauptung, dass die Unvermeidbarkeit, Gender zu akzeptieren, bedeutet, dass Gender-Rollen und -Normen die menschlichen Fähigkeiten, uns zu entfalten, unvermeidlich eingrenzen. Anders gesagt: die Angst, dass das Beibehalten von Gender-Geschichten bedeutet, dass sich schlechte Dinge nicht vermeiden lassen. Ich bin da optimistischer; ich glaube, dass schlechte Dinge vermeidbar sind. Aber ob wir die Vorstellung von Gender – die Bedeutung, die Menschen sozialen Geschlechterrollen zuschreiben – nun mögen oder nicht, die Realität der Geschlechtsunterschiede bedeutet letztendlich, dass wir mit irgendeiner Art von Gender-Geschichten leben müssen. Also ist es meine Überzeugung, dass wir Gender-Rollen und -Normen anstreben sollten, die stabile und anständige menschliche Gesellschaften fördern, statt sie zu verhindern.

Vorsicht vor Behauptungen über Gender

Gerade weil ich meine, dass menschliche Geschichten über Gender unvermeidlich sind, finde ich es extrem wichtig, dass wir äußerst vorsichtig sind mit Bemerkungen, die wir in diesen Geschichten hören oder selber machen. Wir sollten uns dabei an die Grenzen unseres Wissens und an unsere eigene Psychologie erinnern. Männer und Frauen sind durch verschiedene Rollen in der Fortpflanzung definiert, aber Behauptungen über zusätzliche geschlechtliche Eigenschaften oder Tugenden – inklusive potentieller intellektueller, emotionaler und moralischer Unterschiede zwischen Männern und Frauen, die mit dem biologischen Geschlecht verbunden sein könnten – sollten sehr genau hinterfragt werden.

Ich schaue mir diese Behauptungen vorsichtig an, wobei ich nicht nur unser sehr begrenztes Wissen über die menschliche Psychologie zur Kenntnis nehme, sondern auch wahrnehme, dass wir im Moment keine intellektuellen Fähigkeiten haben, die es uns erlauben würden, in näherer Zukunft viel mehr über solche Unterschiede zu sagen. Bei unserem derzeitigen Erkenntnisstand und mit den Forschungsinstrumenten, die uns zur Verfügung stehen, ist es unwahrscheinlich, dass wir in näherer Zukunft viel mehr über Fragen bezüglich möglicher intellektueller, emotionaler und moralischer Unterschiede, die auf dem biologischen Geschlecht basieren, wissen werden. Anders ausgedrückt, ich sehe dies als eine der vielen Fragen in einer komplexen Welt, in der wir weitgehend unwissend sind: Was wir nicht wissen, ist mehr als das, was wir wissen. Die neuesten Entdeckungen aus der Neurowissenschaft, so beeindruckend sie auch sein mögen, fügen nur ein paar Tropfen in den Eimer des menschlichen Wissens hinzu, der noch lange nicht gefüllt ist.

Wir wissen, dass Männer und Frauen sich in biologischer Hinsicht mehr ähneln als unterscheiden. Wir wissen nicht viel über den Effekt dieser Unterschiede in Bezug auf intellektuelle, emotionale oder moralische Prozesse, genauso wenig wie wir darüber wissen, wie dehnbar die existierenden Unterschiede sein könnten. Die Existenz des Patriarchats weist darauf hin, dass es einige Unterschiede gibt: Die Unterordnung von Frauen durch Männer hätte ohne biologische Unterschiede nicht dazu geführt, dass Männer dieses Dominanzverhalten institutionalisieren konnten. Aber diese Tatsache sagt nichts über unsere Fähigkeit aus, neue Gesellschaften zu konstruieren, die das Patriarchat überwinden; es ist sicherlich plausibel, dass wir die Fähigkeit haben, die als Vorwand genommenen biologischen Unterschiede kritisch zu analysieren, die zu patriarchalen Gesellschaften geführt haben.

Um es nochmal einfach zu sagen: Auch wenn es keinen Zweifel daran gibt, dass ein großer Teil unseres Verhaltens in unserer DNS festgelegt ist, so gibt es auch keinen Zweifel daran, dass es größtenteils durch Kultur beeinflusst ist, wie sich unsere Chromosomen in der Welt auswirken. Darüber hinaus ist es schwierig, etwas mit Sicherheit zu behaupten. Es ist wahr, dass nur Frauen Kinder austragen können. Nicht alle Frauen tun dies natürlich, aber nur Frauen können es. Diese Tatsache hat Einfluss auf die Muster einiger Aspekte der Persönlichkeiten von Männern und Frauen. Aber wir wissen nicht viel darüber, was dieser Effekt ist, und es ist unwahrscheinlich, dass wir je viel mehr darüber wissen werden.

Die Besessenheit unserer Kultur mit Genderunterschieden führt zu sich wiederholenden intellektuellen Modeerscheinungen (im Moment „Evolutionspsychologie" und früher „Soziobiologie" genannt), die jedes komplexe menschliche Verhalten als klare Anpassungen in der Evolution zu erklären versuchen: Wenn es ein Muster in menschlichem Verhalten gibt, muss das sein, weil es anpassungsfähig ist. Langfristig gesehen mag das stimmen. Aber kurzfristig – der Zeit, die wir zum Analysieren und Treffen von Entscheidungen haben – ist es kein überzeugendes Argument, wenn gesagt wird: „Sieh dir an, wie unterschiedlich sich Männer und Frauen verhalten; das muss so sein, weil Männer und Frauen sich völlig grundlegend unterscheiden", wenn ein Machtsystem (das Patriarchat) soziale Unterschiede zwischen Männern und Frauen durch Zwang und Gewalt über Tausenden von Jahren durchgesetzt hat. Langfristig gesehen scheint es plausibel, dass das Patriarchat keine erfolgreiche Anpassung war, und dass es zum Aussterben der Menschheit führen wird. Wenn wir uns auf der Welt umsehen und die Bedrohungen der Ökosphäre durch nicht-nachhaltige menschliche Systeme miterleben – die tief verankert sind in der Dynamik von Herrschaft und Unterordnung –, dann scheint mir dies nicht nur plausibel, sondern zunehmend wahrscheinlich. Das legt nahe, dass das Patriarchat eine evolutionäre Sackgasse ist.

Die menschliche Natur hat das Patriarchat möglich gemacht, aber das bedeutet nicht, dass das Patriarchat unabänderlich ist.[31] Das Treffen vernünftiger Entscheidungen über unser Geschlechts- und Gendersystem muss mit einer Abrechnung der Geschichte und heutiger Praktiken im Patriarchat anfangen, und es muss erkannt werden, dass *Gender im Patriarchat* eine Kategorie ist, *die Ungleichheit etablierte und sie nach wie vor bestärkt.*

---

31 Barbara Smuts: "The Evolutionary Origins of Patriarchy", in: *Human Nature*, Vol. 6, Nr. 1 (1995), S. 1–32.

Patriarchat und Feminismus

1. Patriarchat ist der beste Begriff, die Mehrheit der menschlichen Gesellschaften, einschließlich der heutigen US-amerikanischen Gesellschaft, während der letzten sechs Jahrtausenden zu beschreiben.
2. Radikaler Feminismus ist die stichhaltigste Kritik am Patriarchat und sollte bei den umfangreichen radikalen Analysen im Mittelpunkt stehen, die nötig sind, um die Dynamik der Herrschaft und Unterordnung, die die heutige Welt definiert, infrage zu stellen.

Als ich diesen zwei Behauptungen vor fast 30 Jahren zum ersten Mal begegnete, als ich anfing zu studieren, habe ich mich dagegen gewehrt. Als ein Mann, der im Patriarchat sozialisiert wurde, erschienen mir diese Behauptungen extrem und vor allem gefährlich für mein eigenes Wohlbefinden. Aber nachdem ich das System von biologischem Geschlecht und sozialem Gender einige Monate ernsthaft studiert hatte, merkte ich, dass der radikale Feminismus mir nicht nur half, die Welt, in der ich lebte, zu verstehen, sondern mir auch half, mich selbst zu verstehen.

Als ich meine Studien fortsetzte, lernte ich, dass beide Behauptungen nicht nur in der allgemeinen Kultur umstritten waren – es ist wenig erstaunlich, dass eine patriarchale Kultur eine Kritik des Patriarchats ablehnt –, sondern auch innerhalb des Feminismus selbst. Mir wurde gesagt, dass diese radikale Perspektive, die für mich so intellektuell und politisch ergiebig war, verdächtig sei, weil sie eine ›totalisierende‹ Theorie wäre, die eine ›große Erzählung‹ aufdrängt, die von mondänen PhilosophInnen nicht ernst genommen werden könne. Als junger Student wollte ich unbedingt auch ein mondäner Philosoph sein, aber ich konnte die Idee, dass die radikalen feministischen Analysen, die ich las, überzeugend waren, nicht infrage stellen.

Im Klartext bin ich natürlich völlig gegen Totalisierung, wenn damit gemeint ist, einen einzigen Bericht über die menschliche Gesellschaft vorzulegen, der vorgibt, jede wichtige Variable zu berücksichtigen, und jedes Ergebnis zu erklären. Unsere Arbeit besteht darin *Muster* in menschlichen Gesellschaften zu erkennen. Aber das Erkennen von Mustern liefert uns zuerst einmal höchstens eine grobe Annäherung an die Ereignisse und ihre Ursachen. Es sind keine exakten wissenschaftlichen Theorien. Auch bin ich gegen „große Erzählungen", wenn mit ihnen die arrogante und/oder naive Behauptung gemeint wird, dass eine Geschichte alle Fragen darüber beantworten kann, wie Menschen Systeme und Institutionen konstruiert haben – und/oder konstruieren sollen – um Macht und Ressourcen zu verteilen.[32]

---

32 Siehe zur Gefahr einer einzigen Geschichte auch den TED-Talk von Chimamanda Ngozi Adichie <https://www.ted.com/talks/chimamanda_ngozi_adichie_the_danger_of_a_single_story/transcript?language=de> (DH)

Wenn wir sorgfältig sind, wenn wir das Patriarchat definieren und beschreiben, können wir dann dauerhafte und stimmige Kategorien von ›Frau‹ und ›Mann‹ erarbeiten, die wir als Basis unserer Analyse und politischen Aktionen benutzen können? Marilyn Frye weist darauf hin, dass eine gewisse Generalisierung notwendig ist, weil wir „eine Art authentischer genereller Allgemeingültigkeit brauchen, um Theorien, Philosophie, Politik zu etablieren". Sie denkt allerdings, dass die Generalisierung, die wir Wahrnehmungsmustern entnehmen, nicht notwendigerweise reduzierend oder totalitär sein muss. „Muster zu benennen, ist wie vorherrschende Winde über einem Kontinent aufzuzeichnen", schreibt sie, „was nicht besagt, dass jedes Individuum und jeder Gegenstand in dieser Landschaft gleichermaßen betroffen ist".[33]

Ich ziehe eine einfache Lehre aus der allgemeinen Beobachtung, dass das Leben kompliziert ist: Sei vorsichtig damit zu behaupten, dass etwas „sicher" sei. Aber ich ziehe eine gleichermaßen wichtige Lehre aus der Realität des menschlichen Leidens: Wir haben die Verpflichtung, unser Möglichstes zu tun, um die Welt zu verstehen, so dass wir zu Bewegungen beitragen können, die nach einer gerechteren Verteilung von Macht und Ressourcen streben, um menschliches Wohlergehen und eine nachhaltige menschliche Anwesenheit auf unserem Planeten zu ermöglichen.

Aus all diesen Gründen finde ich es notwendig, Geschichten über die Muster zu erzählen, die wir wahrnehmen. Sie brauchen nicht totalisierend oder großartig zu sein, aber unsere nicht-totalisierenden, nicht-großartigen Narrative müssen detailliert genug sein, um sinnvolle Aussagen im Kampf um Gerechtigkeit und Nachhaltigkeit zu bieten. Beim Erzählen dieser Geschichten

---

33 Marilyn Frye: *Willful Virgin: Essays in Feminism 1976–1992*, S. 64, 66.

werden wir sicher beim Sammeln und Interpretieren von Informationen manchmal Fehler machen. Durch kritische Selbstreflektion, individuell und kollektiv, können wir aber unsere Berichte über diese Muster verändern und unsere Politik auf diese Berichte abstimmen. Auf diese Weise erreichen wir mehr soziale Gerechtigkeit und ökologische Nachhaltigkeit. Frye befürwortet diese Möglichkeit, wenn sie zwischen den Wahrheits-Behauptungen von ›ExpertInnen‹ und der Methode der feministischen Bewusstseinsbildung unterscheidet:

> „Die Erfahrung jeder einzelnen Frau und von Frauen als Kollektiv erzeugen ein neues Bedeutungsnetz. Unser Prozess ist einer der Entdeckung, Erkennung und des Schaffens von Mustern – Muster, durch die Erfahrungen einen neuen Sinn bekommen oder in vielen Fällen zum ersten Mal überhaupt Sinn machen. Anstatt eine Untersuchungsphase zu Ende zu bringen, indem aufgelistet wird, was bekannt ist, wie es bei anderen Generalisierungen geschieht, öffnet das Erkennen und Konstruieren von Mustern neue Bedeutungsfelder und schafft so neue Interpretationsmöglichkeiten. Anstatt Schlussfolgerungen aus Beobachtungen zu ziehen, erzeugt es neue Beobachtungen."[34]

Nach drei Jahrzehnten, während derer ich versucht habe eine solche kritische Selbstreflektion zu erreichen, hat sich mein Engagement für eine radikale Analyse des Patriarchats verstärkt. Drei Jahrzehnte, in denen ich kulturelle, politische, ökonomische und ökologische Trends in der US-amerikanischen Gesellschaft genau beobachtet und beschrieben habe, haben mich noch mehr davon überzeugt, dass solche radikalfeministischen Analysen die beste und klarste Beschreibung des Systems von biologischem Geschlecht und Gender sind, und dass sie entscheidend sind für eine dringend gebrauchte umfassende

---

34 Ebenda, S. 65.

radikale Analyse der ungerechten und nicht-nachhaltigen Systeme, die die Welt heute definieren.

Statt auf all die theoretischen Diskussionen einzugehen, die während der letzten Jahrzehnte im Feminismus aufgetaucht sind, werde ich den Rahmen skizzieren, der mir geholfen hat, die Thematik von biologischem Geschlecht und Gender anzupacken, wobei ich meine Erklärung aus der Einleitung wiederhole: Mittels des Versuches zu verstehen, wie ich mein eigenes Leben leben soll, komme ich aus meiner privilegierten Position zu Urteilen über die Natur der Gesellschaft, in der ich lebe. Andere können diese Urteile für falsch erachten oder ablehnen. Aber zu verlangen, dass jemand mit Privilegien aufgrund dieser Meinungsverschiedenheiten – in diesem Falle, dass ein Mann, der über Patriarchat und Feminismus spricht, nicht über seine intellektuelle Verortung und politischen Forderungen sprechen sollte – würde paradoxerweise dazu führen, dass privilegierte Menschen vermeiden könnten, ihre politische und moralische Entscheidungen verteidigen zu müssen. Jeden Tag treffen wir alle – Männer und Frauen – Entscheidungen darüber, wie wir uns auf der Welt verhalten und zwar basiert auf einer Analyse des Systems von biologischem Geschlecht und Gender, ob wir nun in der Öffentlichkeit über diese Analyse sprechen oder nicht, oder uns ihrer überhaupt bewusst sind. Meiner Meinung nach ist es produktiver, sich öffentlich zu widersprechen und somit die eigenen Annahmen, Definitionen, Beweise und Logik verteidigen zu können.

Patriarchat

„Patriarchat", aus dem Altgriechischen, „Vaterherrschaft", kann als eine Organisation einer menschlichen Gemeinschaft (von einer Familie bis zu einer größeren Gesellschaft) verstanden werden, in der Männer andere Männer dominieren, und in der Männer als soziale Gruppe Kontrolle über Frauen als soziale Gruppe ausüben. Grundsätzlich wird das Wort Patriarchat benutzt, um verschiedene Systeme institutionalisierter männlicher Dominanz zu beschreiben, auch wenn einige HistorikerInnen behaupten, dass der Ausdruck nicht so allgemein benutzt werden sollte: Das Patriarchat sei „Vaterherrschaft", die auf der Autorität von älteren Männern über jüngere Familienmitglieder beruhe, d. h. ein klar definiertes Konzept der familiären Macht.[35]

Während sich patriarchale Systeme vor ungefähr 6.000 Jahren entwickelt haben, entstand die heutige feministische Kritik des Patriarchats als ein allumfassendes kulturelles, politisches und ökonomisches System, das Frauen benachteiligt, unterwirft und unterdrückt, erst in der zweiten Hälfte des 20. Jahrhunderts. Kate Millett wird oft zugeschrieben, den Begriff Patriarchat auf diese Weise in ihrem Buch *Sexus und Herrschaft*[36] von 1970 als erste feministische Autorin benutzt zu haben. In zeitgenössischen Sozialanalysen wird das Patriarchat normalerweise verstanden als „ein System sozialer Strukturen und Praktiken, in denen Männer Frauen dominieren, unterdrücken und ausbeuten". In dieser Definition der englischen Soziologin

---

35 Linda Gordon and Allen Hunter: "Not All Male Dominance Is Patriarchal". In: *Radical History Review,* 71 (Spring 1998), S. 71-83.

36 Kate Millett: *Sexus und Herrschaft. Die Tyrannei des Mannes in unserer Gesellschaft.*

Sylvia Walby, ist „soziale Strukturen" ein Schlüsselbegriff, der „eindeutig biologischen Determinismus ablehnt, wie auch die Idee, dass jeder einzelne Mann in einer dominanten Position wäre, und jede Frau in einer untergeordneten".[37]

Die Historikerin Gerda Lerner definiert Patriarchat ähnlich, d. h. als „Manifestation und Institutionalisierung der Herrschaft der Männer über Frauen und Kinder innerhalb der Familie und die Ausdehnung der männlichen Dominanz über Frauen auf die Gesellschaft insgesamt". Das bringt mit sich, fährt sie fort, „dass die Männer in allen wichtigen gesellschaftlichen Institutionen eine beherrschende Macht ausüben und dass den Frauen der Zugang zu diesen Machtpositionen verwehrt ist. Das bedeutet nicht, dass Frauen völlig machtlos sind oder ihnen alle Rechte und Ressourcen, jeder Einfluss völlig enthalten werden".[38] Die spezifischen Formen, die das Patriarchat annimmt, sind je nach Zeit und Ort unterschiedlich, „aber im Wesentlichen stimmen sie überein: Einige Männer kontrollieren das Eigentum und herrschen über andere Männer und die meisten Frauen; Männer oder von Männern dominierte Institutionen kontrollieren die Sexualität und Fruchtbarkeit der Frauen; die meisten der Macht ausübenden Institutionen der Gesellschaft werden von Männern beherrscht".[39]

Die Psychologin Sandra Lipsitz Bem benutzt den Begriff „Androzentrismus" um dieses „Privileg von Männern, männlicher Erfahrung und männlicher Perspektive" zu beschreiben, das dazu führt, dass Männer Frauen als „das andere" definieren, mit Schwerpunkt auf

---

37   Sylvia Walby: *Theorizing Patriarchy*, S. 20.

38   Gerda Lerner: *Die Entstehung des Patriarchats*, S. 295.

39   Gerda Lerner: *Zukunft braucht Vergangenheit*, S. 211.

1. ihre Unterschiede und ihre Unterlegenheit zum universellen Standard oder der Norm, von denen er denkt, dass er diese „natürlich" repräsentiert;

2. ihrer häuslichen und reproduktiven Unterlegenheit innerhalb der Familie oder des Haushalts, von dem er sich als „natürliches" Oberhaupt sieht, und

3. ihrer Fähigkeit, seine sexuellen Bedürfnisse zu stimulieren und zu befriedigen, was er sowohl aufregend als auch beängstigend findet.[40]

Diese Definitionen behaupten nicht, dass alle Frauen im Patriarchat die gleichen Erfahrungen machen, oder dass ›Weiblichkeit‹ immer und zu allen Zeiten gleich definiert wurde. Aber wie die Historikerin Judith Bennett es ausdrückt, wird ›Frau‹ „normalerweise als eine stabile Kategorie angesehen – für die jeweilige Zeit und Ort –, die die Chancen eines Menschenlebens maßgeblich bestimmt".[41] Das Muster der relativen Benachteiligung von Frauen gegenüber Männern ist klar. Wie Bennett sagt: „Fast jedes Mädchen, das heute geboren wird, wird mit weitaus mehr Zwängen und Beschränkungen konfrontiert als ein Junge, der heute *in den gleichen sozialen Umständen geboren wird wie das Mädchen*".[42]

Wo und wann hat diese Idee von hierarchischer Organisation und männlicher Dominanz in der menschlichen Gesellschaft Wurzeln geschlagen? Das Patriarchat ist, wie auch andere etablierte Formen von Hierarchie, eine relativ neue Entwicklung innerhalb der 200.000 Jahre des Homo sapiens auf unserem Planeten, eine Beobachtung, die die übliche Beschreibung der

---

40 Sandra Lipsitz Bem: *The Lenses of Gender: Transforming the Debate on Sexual Inequality*, S. 46.

41 Judith M. Bennett: *History Matters: Patriarchy and the Challenge of Feminism*, S. 9.

42 Ebenda, S. 10.

dominanten männlichen ›Höhlenmenschen‹ in Geschichten zu biologischem Geschlecht, Gender und Macht infrage stellt. Die Cartoon-Figur des prähistorischen Mannes, der eine Frau mit der Keule schlägt, und sie dann an den Haaren hinter sich herzieht, vermutlich um sie zu vergewaltigen, ist höchstwahrscheinlich unrealistisch. Obwohl Männer durchschnittlich körperlich stärker sind als Frauen, heißt das nicht, dass sie bereits seit Anbeginn der Menschheit dominiert haben. Natürlich gibt es immer Diskussionen über Geschichte und tatsächlich gibt es sehr viele Diskussionen über die Vorgeschichte (die Periode der menschlichen Existenz, bevor es schriftliche Aufzeichnungen gab). Aber um es klar zu sagen: Es gibt keinen Beweis für die Annahme, dass das Patriarchat bereits von Anfang an existierte.

In der Anthropologie wird übereinstimmend davon ausgegangen, dass die kleinen Gesellschaften, die jagten und sammelten, wie sie die Norm während des Großteils der menschlichen Geschichte waren, im Allgemeinen egalitär waren, d. h. ohne institutionalisierte Dominanz von Männern über Frauen (oder umgekehrt). In den meisten Gruppen, die vom Jagen und Sammeln lebten, waren es meist Männer, die große Tiere jagten. Frauen sammelten Pflanzen als Nahrung und jagten oft kleinere Tiere. Die konventionelle Höhlenmenschen-Sicht geht davon aus, dass Männer durch das Jagen großer Tiere einen höheren Wert und Status hatten. Aber die Mehrheit der Kalorien in diesen Gesellschaften kam von dem, was Frauen gesammelt hatten. Anders gesagt, Frauen waren die wesentlichen Ernährerinnen wie auch die primären Betreuungspersonen der kleinen Kinder. Die sozialen Systeme auf der ganzen Welt waren sicher unterschiedlich, aber die meisten waren weder hierarchisch noch von Männern dominiert.

Wie der Untertitel ihres Buches deutlich macht, analysieren Judy Foster und Marlene Derlet den Aufstieg des Patriarchats in den letzten 6.000 Jahren. Dabei arbeiten sie mit der „Kurgan-Hypothese" der verstorbenen Archäologin Marija Gimbutas, die sich auf die Entwicklung des Patriarchats unter den Proto-Indogermanisch sprechenden Völkern spezialisiert hatte, welche nach der Domestizierung von Pferden von den Eurasischen Steppen im heutigen Europa ankamen. Foster und Derlet erklären, dass vorpatriarchale Gesellschaften häufig matriarchal waren, aber nicht im Sinne von Frauen, die Männer dominierten. Stattdessen sollte „Matriarchat" (oder was Gimbutas „matriarchalisch" und Marilyn French „matrizentral" nennt, d. h. „kleine einfache Gesellschaften, in denen Mütter zentral stehen"[43]) so verstanden werden, dass es egalitäre Gesellschaften beschreibt, die typischerweise matrilinear waren, und in denen es nur einige wenige Einschränkungen für Männer oder Frauen gab, die auf biologischen Unterschieden beruhten.[44]

Gerda Lerner analysiert die Entstehung des Patriarchats im antiken Nahen Osten um 3.000 v. u. Z. und zeigt auf, wie die Unterordnung von Frauen und die männliche Kontrolle ihrer Reproduktion der Entwicklung des Privateigentums voranging und als Modell für die spätere Unterordnung von anderen Menschen durch die herrschende Klasse diente:

> „Ökonomische Unterdrückung und Ausbeutung beruhen ebenso auf dem Warencharakter der weiblichen Sexualität und der Aneignung ihrer Arbeitskraft, wie auf der Fortpflanzungsfähigkeit von Frauen, und der direkten ökonomischen Verfügung über Menschen und Güte."[45]

---

43 Marilyn French: *From Eve to Dawn: A History of Women, Volume 1: Origins*, S. 39.

44 Judy Foster with Marlene Derlet: *Invisible Women of Prehistory: Three Million Years of Peace, Six Thousand Years of War*, S. 18f.

45 Gerda Lerner: *Die Entstehung des Patriarchats*, S. 268.

Die Entwicklung des Patriarchats ist teilweise ein Produkt der Agrarrevolution, der Domestizierung von Pflanzen und Tieren, mit der Menschen vor etwa 10.000 Jahren anfingen. In Agrargesellschaften wurde die gemeinsame und gemeinnützige Ethik der JägerInnen und SammlerInnen letztendlich durch Vorstellungen von Privatbesitz und väterlichem Erbteil ersetzt, was dazu führte, dass Männer die Reproduktion von Frauen kontrollierten und Besitzansprüche an Frauen stellten. Hier eine kurze Zusammenfassung von Lerners Thesen:

Als sich im Neolithikum größere und hierarchischere Gesellschaften entwickelten, wurden Frauen zunehmend als Ware betrachtet, was AnthropologInnen als „Frauentausch" bezeichnet haben. In der sogenannte „Heiratspolitik" wurden Frauen als Zeichen der Gastfreundschaft von ihrer eigenen an eine andere Gruppe ausgetauscht oder als Teil von Ritualen, die Reichtum sichern sollten. Lerner argumentiert, dass dieses System nicht das Ergebnis einer Verschwörung von bösen Männern war, sondern von Männern und Frauen geschaffen wurde, da diese Praktiken ursprünglich für alle nützlich waren. Doch was auch immer die ursprünglichen Motivationen waren, Lerner zeigt die zerstörerischen Konsequenzen auf:

> „Die Sexualität der Frauen, zu der ihre sexuellen und reproduktiven Fähigkeiten und Dienstleistungen gehören, wurde noch vor dem Entstehen der archaischen Staaten zur Ware verdinglicht. Die Entwicklung der Landwirtschaft im Neolithikum förderte den ›Frauentausch‹ zwischen den Stämmen, nicht nur um unablässige Kriege durch die Festigung von Allianzen durch Eheschließungen zu vermeiden, sondern auch weil Gesellschaften mit einer größeren Zahl von Frauen mehr Kinder produzieren konnten. Im Gegensatz zu den ökonomischen Erfordernissen der Gesellschaften von Jägern und Sammlern konnten die Ackerbauern Kinder arbeiten lassen, um die Produktion zu erhöhen und Vorräte anzulegen.

Die erste soziokulturell festgelegte Rolle der Frauen war es, diejenigen zu sein, die bei Eheschließungen getauscht wurden. Die geschlechtsspezifische Rolle der Männer hingegen war es, diejenigen zu sein, die den Tausch arrangierten oder die Bedingungen des Tauschs festlegten.

Als Folge dieser weitverbreiteten Bräuche hatten die Männer Rechte über die Frauen, die Frauen über Männer nicht hatten. Frauen als solche wurden zu einer Ressource, angeeignet von Männern, ähnlich wie Männer sich auch das Land angeeignet hatten.“[46]

Mit dem Aufkommen der Landwirtschaft wurde die Arbeit von Frauen – nicht nur ihre produktive Arbeit auf den Feldern und in den Dörfern, sondern auch ihre reproduktive Arbeit, Kinder zu gebären, die für den zunehmenden Arbeitsaufwand auf den Feldern gebraucht wurden – eine *Ressource*, von der die Patriarchen behaupteten, sie gehöre ihnen. Und als Kriegsführung im größeren Stil üblicher wurde, vor allem zu Zeiten von ökonomischem Mangel, wurden Frauen gefangengenommen und versklavt. Wie Lerner schreibt, wurde dies zum Modell für die spätere Versklavung von Männern.

In vorpatriarchalen Gesellschaften hatten Männer und Frauen unterschiedliche Rollen, die sich aus den Geschlechtsunterschieden ergaben. Die Geschlechterrollen-Unterschiede, die das Ergebnis von Biologie war (Frauen gebären Kinder und stillen sie), war die Basis für die Entwicklung von Gender-Rollen (Männer, die keine Säuglinge stillten, jagten, und Frauen sammelten). Während es keine einheitliche Art der Organisation der Jäger- und Sammlergesellschaften gab, weist Lerner darauf hin, dass diese Unterscheidung nicht automatisch zu Hierarchie und Ungleichheit führte:

---

46 Gerda Lerner: *Zukunft braucht Vergangenheit*, S. 223.

„Die biologische Differenz zwischen Frauen und Männern wurde zum Kriterium der Unterwerfung erst durch die kulturell bedingte Definition von Differenz als Kennzeichen des Abweichens von einer Norm und damit als Zeichen der Minderwertigkeit. In den vorstaatlichen Gesellschaften, also vor der Institutionalisierung des Patriarchats, kam die biologische Differenz zwischen Männern und Frauen in einer vom sexuellen Geschlecht abhängigen Arbeitsteilung zum Ausdruck. Frauen, die entweder Säuglinge stillten, schwanger waren oder Kleinkinder zu versorgen hatten, übernahmen andere ökonomische Aufgaben als Männer, ohne dass dieser Unterschied sie ohne weiteres zu Unterlegenen oder Benachteiligten machte. Die Unterdrückung der Frauen ergibt sich aus der kulturell bestimmten Definition der ›Differenz‹ als Zeichen der Unterlegenheit. Die Unterordnung der Frauen ist historisch bedingt durch ein Gesellschaftssystem, das ›Geschlecht‹ seiner Kultur entsprechend festlegt und eine hierarchische Rangordnung schafft."[47]

Die Agrarrevolution schaffte eine neue Dynamik. Die Möglichkeit, Lebensmittel zu lagern, schaffte Möglichkeiten für Individuen durch die Kontrolle dieser Rohstoffe, Macht zu erlangen. Macht, die von Männern beansprucht wurde, was zu der unvermeidlichen Frage führt, warum es denn Männer waren, die diese Kontrolle ergriffen. Der Soziologe Allan Johnson begründet das damit, dass „der Beitrag der Männer zur Erschaffung neuen Lebens unsichtbar ist", was auf der Tatsache beruhte, dass vorpatriarchale Gesellschaften nicht über Wissen verfügten, wie Reproduktion funktioniert. Männer sahen sich weniger mit der Lebenswelt im Allgemeinen und deren Zyklen verbunden, im Vergleich zu Frauen, die menstruieren und Kinder austragen. Das führte dazu, dass Männer offener wurden für einen Zyklus, der aus Kontrolle und Angst besteht

---

47 Gerda Lerner: *Zukunft braucht Vergangenheit*, S. 295.

– genau das, was das Patriarchat definiert: „Denn die Kontrolle weiterzuführen, geht Hand in Hand mit der Trennung von dem Objekt der Kontrolle. Es darf davon ausgegangen werden, dass als die *Idee* von Kontrolle als natürlicher Teil der Evolution entstanden ist, Männer es eher als Frauen als etwas ansahen, dass entwickelt und ausgebeutet werden sollte".[48]

Da die Bevölkerung durch vergrößerte Landwirtschaftsproduktion zunahm – mehr Nahrung – ist es nachvollziehbar, dass für Männer die Kontrolle anderer Gruppen wichtiger war als eine ›Lösung‹ von Konflikten. Das wiederum führte zu neuen Ängsten, was andere Männer ihnen als Nächstes antun würden. Dadurch wurde eine sich konstant erneuernde Spirale von Kontrolle und Angst geschaffen. Was auch immer die Erklärung sein mag, in diesen ersten patriarchalen Gesellschaften begann sich die grundsätzlich egalitäre Unterscheidung der Gender-Rollen der Jäger und Sammlerinnen in eine neue Richtung zu entwickeln: Gender wurde zu einer Kategorie, die zuerst die Ungleichheit zwischen Männern und Frauen festlegte – und dann immer weiter verstärkte.

Patriarchale Gesellschaften haben über Tausende von Jahren verschiedene Rechtfertigungen für diese Ungleichheit entwickelt. Viele davon sind gebräuchlich geworden: „So ist das nun mal". Das Patriarchat hat sich als hartnäckig erwiesen. Es hat sich an Herausforderungen angepasst und dafür gesorgt, dass Frauen nie völlige Gleichheit mit Männern erreichen konnten. Der Status von Frauen kann sich im Laufe der Zeit ändern, und es gibt Unterschiede in verschiedenen Gesellschaften, was Frauen erlaubt wird, die von anderen Variablen abhängen. Doch wie Judith Bennett erklärt, haben diese Höhen und Tiefen nicht bewirkt, dass Frauen als Gruppe ihre Stellung gegenüber

---

48   Allan G. Johnson: *The Gender Knot: Unraveling Our Patriarchal Legacy*, S. 69.

Männern verändert haben. Gesellschaften funktionieren innerhalb eines „patriarchalen Gleichgewichts",[49] in dem nur privilegierten Männern uneingeschränkte Macht zusteht, d. h. die Möglichkeit, ihr Potential voll zu entfalten. Weniger privilegierte Männer müssen sich mit weniger zufrieden geben und manchen wird sogar ein geringerer Status als einigen Frauen zugestanden (vor allem denjenigen, denen Privilegien aufgrund von Ethnie, Klasse oder Kasten fehlen; Gender ist nicht der einzige Faktor von Ungleichheit). Aber in dieser Art von dynamisch stabilem Machtsystem können Frauen nie ihr maximales menschliches Potential erreichen.

Durch eine Beleuchtung der Natur der Systeme in denen wir leben, helfen uns diese Analysen, uns selbst als Individuen zu verstehen, auch wenn einige WissenschaftlerInnen andere Begriffe als „Patriarchat" benutzen. So hat zum Beispiel die Soziologin Judith Lorber erklärt, dass der Begriff Patriarchat zu oft und ohne klare Definition gebraucht wird. Trotzdem bleibt auch für sie das *System* der Schwerpunkt: „Ich sehe Gender als eine Institution, die Erwartungsmuster für Individuen aufstellt, den sozialen Prozess des Alltags ordnet, und in die wichtigsten sozialen Organisationen der Gesellschaft eingebaut ist, in die Ökonomie, Ideologie, die Familie und Politik, und die auch eine Einheit in und für sich selber ist".[50]

Dieser kurze Überblick über die Geschichte des Patriarchats erinnert uns daran, dass während männliche Dominanz ihre Wurzeln in biologischen Unterschieden zwischen Männern und Frauen hat, Gender-Ungleichheiten ein soziales Produkt von Geschichte und Politik sind, nicht nur von Biologie. Meine

---

49   Judith Bennett: "History Matters: The Grand Finale", 29. März 2009. <http://girlscholar.blogspot.com/2009/03/history-matters-grand-finale-guest-post.html> und History Matters, Kapitel 4.

50   Judith Lorber: *Paradoxes of Gender*, S. 1.

Meinung ist, dass wenn es eine *vorpatriarchale* Periode gab, es auch eine *nachpatriarchale* Periode in der menschlichen Gesellschaft geben könnte, d. h. eine Zeit, in der wir die Hierarchie des Patriarchats überwunden haben. Es ist wichtig, uns immer wieder daran zu erinnern, dass das Patriarchat nicht die „Standardeinstellung" für menschliche Gesellschaften ist, sondern eine relativ neue Entwicklung. Um es nochmal zu betonen: In den 200.000 Jahren der Spezies *Homo sapiens* macht das Patriarchat nur 5 Prozent unserer Entwicklungsgeschichte aus. Wenn wir die 2,5 Millionen Jahre der Gattung *Homo*, unser direkten Vorfahren, betrachten, macht das Patriarchat weniger als 0,5 Prozent unserer Geschichte aus.

Wir können nicht garantieren, dass die Menschheit neue Gesellschaftsansätze erschaffen wird, die zu neuen Geschichten über die Bedeutung der Geschlechtsdifferenzen führen wird, die nicht auf Hierarchie basieren, und die keine soziale Ungleichheit produzieren. Aber wir können eine solche Zukunft anstreben.

Die soziale und politische Bewegung, die eine solche Zukunft anstrebt, war und ist die feministische Bewegung. Da es unvermeidlich zu sein scheint, dass sich Menschen weiterhin Geschichten erzählen über Bedeutungen, die sie den Unterschieden zwischen Männern und Frauen zuschreiben, ist Feminismus absolut unentbehrlich, um die heutigen Erklärungen von Gender im Patriarchat in Frage zu stellen und kritisch zu diskutieren.

Feminismus

Im politischen Diskurs des Mainstreams in den Vereinigten Staaten ist Patriarchat kein Begriff, der häufig gebraucht wird, um die heutige Gesellschaft zu beschreiben. Er wird – wenn er überhaupt benutzt wird – gebraucht, um die Vergangenheit zu beschreiben. Die meisten Menschen werden der These zustimmen, dass Frauen während des Großteils der US-amerikanischen Geschichte entweder Besitz der Männer waren oder höchstens Bürgerinnen zweiter Klasse, denen die vollen Rechte der Männer in Politik und in praktisch allen andern Lebensbereichen verweigert wurden. (Leider wird die nicht zu rechtfertigende Entmenschlichung von Frauen während dieser Phase des Patriarchats oft mit Schönfärbereien darüber, dass es Frauen genutzt hätte, „auf ein Podest gesetzt zu werden", verharmlost.) Wenn der Begriff Patriarchat in Mainstream-Gesprächen über die heutige Welt benutzt wird, dann normalerweise nur in Bezug auf die konservativsten religiösen Ideologien männlicher Dominanz, wie der Quiverfull-Bewegung,[51] die den Platz der Frau im Haus sieht, wo sie sich der gottgewollten Herrschaft des Ehemannes zu unterwerfen hat und Kinder ohne Familienplanung oder Schwangerschaftsverhütung gebiert.[52] Weniger extreme Ansätze, wie die Promise Keepers,[53] verbinden das Streben von Männern, gute Christen zu sein, mit Ehemännern, die ihren Platz als natürliches Familienoberhaupt im göttlichen Plan einnehmen,

---

51   Die Quiverfull-Bewegung, entstanden im 20. Jahrhundert in den USA, ist eine Bewegung von konservativen protestantischen Paaren, die Kinder als Geschenk Gottes ansieht, sowie die natürliche Rolle der Frau als die der Hausfrau und Mutter. Jegliche Form der Geburtenkontrolle, auch die der natürlichen Geburtenkontrolle, lehnen die Mitglieder ab. (DH)

52   Kathryn Joyce: *Quiverfull: Inside the Christian Patriarchy Movement.*

53   Promise Keepers. <https://promisekeepers.org>

was von einigen als „weiches Patriarchat" bezeichnet wird.[54] Die Aufgabe des Mannes in einem christlichen Haushalt besteht laut einer weit verbreiteten Formulierung darin, „Beschützer, Versorger und Pastor" für seine Frau und Kinder zu sein. Aus dieser Perspektive sind Männer dafür verantwortlich, für die Familie zu sorgen, was männliche Dominanz erfordert – und daher wird das Patriarchat als etwas Positives gesehen.

Aber sollten wir die heutige US-amerikanische Gesellschaft immer noch grundsätzlich als patriarchal betrachten? Als Folge der Errungenschaften der Suffragetten- und der Frauenbefreiungs-Bewegungen des 19. und 20. Jahrhunderts haben Mädchen und Frauen heute Chancen in Erziehung, Wirtschaft und Politik, die ihnen früher verschlossen blieben. Zeigt nicht die Bekanntheit einer Politikerin und Präsidentschaftskandidatin wie Hillary Clinton im 21. Jahrhundert, dass die Vereinigten Staaten nicht länger eine patriarchalische Gesellschaft sind? Nach dieser Logik müssten wir auch erklären, dass Pakistan das Patriarchat überwunden hat, da eine Frau, die frühere Premierministerin Benazir Bhutto, das höchste politische Amt innehatte. Aber niemand – innerhalb oder außerhalb von Pakistan – würde das behaupten, und genauso wenig sollten wir das von den Vereinigten Staaten glauben.

Gesellschaften und Systeme, die die Macht in ihnen strukturieren, sind natürlich nicht statisch. Wir können positive Veränderungen als Resultat von Kämpfen gegen institutionalisierte männliche Dominanz anerkennen, und trotzdem das Wort Patriarchat als den korrekten Begriff, der

---

54 Mary Stewart Van Leeuwen: "Servanthood or Soft Patriarchy? A Christian Feminist Looks at the Promise Keepers Movement". In: *Journal of Men's Studies*, Vol. 5, Nr. 3, 1997. <http://www.cbeinternational.org/sites/default/files/pp112_7sosp.pdf>

das System von biologischem Geschlecht und Gender in den heutigen Vereinigten Staaten beschreibt, verstehen. Eine solche Analyse ist nicht nur relevant in Bezug auf biologisches Geschlecht und Gender. Trotz der signifikanten Errungenschaften der Bürgerrechtsbewegung und anderen Bewegungen von nicht-dominanten Gruppen, müssen wir uns eingestehen, dass die Vereinigten Staaten nach wie vor eine Gesellschaft mit weißer Vorherrschaft bleibt – selbst mit der Wahl von Barack Obama als Präsident. Wir sind genauso wenig ›post-patriarchal‹ wie wir ›post-rassistisch‹ sind.

Feminismus bleibt ein entscheidendes Element jedes Programmes für soziale Gerechtigkeit. Deshalb versuchen patriarchale Kräfte diese feministischen Ideen zu beseitigen oder zu marginalisieren. Es ist nicht erstaunlich, dass die Siege, die die Frauenbewegung erreicht hat, einen Rückschlag verursacht haben, bei dem sich das Patriarchat scheinbar den veränderten Bedingungen anpasst, dabei aber seine Legitimität neu etabliert. Manchmal ist die Dämonisierung des Feminismus offensichtlich, wie zum Beispiel in der Wortwahl des konservativen christlichen Präsidentschaftskandidaten Pat Robertson, der 1992 in einem Spendenaufruf schrieb: „Die feministische Agenda hat nichts mit gleichen Rechten für Frauen zu tun. Sie ist eine sozialistische, politische Anti-Familien-Bewegung, die Frauen dazu ermutigt, ihre Ehemänner zu verlassen, ihre Kinder zu töten, den Kapitalismus zu zerstören und lesbisch zu werden".[55] Der konservative Radio-Talkshow-Moderator Rush Limbaugh hat die politische Verunglimpfung „Feminazi" bekannt gemacht als Beschreibung – wie er sagte –

---

55 Maralee Schwartz and Kenneth J. Cooper: "Equal Rights Initiative in Iowa Attacked". In: *Washington Post*, 23. August 1992. <https://www.washingtonpost.com/archive/politics/1992/08/23/equal-rights-initiative-in-iowa-attacked/f3e553a1-b768-449f-8d65-d096f9e318ee/>

für „jede Frau, die gegenüber jeglichem Standpunkt intolerant ist, der militanten Feminismus infrage stellt".[56] Leider wird dieser monströse Begriff weiterhin dazu benutzt, Frauen lächerlich zu machen und zu maßregeln, wenn sie nach wie vor das Patriarchat infrage stellen. Susan Faludis Buch von 1991[57] über den Backlash gegen den Feminismus beschreibt, wie die Anti-Feminismus Kampagne, die in den 1980er Jahren immer stärker wurde, behauptete, dass Frauen Gleichheit erreicht hätten, aber dass diese sie unglücklich gemacht habe. Anstatt den Kampf gegen die institutionalisierte männliche Vorherrschaft weiterzuführen, war die Botschaft des Patriarchats an die Frauen, wieder rückwärts zu gehen, nicht weiter nach vorne, und die Idee, dass institutionalisierte männliche Vorherrschaft infrage gestellt werden kann, aufzugeben.

Wir sollten uns nicht wundern, dass wenn Frauen in einigen Bereichen Fortschritte machen – wie z. B. in Erziehung und Wirtschaft – Männer im Patriarchat sofort Kontrolle über andere Bereiche geltend machen, wie zum Beispiel über Sexualität. Wie die Soziologin Kathleen Barry die letzten Jahrzehnte beschreibt:

„Wenn Frauen das Potential für ökonomische Selbstständigkeit erreichen, werden Männer mit dem Kontrollverlust über Frauen als ihrem vermeintlich legalen und ökonomischen Besitz in der Ehe bedroht. Um die Kontrolle wieder zu erlangen, verändern sie die patriarchale Vorherrschaft über Sexualität und stellen neue soziale und öffentliche Bedingungen für die sexuelle Unterordnung von Frauen, die Frauen in die öffentliche Sphäre folgen."[58]

---

56 Rush H. Limbaugh: *The Way Things Ought to Be*, S. 193.

57 Susan Faludi: *Die Männer schlagen zurück.*

58 Kathleen Barry: *The Prostitution of Sexuality*, S. 53.

Doch der Feminismus hält dem „Backlash" stand und bewegt sich, wie häufig beschrieben wird, in „Wellen". In der US-amerikanischen Geschichte wird die Bewegung im 19. und frühen 20. Jahrhundert als erste Welle der Frauenbewegung[59] bezeichnet, die dazu führte, dass Frauen 1920 mit der Verabschiedung der 19. Änderung der US-amerikanischen Konstitution das Wahlrecht gewonnen haben. Die zweite Welle des Feminismus in den Vereinigten Staaten begann in den 1960er Jahren und konzentrierte sich auf Themen wie Sexualität, Männergewalt, Familienstrukturen, Ökonomie und die verbliebenen Formen rechtlicher Diskriminierung. Eine dritte Welle des Feminismus,[60] die von jüngeren Frauen angeführt wurde und in den 1990er Jahren begann, richtete sich mehr auf die Stärkung von Frauen sowie individuelle „Wahlfreiheit". Heute ist die Rede von einer vierten Welle,[61] die eine Interpretation von Feminismus in der Transgender-Bewegung sein soll,[62] auch wenn der Begriff nicht häufig benutzt wird. Die Ansätze des Feminismus, die nach dem Backlash der 1980er und 1990er Jahre entstanden, vor allem diejenigen, die sich hauptsächlich auf individuelle Wahlfreiheit von Frauen innerhalb der existierenden Gesellschaftssysteme konzentrieren und betonen, dass dies der Zentralpunkt ihres feministischen Kampfes sei – wie liberale Feministinnen meinen – scheinen sich von einer tiefergehenden Kritik des Patriarchats losgelöst zu haben, wie ich durch mein ganzes Buch deutlich mache.

Innerhalb dieser „Wellen" hat es diverse Ansätze des Feminismus gegeben, die unterschiedliche Theorien reflektieren

---

59 Im Deutschen wird dies als Erste bzw. Zweite Frauenbewegung bezeichnet. (DH)

60 Leslie Heywood and Jennifer Drake (eds.): *Third Wave Agenda: Being Feminist, Doing Feminism.*

61 Jennifer Baumgardner: *Fem: Goo Goo, Gaga and Some Thoughts on Balls.*

62 "Glossary". In: *The Transadvocate.* <http://www.transadvocate.com/glossary>

und sich auf verschiedene praktische Belange konzentrieren. Von den konkurrierenden Theorien, die in der zweiten Welle entstanden, sind radikale, marxistische, sozialistische, liberale, psychoanalytische, existenzialistische, postmoderne und öko-feministische Theorien zu erwähnen.[63] Als Women of Color den vorwiegend weißen Charakter der Anfänge der zweiten Welle des Feminismus kritisierten, haben sich Feministinnen mit unterschiedlichem Erfolg bemüht, gewisse Zerrbilder, die in der weißen Vormachtstellung wurzelten, zu korrigieren; einige Women of Color beschlossen, sich als „womanist"[64] zu bezeichnen anstatt als Feministin. Lesben haben den überwiegend heterosexuellen Charakter des liberalen Feminismus kritisiert und ihre eigenen Kritiken zu (Hetero) sexualität geschrieben. Diese unterschiedlichen „Feminismen" entwickelten sich in verschiedene Richtungen, als neue Themen hinzukamen, wie globale Politik oder die Diskriminierung von behinderten Menschen, vor allem Frauen, um nur zwei Beispiele zu nennen.

Statt das Für und Wider jedes einzelnen Ansatzes abzu-wägen, werde ich zusammenfassen, was ich vom Feminismus gelernt habe.

Bereits im Kapitel über das biologische und soziale Geschlecht habe ich darauf hingewiesen, dass Reproduktion

---

63 Rosemarie P. Tong: *Feminist Thought: A More Comprehensive Introduction.*

64 Alice Walker: Auf der Suche nach den Gärten unserer Mütter. In der deutschen Übersetzung von 1987 wird dieser Begriff aus dem US-amerikanischen Englischen übernommen. Alice Walker definiert womanist als „eine schwarze oder farbige Feministin", und sagt, „Womanist ist im Vergleich zu feministisch wie lila zu lavendel". „Farbig" gilt jedoch als durch Kolonialisierung geprägte Fremdbezeichnung. Ich habe mich daher entschlossen, den Begriff Women of Color zu benutzen, wobei „of Color" als Eigenbezeichnung für Menschen gilt, die von den unterschiedlichen Formen von Rassismus in einer weißen Mehrheitsgesellschaft betroffen sind, s. AntiDiskriminierungsBüro (ADB) Köln / Öffentlichkeit gegen Gewalt e.V. (Hg.): *Sprache schafft Wirklichkeit*, S. 8. (DH)

keine triviale Angelegenheit ist. Die biologischen Unterschiede zwischen Männern und Frauen sind nicht trivial, und es ist plausibel, dass diese körperlichen Unterschiede zu aussagekräftigen intellektuellen, emotionalen und moralischen Unterschieden zwischen Männern und Frauen führen. Auch wenn wir nur relativ wenig darüber wissen, wie diese biologischen Unterschiede psychologische Fähigkeiten beeinflussen, geht die herrschende Kultur routinemäßig davon aus, dass die Auswirkungen größer sind, als tatsächlich bekannt ist. Einige AutorInnen behaupten sogar, figürlich gesprochen, dass Männer und Frauen sich so sehr unterscheiden, dass wir wohl von unterschiedlichen Planeten stammen würden (das „Männer stammen vom Mars, Frauen von der Venus"-Phänomen[65]). Andere behaupten, dass es unterschiedliche männliche und weibliche Genome geben soll, so dass Männer und Frauen sich fast genauso sehr unterscheiden, wie Menschen sich von Schimpansen.[66]

In Wirklichkeit sind die Ähnlichkeiten zwischen Männern und Frauen viel größer als die Unterschiede.[67] Eine Metasynthese von Forschungsergebnissen zeigte kleine Unterschiede auf, merkte aber an, dass es möglich sei, dass methodologische Probleme bei der Messung dazu geführt haben, und dass selbst

---

65 John Gray: *Männer sind anders, Frauen auch.* Der Originaltitel lautet: *Men Are From Mars, Women Are from Venus*, also: Männer stammen vom Mars, Frauen von der Venus. Auch wenn die Mars/Venus-Kombination bei diesem Titel nicht übernommen wurde, ist sie in deutschsprachigen Übersetzungen anderer Bücher dieses Autors sehr wohl zu finden. (DH)

66 Zur Kritik siehe Sarah S. Richardson: *Sex Itself: The Search for Male and Female in the Human Genome.*

67 Janet Shibley Hyde: "The Gender Similarity Hypothesis". In: *American Psychologist*, Vol. 60, Nr. 6 (September 2005), S. 581-592.

diese Unterschiede nicht erheblich sind.[68] ForscherInnen haben auch herausgefunden, dass diejenigen Theorien, die Männer und Frauen als „sehr unterschiedlich" bezeichnen, sowohl deutlich verbunden sind mit feindseligem Sexismus („ein feindlicher Blick auf Gender-Beziehungen, in denen Frauen wahrgenommen werden, als ob sie Kontrolle über Männer haben wollen"), als auch wohlwollendem Sexismus („eine subjektive positive Einschätzung von Mann/Frau Beziehungen, in denen Frauen als reine Seelen wahrgenommen werden, die beschützt, unterstützt und verehrt werden müssen; als notwendige Begleiterinnen, um einen Mann vollständig zu machen; aber als schwach und daher am besten auf traditionellen Gender-Rollen zu verweisen").[69] In patriarchalen Gesellschaften, die nach wie vor auf genderspezifischen Machtverhältnissen beruhen, wird die Betonung von Unterschieden dazu benutzt, Machtungleichheiten und die diskriminierende Verteilung von Ressourcen zu rechtfertigen.

Im Mittelpunkt des Feminismus steht die Infragestellung der patriarchalen Annahme, dass biologische Geschlechts-unterschiede, die auf Reproduktion beruhen, zu dramatischen Unterschieden in anderen Lebensgebieten führen. Wie Jane Clare Jones aufzeigt:

> „Feminismus als politische Bewegung, die die Befreiung von Frauen anstrebt, ging lange von der Theorie aus, dass Gender nichts Angeborenes ist, sondern ein hierarchisches System, das die Unterwürfigkeit von Frauen erzwingt. Bestimmte Charaktereigenschaften – Fügsamkeit, Pflege, das Bedürfnis schön

---

68 Ethan Zell et al.: "Evaluating Gender Similarities and Differences Using Metasynthesis". In: *American Psychologist*, Vol. 70, Nr. 1 (January 2015), S. 10-20.

69 Ethan Zell et al.: "Mars, Venus, or Earth? Sexism and the Exaggeration of Psychological Gender Differences". In: *Sex Roles*, 2016. doi 10.1007/s11199-016-0622-1

zu sein oder nicht zu protestieren als Objekt behandelt zu werden – als „natürlich" für Frauen zu erklären, ist laut feministischer Analysen ein Hauptmechanismus, um die Gender-Hierarchie aufrecht zu erhalten."[70]

Was immer wir persönlich über die Unterschiede in der Biologie von Männern und Frauen denken bezüglich sogenannter intellektueller, emotionaler und moralischer Unterschiede, ist es wichtig anzumerken, dass es keine Beweise dafür gibt, dass irgendwelche dieser potentiellen Unterschiede entscheidend sein sollten in der Bestimmung des politischen Status von Männern und Frauen. Was auch immer die gegensätzlichen Standpunkte (zwischen Feministinnen und Nicht-Feministinnen und zwischen verschiedenen Richtungen im Feminismus) über die Bedeutung der Unterschiede zwischen Männern und Frauen sind, soviel ist in allen feministischen Richtungen unumstritten wie auch im Großteil der heutigen Vereinigten Staaten: *Frauen haben das Recht gleichwertige Bürgerinnen sein.* Wenn wir diesen Anspruch ernst nehmen, sollten wir die Barrieren, die einer vollen Gleichwertigkeit in vielen Bereichen – Kultur, Erziehung, Theologie, Ökonomie, Familie, persönliche Beziehungen – immer noch im Wege stehen, beseitigen, da diese Ungleichheiten verhindern, dass Frauen ihre vollen Rechte als gleichwertige Staatsbürgerinnen ausüben können.

Genauso wie die Erlangung des Wahlrechts für People of Color nicht auf magische Weise alle anderen Barrieren beseitigt hat, die von der Vorherrschaft der Weißen geschaffen worden waren, hat das Frauenwahlrecht nicht alle patriarchalen

---

70 Jane Clare Jones: "'You Are Killing Me': On Hate Speech and Feminist Silencing". In: *Trouble and Strife*, 16. Mai 2015. <http://www.troubleandstrife.org/new-articles/you-are-killing-me/>

Barrieren beseitigt. Einige der weiterbestehenden Barrieren können durch neue Gesetze beseitigt werden, aber viele von ihnen sind so tief in der Gesellschaft verwurzelt, dass eine radikale Veränderung nötig ist, nicht nur in der Politik und den Institutionen, sondern in unserem eigenem Verständnis darüber, was es bedeutet, ein Mann oder eine Frau zu sein, und als anständiger, moralischer Mensch zu leben.

Gestützt auf meine eigenen Erfahrungen und all das, was ich an relevanter Forschung gelesen habe, glaube ich, dass die feministischen Kritiken aus der Zweiten Frauenbewegung immer noch den besten Weg bieten, die verbleibende Macht des Patriarchats zu verstehen. Die US-amerikanische Gesellschaft hat sich in den vergangenen Jahrzehnten verändert – Frauen bewerben sich jetzt um leitende politische Ämter und üben Machtpositionen aus, wenn auch nicht im entsprechenden Verhältnis zur Bevölkerung. Und das normalerweise auch nur, wenn sie andere Hierarchien akzeptieren – vor allem in internationalen Beziehungen und der Wirtschaft. Aber bei einige Themen haben wir sogar an Einfluss verloren, wie beim Wachstum und der weit verbreiteten Akzeptanz der sexuellen Ausbeutungs-Industrien: Prostitution und Pornografie. Hier ist die Dynamik von Herrschaft und Unterordnung im Patriarchat nach wie vor dominant. Allgemein kann gesagt werden, dass die institutionalisierte Herrschaft der Männer etwas Terrain abgibt in einigen Bereichen, aber an anderen Stellen hält sie daran fest.

Die Richtung des Feminismus, die mein Leben als Universitätsdozent, meinen politischen Aktivismus und mein persönliches Leben bestimmt hat –, und es weiterhin tut – ist der radikale Feminismus.

Unter radikalem Feminismus verstehe ich zuerst einmal, dass die Unterordnung von Frauen unter Männer ein „künstliches" Produkt des Patriarchats ist, und dass das Ziel des Feminismus das *Ende* des patriarchalen Gender-als-Hierarchie-Systems ist – *nicht nur eine liberale Anpassung innerhalb des Systems.* Zweitens ist radikaler Feminismus zentral bei der Infragestellung von Herrschafts-und-Unterordnungs-Problemen in allen anderen Bereichen des menschlichen Lebens. Und auch wenn der radikale Feminismus allein nicht ausreichend ist, so glaube ich doch, dass das Ende des Patriarchats die notwendige *Voraussetzung* für ein besseres Leben für alle Menschen ist und dass die Theorie und Praxis des radikalen Feminismus dabei eine wichtige Rolle spielt.

Eine der wichtigsten – und umstrittensten – radikalen Feministinnen, die Schriftstellerin Andrea Dworkin,[71] spielte eine zentrale Rolle in der feministischen anti-pornografischen Bewegung. Sie war es, die mir half meine anti-pornografische Position zu entwickeln. Die radikalfeministische Philosophie, die mein Denken geschärft hat, wurde am deutlichsten von Marilyn Frye[72] formuliert. Die Juristin Catharine MacKinnon[73] hat maßgeblich zu meinem Verständnis der Rolle von Jurisprudenz beigetragen, Gerda Lerner hat mir geholfen, die Beziehung zwischen Gender und Klasse zu verstehen und Audre Lorde[74] und Barbara Smith[75] haben viele meiner unbewussten Vorurteile über Gender und Ethnie infrage gestellt.

Wichtig für den Kampf, eine vielschichtige Analyse aller Interaktionen zwischen Machtsystemen in feministische Theorie und Politik einzubringen, war Patricia Hill Collins Buch von 1990 *Black Feminist Thought,* in dem sie „die Matrix

---

71 Andrea Dworkin: *Heartbreak: The Political Memoir of a Feminist Militant.*

72 Marilyn Frye: *The Politics of Reality.*

73 Catharine A. MacKinnon: *Feminism Unmodified: Discourses on Life and Law.*

74 Audre Lorde: *Sister Outsider.*

75 Barbara Smith: *The Truth That Never Hurts: Writings on Race, Gender, and Freedom.*

der Herrschaft" diskutierte[76]. Andere Quellen, aus denen ich anfangs über diese Themen lernte, waren die Werke von bell hooks, vor allem ihr Buch *Feminist Theory: From Margin to Center* von 1984[77] und ihre kontinuierliche Kritik am „kapitalistischen Patriarchat unter weißer Vorherrschaft", sowie die einflussreiche Anthologie von 1981 *This Bridge Called My Back: Writing by Radical Women of Color.*[78]

Heute gibt es einen breiten Konsens in allen Richtungen des Feminismus, dass intellektuelle und politische Arbeit „intersektional" sein muss, ein Begriff aus einem Artikel von Kimberlé Crenshaw[79] von 1989 zur Frage, wie Schwarze Frauen aus Bewegungen für Gerechtigkeit für Ethnien und Geschlechter marginalisiert werden konnten, wenn ihre Forderungen nicht mit denen der einen oder anderen Gruppe übereinstimmten. Crenshaw beschreibt Intersektionalität als „eine analytische Sensibilisierung, ein Weg über Identität und ihr Verhältnis zu Macht nachzudenken"[80]. Inzwischen wird der Begriff nicht nur benutzt, um über Gender und Ethnien nachzudenken, sondern auch über andere Systeme, in denen „Unterschiede" zu Werkzeugen von Diskriminierung und Dominanz gemacht werden. Auch wenn Crenshaws Begriff relativ neu ist, haben die Analyse und die dahinterstehende

---

76 Patricia Hill Collins: *Black Feminist Thought: Knowledge, Consciousness, and the Politics of Empowerment.*

77 bell hooks: *Feminist Theory: From Margin to Center.*

78 Cherríe Moraga and Gloria E. Anzaldúa (eds.): *This Bridge Called My Back: Writing by Radical Women of Color.*

79 Kimberlé Crenshaw: "Demarginalizing the Intersection of Race and Sex: A Black Feminist Critique of Antidiscrimination Doctrine, Feminist Theory and Antiracist Politics". In: *University of Chicago Legal Forum*, 1 (1989), S. 139-167.

80 Kimberlé Crenshaw: "Why intersectionality can't wait". In: *Washington Post*, 24. September 2015. <https://www.washingtonpost.com/news/in-theory/wp/2015/09/24/why-intersectionality-cant-wait/>

Ideen eine lange Tradition. Bereits 1976 bezeichnete Florynce Kennedy, eine prominente Rechtsanwältin und Aktivistin der feministischen und Bürgerrechtsbewegung, die Vereinigten Staaten als eine „pathologische, institutionell rassistische, sexistische Klassengesellschaft".[81] Die Erklärung des Combahee River Collectives, einer Gruppe Schwarzer lesbischer Feministinnen, die in den späten 1970er Jahren ein wichtiges Statement veröffentlichten, benannte nicht nur Sexismus und Rassismus, sondern auch Kapitalismus und Imperialismus als Kräfte, die ihr Leben einschränkten:

> „Die beste Erklärung unserer Politik ist im Moment, dass wir uns aktiv verpflichten, gegen rassistische, sexuelle, heterosexuelle und Klassen-Unterdrückung zu kämpfen. Wir sehen es als unsere besondere Aufgabe an, eine ganzheitliche Analyse und Praxis zu entwickeln, die auf der Tatsache besteht, dass die wichtigsten Systeme der Unterdrückung ineinandergreifen. Die Synthese dieser Unterdrückungen schafft die Bedingungen für unsere Existenz."[82]

Die Erklärung des Kollektivs identifiziert „sexuelle Unterdrückung als einen konstanten Faktor in unserer täglichen Existenz":

> „Schon als Kinder haben wir gemerkt, dass wir anders waren als Jungen, und dass wir anders behandelt wurden. Zum Beispiel wurde uns im gleichen Atemzug gesagt, dass wir ruhig sein sollten, um nicht nur „damenhaft" zu sein, sondern als weniger anstößig in den Augen von weißen Menschen. Als wir älter wurden, wurde

---

81 Sherie M. Randolph: *Florynce "Flo" Kennedy: The Life of a Radical Black Feminist*, S. 1.

82 Combahee River Collective: "The Combahee River Collective Statement". In: Barbara Smith (ed.): *Home Girls: A Black Feminist Anthology*, S. 264.

uns die Bedrohung von körperlichem und sexuellem Missbrauch durch Männer bewusst."[83]

Ein aktuelles Beispiel für Intersektionalität ist Monique Morris' Analyse, die auf Interviews mit jungen Afroamerikanischen Frauen beruht. Sie erklärt, warum Schwarze Mädchen 53 Mal so häufig von New Yorker Schulen verwiesen werden als weiße Mädchen: Das Aussehen, die Sprache und das Verhalten von Schwarzen Mädchen werden aufgrund von diskriminierenden Stereotypen über Schwarze Weiblichkeit, die auf Vorurteilen bezüglich Ethnie, Geschlecht und Klasse basieren,[84] häufig als „delinquent" erklärt.

Ein weiteres Beispiel: Untersuchungen haben gezeigt, dass der Alltag von Frauen, d. h. ihre Erfahrung, ständig als Sexualobjekte angesehen zu werden, zu verstärkten Sorgen über ihre körperliche Sicherheit führen, da solche Erfahrungen eine unausgesprochene Bedrohung enthalten, eines Tages vergewaltigt zu werden. In einer patriarchalen Gesellschaft ist das nicht erstaunlich. In einer Gesellschaft unter weißer Vorherrschaft, in der in den meisten Situationen Women of Color weniger wertgeschätzt werden als weiße Frauen, sollte es auch nicht überraschen, dass Afroamerikanerinnen häufiger aussagen, als Sexualobjekte behandelt zu werden, und dass sie noch größere Angst vor Kriminalität haben als weiße Frauen.[85]

---

83 *Ebenda*, S. 266.

84 Monique W. Morris: *Pushout: The Criminalization of Black Girls in Schools*. Siehe auch Kimberlé Williams Crenshaw, with Priscilla Ocen and Jyoti Nanda: "Black Girls Matter: Pushed Out, Overpoliced and Underprotected". In: African American Policy Forum, and Center for Intersectionality and Social Policy Studies, 2015. <https://www.law.columbia.edu/sites/default/files/legacy/files/public_affairs/2015/february_2015/black_girls_matter_report_2.4.15.pdf >

85 Laurel B. Watson et al.: "Understanding the Relationships Among White and African American Women's Sexual Objectification Experiences, Physical Safety

Intersektionelle Ansätze helfen uns dabei, diese komplexen Resultate besser zu verstehen, von denen radikale Feministinnen sagen, dass sie das zentrale Merkmal des Patriarchats sind: Die unablässigen Bemühungen von Männern, die Sexualität und Reproduktion von Frauen zu kontrollieren. Wie Marilyn Frye es ausdrückt:

> „Weil Frauen weltweit Männern untergeordnet und unterworfen sind und weil Männer sich selber und einander organisieren, dass das auch so bleibt, müssen Milliarden individueller Frauen – d. h. praktisch alle, die auf diesem Planeten leben – mehr oder weniger bereit sein, diese Unterordnung und Sklaverei von Männern zu tolerieren. Die wesentlichen Orte, an denen diese Bereitschaft deutlich wird, sind Orte der heterosexuellen Beziehungen und Begegnungen – Werbung und Ehevereinbarung, Romantik, sexuelle Abenteuer, Ficken, Ehe, Prostitution, die normative Familie, Inzest und der sexuelle Kindesmissbrauch. Es ist in dem Gebiet der heterosexuellen Kontakte, wo Mädchen und Frauen an Missbrauch, Beleidigungen und Erniedrigung gewöhnt werden, und wo Mädchen, wenn sie erwachsene Frauen sind, Menschen zweiter Klasse werden – als Ehefrauen, als Huren, als Geliebte, als Sexsklavinnen, als Sekretärinnen und Textilarbeiterinnen, als Mütter der Kinder der Männer."[86]

Das zu behaupten, bedeutet nicht, dass jeder Mann jede Frau als Sexsklavin behandelt – jeder individuelle Mann im Patriarchat beschäftigt sich nicht in jedem Moment seines Lebens aktiv mit der Unterdrückung von Frauen. Aber Männer unterstützen mit ihrem Benehmen die Aufrechterhaltung des Patriarchats und schaden Frauen damit. Richtig ist auch, dass die Besessenheit des Patriarchats mit Hierarchien, einschließlich einer oft

---

Anxiety, and Psychological Distress". In: *Sex Roles*, Vol. 72, Nr. 3 (2015), S. 91–104.
86   Frye, Marilyn: *Willful Virgin*, S. 130.

erbarmungslosen Rangordnung für Männer, bedeutet, dass die meisten Männer in einem System, wo es das Ziel ist, sich Reichtum und Macht anzueignen, schlecht wegkommen. Komplexe Systeme führen zu komplexen Resultaten. Trotzdem gibt es identifizierbare Muster: Das Patriarchat ist ein System, das Männern materielle Vorteile gibt – allerdings auf ungleiche Weise und abhängig von anderen Attributen (wie Ethnie, Klasse, sexuelle Orientierung, Nationalität, Einwanderungsstatus etc.), sowie dem Willen der Männer, sich an patriarchale Werte anzupassen – aber das Patriarchat schränkt *alle* Frauen ein. Das körperliche, psychologische und spirituelle Leiden, das Frauen ertragen müssen, ist unterschiedlich und ebenfalls abhängig von anderen Attributen. Und manchmal ist es ganz einfach eine Glückssache, wo und wie eine Frau gerade situiert ist. Aber keine Frau kann dem Leiden ganz entkommen. Die zentrale Grundlage dieses Systems ist die Kontrolle der Männer über die Sexualität und Reproduktion der Frauen:

> „Ohne (hetero)sexuelle Belästigung und Missbrauch, und ohne die (Hetero)Sexualisierung aller Aspekte der Körper und des Verhaltens von Frauen, gäbe es kein Patriarchat. Und egal welche anderen Formen oder Verkörperung der Unterdrückung es auch gäbe, sie hätten nicht die Formen, Grenzen und Dynamiken des Rassismus, Nationalismus und so weiter, mit denen wir heute so vertraut sind."[87]

Die radikalen Feministinnen, mit denen ich arbeite, beschränken ihre Kritik nicht nur auf Beziehungen zwischen Frauen und Männern. Um das *radikale* Potenzial des radikalen Feminismus nochmals zu betonen: Über die Kritik am System von biologischem und sozialen Geschlecht hinaus erarbeiten radikalfeministische Forscherinnen in weitgreifenden Analysen

---

87 Ebenda.

Theorien zu Machtsystemen im Allgemeinen, d. h. zur Art und Weise, wie das Patriarchat Hierarchien normalisiert. Während sich Feminismus darauf konzentriert, institutionalisierte männliche Dominanz sichtbar zu machen und infrage zu stellen, beschäftigen sich detaillierte feministische Analysen damit, ans Licht der Öffentlichkeit zu bringen, wie in patriarchalen Gesellschaften *alle* Beziehungen als Orte des Kampfes um Dominanz zu verstehen sind. Im Patriarchat gilt die Überzeugung, dass Hierarchie eine unumstößliche Realität ist, da menschliche Beziehungen immer auf Macht basieren – und das auch weiterhin tun sollen. Meiner Ansicht nach sind Hierarchien jedoch unvereinbar mit menschlichem Gedeihen, es sei denn, ein überzeugendes Argument könnte gemacht werden, dass Hierarchien notwendig seien, um denen, die weniger Macht haben in einem System zu helfen. Das ist allerdings eine bizarre und sehr unrealistische Idee.

Radikaler Feminismus ist nicht der einzige Weg, um zu einer umfassenden Kritik der vielen Formen von Unterdrückung zu gelangen. Aber für mich war er der erste und entscheidende Schritt. Die vielen Ungleichheiten, die die heutige Welt definieren – uns aufgezwungen durch weiße Vorherrschaft, Imperialismus und Kapitalismus – basieren alle auf dem Kernpunkt des Patriarchats: Die Dynamik von Herrschaft und Unterordnung soll als natürlich und somit als unvermeidbares Merkmal von menschlichen Gesellschaften beibehalten werden. Aber all diese Gesellschaften haben Ungleichheits-Systeme mit eigenen Geschichten und zeitgenössischen Praktiken, die sich auf komplizierte Art und Weise gegenseitig beeinflussen. Zu jedem beliebigen Zeitpunkt kann eines – oder mehrere – dieser Systeme besonders wichtig für bestimmte Personen sein und ihre sozialen Erfahrungen entscheidend beeinflussen.

Und all diese Ungleichheits-Systeme basieren auf der gleichen Dynamik: Herrschaft und Unterordnung.

In den letzten drei Jahrzehnten hat der radikale Feminismus Einfluss gegenüber dem traditionellen liberalen Feminismus verloren, wie auch gegenüber einigen neueren Formen der dritten/vierten Welle des Feminismus (die ich einfach als liberalen Feminismus mit einer jüngeren Ästhetik und Rhetorik bezeichnen würde). Selbst wenn Feministinnen aus diesen verschiedenen Richtungen sich auf eine politische Aktion einigen können – wie zum Beispiel Abtreibung und reproduktive Gerechtigkeit zu verteidigen – gibt es Unterschiede in ihren Philosophien: in der Argumentation bezüglich dieser Aktion, in Strategien und Taktiken bezüglich der politischen Organisation und in persönlichen und rhetorischen Bereichen. Das muss aber nicht schlecht sein. In jeder gesunden politischen Bewegung, die die Verteilung von Reichtum und Macht zu verändern versucht, gibt es Meinungsverschiedenheiten. Im Feminismus ist das nicht anders – in internen feministischen Diskussionen kann es hitzig zugehen.

In den nächsten Kapiteln über bestimmte Themen werde ich diese Spannung detaillierter untersuchen. Im Moment möchte ich nur eine einfache Frage stellen: Wenn der radikale Feminismus weiterhin ein so überzeugendes Verständnis von biologischem und sozialem Geschlecht in der heutigen Welt bietet, warum wird er dann so marginalisiert? Nicht nur in der Gesellschaft ganz allgemein, sondern auch innerhalb der verschiedenen feministischen Richtungen und der Frauenforschung? Meine eigene Antwort darauf: gerade weil diese Sicht so zwingend ist und daher große Herausforderungen mit sich bringt. Anders gesagt, ein ernsthafter Einsatz für einen radikalen Ansatz erfordert grundlegende Änderungen im Leben von allen, egal ob Mann oder Frau. Radikaler Feminismus verlangt nicht nur, zu erforschen, wie das Patriarchat die Institutionen, in denen wir arbeiten und leben, strukturiert, sondern auch wie es unsere Selbstwahrnehmung prägt und unsere Vorstellungskraft beeinflusst. Wie ich selbst erfahren habe, ist es am Anfang nicht nur schwierig, dieses Projekt ernst zu nehmen, sondern es kann häufig auch überwältigend sein. Es erfordert eine lebenslange Selbstreflexion, die schmerzlich sein kann. Es fordert uns auf, um wieder mit James Baldwins Worten zu sprechen, nicht vor dem Patriarchat wegzurennen, sondern auf es zuzugehen, so dass wir wenigstens wissen, was uns trifft.

Dringende Fragen

Je älter ich werde, desto bewusster wird mir, wie komplex die Welt ist. Zudem werden mir die Grenzen unserer Versuche, die Welt zu verstehen, immer klarer. Konsequenterweise bin ich je länger je weniger an ideologischen Systemen interessiert, die behaupten, alles lösen zu können, und an den Dogmen, die diese Systeme erzeugen.

Gleichzeitig weiß ich heute viel mehr über die missbräuchlichen und unterdrückerischen Auswirkungen, von konzentriertem Reichtum und Macht. Und bemühe mich daher, noch mehr zu lernen, wie Macht in der Welt funktioniert, um bessere Wege zu finden, diese unrechtsmäßigen Konzentrationen von Reichtum und Macht zuerst sichtbar zu machen, und dann gegen sie zu kämpfen. Wenn ich glaube, dass ich einige Zusammenhänge verstanden habe, fühle ich mich verpflichtet, darüber zu schreiben und, wenn möglich, mich aktiv einzumischen.

Diese beiden Instinkte auszubalancieren – die intellektuelle Bescheidenheit und den moralischen Handlungsdruck – ist keineswegs ein neues Problem. Jede und jeder ist anfällig für ideologische Arroganz („Ich habe die Antwort gefunden und du sollst mir jetzt zustimmen") und politische Passivität („Es ist alles zu kompliziert ... ich weiß nicht, was ich tun soll, also mache ich gar nichts"). Die Geschichtsschreibung ist voll von Beispielen, wie oft Menschen sich geirrt haben. Ehrliche Selbstreflektion sollte dazu führen, dass wir unsere eigenen Fehler sehen; in meinem eigenen Leben habe ich manchmal an beiden Enden dieses Spektrums versagt.

Im Folgenden möchte ich diese Balance im Kontext dreier aktueller Themen diskutieren, die nicht nur in der dominanten Kultur umstritten sind, sondern auch im Feminismus: Vergewaltigung und sexuelle Belästigung, Prostitution und Pornographie, und die biologischen und politischen Behauptungen der Transgender-Bewegung. Im Laufe der Jahre haben mir viele Menschen gesagt, dass sie ihr Möglichstes tun, um Auseinandersetzungen über diese Themen zu vermeiden, zum einen, weil Konflikte so emotional belastend sind, und zum anderen, um Zerwürfnisse in ihren politischen und sozialen Netzwerken zu vermeiden. Früher habe ich die eine oder andere dieser Fragen aus ähnlichen Gründen vermieden, aber je älter ich werde, desto mehr fühle ich mich verpflichtet, an diesem Meinungsaustausch teilzunehmen, zum Teil aufgrund meiner Privilegien.

Das mag unlogisch erscheinen. Wenn ich Systemen gegenüber kritisch bin, die mir unverdiente Macht und Status gegeben haben, warum will ich dann gerade diese Privilegien dazu benutzen, sie zu kritisieren? Im Laufe der Jahre haben viele Menschen, die in professioneller oder persönlicher Weise verletzbarer sind als ich, mich ermutigt, die Sicherheit meines Arbeitsplatzes (festangestellter Professor) und sozialem Status (weißer Mann in den Vereinigten Staaten) dazu zu nutzen, diese Themen laut und deutlich zu besprechen. Zu allen drei Themen haben mir Frauen privat gesagt, dass sie Meinungen vertreten, für die sie von anderen Feministinnen kritisiert werden, und deshalb nicht wagen, ihre Argumente in der Öffentlichkeit zu diskutieren. Einige befürchteten, dass sie Fördergelder oder ihre Arbeitsstelle riskieren würden, andere wollten nicht aus ihren sozialen Kreisen ausgeschlossen werden. Im Klartext: Ich beanspruche nicht, für diese (oder andere) Frauen zu sprechen. Genauso wenig suche ich einen Zauberstab, um Herausforderungen abzuwehren. Ich erwarte nicht nur Kritik, sondern möchte gerne aussagekräftige Reaktionen hören. Aber diese Gespräche mit Feministinnen, die Angst haben, sich zu äußern, nicht nur in der Öffentlichkeit, sondern sogar in feministischen Räumen, weisen auf ein Bedürfnis nach mehr kritischer Selbstreflektion hin, wie Feminismus und allgemeiner gesagt die Linke – als intellektuelle Projekte und politische Bewegungen – an diesen Punkt gelangt sind. Warum haben Menschen das Gefühl, dass sie in feministischen und progressiven Räumen über entscheidende Fragen schweigen müssen, wenn sich doch genau diese Gruppen in kritischen Diskussionen über Macht engagieren sollten?

Mit dieser Frage im Hintergrund kehre ich zu dem Dilemma zurück, das ich bereits erwähnt habe: Wir wissen oft nicht genug, um uns in unserer Argumentation ganz sicher zu sein. Selbst mit umfangreicher Forschung und aufschlussreichen Analysen, die uns Klarheit verschaffen über politische Vorschläge, die wir machen könnten, um illegitimen Reichtum und Macht anzuprangern, fehlt uns trotzdem häufig die Fähigkeit, die Konsequenzen dieser politischen Aktivitäten vorherzusagen. Anders formuliert: Selbst wenn wir mit der Definition des Problems Recht haben, tasten wir oft im Dunkeln, wenn wir Lösungen vorschlagen. Die Mahnung, mich an meine/unsere intellektuellen Grenzen zu erinnern, hat dazu geführt, dass ich mir immer die folgende grundlegende Frage stelle, wenn ich einer neuen Idee, einem neuen politischen Projekt oder einem neuen politischen Vorschlag begegne:

„Ist es wahrscheinlich, dass diese Vorschläge Menschen helfen werden, stabile und anständige menschliche Gemeinschaften zu erschaffen und zu unterhalten, die nachhaltige Beziehungen mit der größeren lebenden Welt haben werden?"

Selbst wenn ich ein Urteil fällen muss, das auf unvollständigen Beweisen und auf unzureichender analytischer Klarheit beruht, hilft mir diese Frage, eine bestmögliche Einschätzung von Maßnahmen, die ich vorschlage oder befürworte, zu erreichen. Diese Frage erfordert keine absolute Gewissheit, sondern hilft mir zu entscheiden, ob es wahrscheinlich ist, dass der vorgeschlagene Schritt uns auf einen produktiven Pfad führt. Meine Betonung von „menschlichen Gesellschaften" zeigt, dass mein Anliegen sich nicht primär auf individuelle Rechte bezieht, sondern auf die Erkenntnis, dass solche Rechte von der *darunterliegenden* kollektiv getragenen sozialen Gesundheit abhängen. Wenn ich mich auf „stabil" und „anständig" konzentriere, erkenne ich, dass Tradition eine Rolle im menschlichen Leben spielt (die Stabilität, die Traditionen mit sich bringt, ist wichtig). Aber alle Traditionen müssen auf ihre moralischen Prinzipien geprüft werden: Es ist wichtig, anständig gegenüber anderen zu sein, aber Traditionen können auch Ungerechtigkeiten beschönigen und verteidigen.

Und die Würdigung der „größeren lebenden Welt", erinnert uns daran, dass soziale Gerechtigkeit und ökologische Nachhaltigkeit immer *zusammen* voran gehen müssen, wenn es eine Zukunft für Menschen auf diesem Planeten geben soll.

Meine ganze Forschung und Erfahrung zeigt mir, dass jeder Gedanke, jedes Projekt oder Vorschlag, der oder das mit biologischem und sozialen Geschlecht zu tun hat und diese Kriterien erfüllen soll, bereit sein muss, das

Patriarchat als Zielscheibe zu benennen. Ich kann mir nicht vorstellen, dass eine Bewegung für biologische und soziale Geschlechter-Gerechtigkeit Fortschritte machen soll, ohne sich mit dem Patriarchat, seinen Hierarchien und der daraus resultierenden Dynamik von Herrschaft und Unterordnung auseinanderzusetzen. Das ist keine semantische Frage. Wie Cynthia Cockburn uns sagt, das Patriarchat ist

> „… nicht einfach ein kräftiger feministischer Ausdruck, mit dem Männer zurechtgewiesen werden sollen. Es ist kein Schnee von gestern und auch keine rhetorische Floskel. Es ist eine wichtige politische Dimension in der Ausdifferenzierung moderner Gesellschaften, seien diese kapitalistisch oder staatssozialistisch. Es ist lebendige Wirklichkeit, die das Leben von Frauen und Männern sichtbar formt und ihre jeweiligen Chancen beeinflusst. Der Kampf um die Gleichberechtigung der Geschlechter mag sich unschuldig geben, nichtsdestotrotz ist er ein Versuch, das Patriarchat in die Schranken zu weisen."[88]

Im letzten Kapitel habe ich aufgezeigt, dass die radikal-feministische Lehre und Forschung den überzeugendsten Weg bietet, das Patriarchat zunichte zu machen. Aber, wie ich bereits sagte, muss ich einsehen, dass der radikale Standpunkt an den Rand gedrängt wurde, nicht nur in der Dominanzkultur, sondern auch innerhalb des Feminismus. Welche der anderen feministischen Ansätze sind die wichtigsten in der heutigen Diskussion? Im politischen Diskurs der Dominanzkultur ist es vermutlich ein liberaler Ansatz. Falls Feminismus überhaupt sichtbar ist, konzentriert sich dieser Ansatz auf das Erlangen von Gleichheit für Frauen innerhalb der existierenden

---

88 Cynthia Cockburn: *Blockierte Frauenwege: wie Männer Gleichheit in Institutionen und Betrieben verweigern*, S. 25.

politischen, rechtlichen und ökonomischen Institutionen.[89] In akademischen Kreisen verfolgen Feministinnen auch weiterhin unterschiedliche Theorien, aber wenn es eine vorherrschende feministische Perspektive gibt, dann ist das der Postmodernismus.[90] Diese Theorie ist dafür bekannt, dass sie äußerst schwierig zu definieren und zu verstehen ist. Sie stellt nicht nur die Stabilität und den Zusammenhang von existierenden Institutionen in Frage, sondern auch die ganzen Konzepte, die wir benutzen um diese Institution zu erklären. Außerdem konzentriert sich Postmodernismus auf Sprache und Performance als Schlüssel für Identität und Erfahrung.

Diese beiden Ansätze, Liberalismus und Postmodernismus, gehen von sehr unterschiedlichen Annahmen aus, sind sich aber in ihrem praktischen Fokus auf Individualismus in der Politik sehr ähnlich. Diese Einschätzung ist natürlich sehr breit gefasst, aber nach meiner Erfahrung erreichen liberale und postmoderne Feministinnen relativ schnell die gleichen (oder sehr ähnliche) politische Strategien, da sie dazu tendieren, einen Vorschlag danach zu beurteilen, ob er die Wahlmöglichkeit für *individuelle* Frauen vergrößert. Sie fragen nicht, ob der Vorschlag sich gegen die patriarchale Hierarchie zur Wehr setzt und die Macht der Männer als soziale Klasse zu vermindern versucht. Für Liberale ist die politische Kategorie „Frauen" relativ stabil, aber ihre Lösungen fokussieren auf Rechten, die von Individuen eingefordert werden. PostmodernistInnen setzen die Kategorie „Frauen" häufig in Anführungszeichen, um ihre Instabilität zu

---

89 Das Buch, das am häufigsten mit dem Aufkommen der zweiten Welle des liberalen Feminismus verbunden wird ist Betty Friedan: *Der Weiblichkeitswahn oder die Selbstbefreiung der Frau* (Original: 1963, deutsche Übersetzung: 1966).

90 Das Buch, das oft als zentral für den postmodernen feministischen Ansatz angesehen wird, ist Judith Butlers: *Das Unbehagen der Geschlechter* (Original: 1990, deutsche Übersetzung: 1991).

betonen. Ihre vorgeschlagenen Lösungen konzentrieren sich so zwangsläufig auf die Rechte von Individuen.

Selbst wenn Liberale und PostmodernistInnen die zutiefst patriarchale Natur der heutigen Welt anerkennen, konzentrieren sie sich nicht auf das *System*, sei es aus pragmatischen oder aus theoretischen Gründen. Liberale ziehen es vor innerhalb des Systems zu arbeiten; PostmodernistInnen scheinen damit zu argumentieren, dass wir das System durch Sprache und Performances transzendieren können. Der Liberalismus ist selbstbewusst an Individualismus gebunden, die Kategorie „Frauen" existiert, aber Fortschritt wird durch die Konzentration auf individuelle Frauen erzielt. Postmodernismus ist einfach Liberalismus im Quadrat: Wenn es keine stabile Kategorie „Frauen" gibt, sind alle Maßnahmen, die auf dem Konzept „Frauen" beruhen, fraglich. Viele postmoderne Feministinnen vertreten eine radikale Politik bezüglich einer Vielfalt von Themen – wie die Kritik am System der weißen Vorherrschaft, Imperialismus und Kapitalismus – aber in Bezug auf Frauen übernehmen sie die Analyse des radikalen Feminismus nicht.[91]

Das ist meine schonungslose Einschätzung des liberalen und postmodernen Feminismus, von der ich aber überzeugt bin, dass sie von den Debatten über die Themen, die ich in den nächsten Kapiteln untersuche, unterstützt wird. Ich streite die Komplexität dieser konkurrierenden Philosophien nicht ab, sondern stelle Muster fest, die mir aufgefallen sind. Ich werte Feministinnen, die sich mit liberalen oder postmodernen Traditionen identifizieren, auch nicht ab. Ich verhalte mich kollegial gegenüber Menschen mit diesen Traditionen und habe mit ihnen an Projekten gearbeitet.

---

91 Für eine ausführliche Analyse des postmodernen Feminismus aus einer radikalfeministischen Perspektive, siehe Diane Bell und Renate Klein (eds.): *Radically Speaking: Feminism Reclaimed.*

Genauso wenig verteidige ich jede Forderung, die je im Namen des radikalen Feminismus gemacht worden ist, noch stimme ich jeder Strategie bzw. Entscheidung zu, die je von radikalen Feministinnen getroffen wurde. Wie bei jeder intellektuellen politischen Perspektive gibt es Debatten und Meinungsverschiedenheiten, sowie Unterschiede in Stil und Ton zwischen Menschen, die sich mit dieser Perspektive identifizieren. Ich kenne liberale Feministinnen, mit denen es einfacher zu diskutieren ist als mit radikalen Feministinnen. Ich habe postmoderne Feministinnen kennengelernt, mit denen ich gerne geredet habe, auch wenn ich oft nicht sicher war, ob ich ihren Jargon verstanden habe. Mit anderen Worten, die großen Unterschiede zwischen Menschen zeigen sich überall, auch im Feminismus.

Ein Freund sagte mir einmal, dass die meisten Menschen an ihr intellektuelles und politisches Leben herangehen, als ob sie einer Straßenbande beitreten würden und sich entscheiden müssten, welche Farben sie tragen sollten. Vielleicht ist es unvermeidlich, dass Mitgliedschaft in einer Gruppe uns hilft, Sinn im Leben zu finden, und uns das wiederum stärkt, aktiv zu werden. Das kann eine gewisse Anpassung an die Parteilinie der Gruppe verlangen – selbst wenn sich diese Gruppe zum Ziel setzt, die Konformität sozialer Normen in Frage zu stellen. Es hat Momente in meinem Leben gegeben, in denen ich eine solche Entscheidung getroffen habe, und manchmal hat die Anpassung an Normen meine Fähigkeit, die Welt genau zu analysieren, behindert.

Um eine solche intellektuelle Starrheit zu vermeiden, lehnen manche Menschen jegliche Gruppenmitgliedschaft ab und beurteilen jede Frage im Einzelfall, Das kann allerdings zu einer anderen Art von Absurdität führen. Kein Wissensstand ist „vor-theoretisch", das heißt, wir haben schon immer eine

Idee, wie die Welt funktionieren könnte – geschrieben oder ungeschrieben – wenn wir mit unserer Forschung beginnen. So zu tun, als ob wir „frei Handelnde" wären, ohne intellektuelle oder politische Engagiertheit, ist eine Art gewollter Ignoranz darüber, wie menschliches Wissen entsteht. Es tendiert dazu, Menschen zu verdummen, d. h. ihnen nicht zuzutrauen, ihre eigenen Meinungen hinterfragen zu können. Menschen, die andere Straßenbanden mit Verachtung betrachten, gehören ganz sicher zu einer privilegierten Bande in der Dominanzkultur.

Wenn wir versuchen, Muster in der menschlichen Gesellschaft zu verstehen, konstruieren wir Gesellschaftstheorien. (Ich benutze den Begriff „Theorie" hier, um einen Rahmen für eine Analyse zu beschreiben, nicht als mögliche Vorhersagekapazität einer wissenschaftlichen Theorie.) Wir versuchen zu verstehen, wie Macht konstruiert wird und wie sie funktioniert. Wir sollten uns immer Mühe geben, unsere Theorien dynamisch, d. h. nicht starr, zu entwickeln. Denn, wie ich schon vorher sagte, die Grenze unseres Wissens muss uns immer bewusst sein. Andrea Dworkin beschrieb die Notwendigkeit für eine kritische Selbstreflektion:

„Der Zweck einer Theorie ist es, die Welt, in der wir leben, zu erklären. Wie sie funktioniert, warum Dinge so passieren, wie sie das tun. Der Zweck einer Theorie ist Verstehen. Verstehen ist belebend. Es regt zum Handeln an. Wenn eine Theorie Handeln behindert, ist es Zeit, die Theorie zu verwerfen und „nackt", d. h. ohne Theorie, an den Anfang zurückzugehen – zurück zur Realität der Welt. Menschen werden zu Sklaven von Theorien, weil sie daran gewöhnt sind, Erwartungen zu erfüllen, die nicht von ihnen selbst stammen – zu tun, was ihnen gesagt wird, was für sie geplant ist. Das Leben wird für sie abgepackt. Menschen können antiautoritäre Absichten haben und dennoch auf eine Art funktionieren, die völlig im Einklang mit den Forderungen der Autoritäten steht. Der größte Kampf ist es, in uns und den Institutionen in denen wir arbeiten, die Erwartung auszurotten, dass wir uns sklavisch anpassen müssen. Die Anpassung an eine Ideologie, irgendeine Ideologie, kann uns eine große Illusion von Freiheit geben, während wir in Wahrheit manipuliert und von denen benutzt werden, denen diese Theorien nutzen. Der Kampf um Freiheit muss ein Kampf für Integrität in jedem möglichen Bereich der Realität sein – sexuelle Integrität, ökonomische Integrität, psychologische Integrität, Integrität des Ausdrucks, Integrität des Glaubens, der Loyalität und des Herzens. Alles, was uns davon abhält, Integrität als ein grundlegendes Ziel zu begreifen und alles, was uns davon ablenkt, Integrität als einen revolutionären Wert anzusehen, dient nur dazu, die autoritären Werte der Welt, in der wir leben, zu verstärken."[92]

Aus diesen Gründen identifiziere ich mich nach wie vor mit dem radikalen Feminismus, denn die Annahmen und Schlussfolgerungen der Autorinnen und Aktivistinnen dieser Tradition bieten für mich auch weiterhin die überzeugendsten Wege, das System von biologischem Geschlecht und Gender zu verstehen. Trotzdem bemühe ich mich, bei Forschungen offen zu bleiben. Mein Ziel ist auch nicht zu sagen, „das ist, was radikaler Feminismus ist", sondern eher zu erklären, warum ich die radikalfeministische Tradition für mein intellektuelles und politisches Leben als zentral erachte.

Zu sagen, dass Männer und Frauen klare und zusammenhängende soziale Klassen für eine politische Analyse darstellen, bedeutet nicht, dass alle Frauen und alle Männer gleich sind. Genauso wenig ist diese Forderung von der Behauptung abhängig, dass jede Idee, jedes politische Projekt und jeder Politikvorschlag alle Frauen und Männer auf die

---

92 Andrea Dworkin: *Letters from a War Zone.* S. 127f.

gleiche Weise betreffen wird, oder dass das Ergebnis von allen Frauen und Männern gleichermaßen beurteilt wird. Radikaler Feminismus ist nicht „totalitär", wenn er Muster feststellt, wie Mädchen und Frauen in Systemen behandelt werden, die auf institutionalisierter männlicher Dominanz basieren, oder wenn er nach Lösungen sucht, die diese Muster als Ausgangspunkt der Forschung ernst nehmen.

Der Ausdruck „radikal" bedeutet auch nicht, dass Revolution die einzige Lösung ist. Radikale Feministinnen können schrittweise Veränderungen durch Reformen erreichen und tun dies auch häufig. Aber das sind Reformen mit einer radikalen Analyse und revolutionärem Geist. Die Diskussion der Themen im nächsten Kapitel wird deutlich machen, warum ich davon überzeugt bin, dass radikaler Feminismus der beste Weg ist, das Patriarchat zu verstehen und darauf zu reagieren.

Und um es nochmals zu wiederholen: Ich spreche für mich selbst und ich stelle keine fertige Version von Konzepten vor, sondern diejenige Version(en) der Konzepte, die für mich Sinn machen, und mit denen ich arbeiten kann. Das meine ich nicht nur in intellektueller oder politischer Hinsicht, sondern auch auf persönlicher Ebene. Diese Konzepte haben mir geholfen, zu verstehen, wie ich im Patriarchat in toxischer Männlichkeit sozialisiert wurde, die nicht nur Frauen unterordnet, sondern auch meine eigene Fähigkeit, ein vollständiger Mensch zu sein, verkrüppelt hat.

Zu Beginn meiner ersten Kämpfe mit Einsamkeit und Entfremdung von Männlichkeit im Patriarchat, dachte ich, dass ich „mit meiner weiblichen Seite in Kontakt treten" sollte, und damit die „männliche" Seite ausgleichen könnte. Aber da ich noch keine feministische Kritik kannte, akzeptierte ich die patriarchalischen Rahmenbedingungen, die dafür sorgten, dass ich noch immer in der Dynamik von Herrschaft und Unterordnung gefangen war, so wie „Männlichkeit" und „Weiblichkeit" im Patriarchat verstanden werden. Durch den Feminismus habe ich gelernt, diese Dynamik zu analysieren, anstatt vor ihr zu kapitulieren. Feminismus, so begann ich zu verstehen, war keine Bedrohung für Männer, sondern ein Geschenk für uns.

Vergewaltigung und Vergewaltigungskultur: „Normale" Gewalt

Im Patriarchat, in den Vereinigten Staaten, wollen einige Leute noch immer glauben, dass ...

Vergewaltigungen passieren nur selten und die wenigen wirklichen sexuellen Übergriffe, werden von perversen Männern verübt. Das Strafrechtssystem und psychologische Behandlungen haben das im Griff. Männer vergewaltigen keine Frauen, die sie persönlich kennen. Ehemänner vergewaltigen ihre Ehefrauen nicht, und männliche Chefs missbrauchen ihre weiblichen Angestellten nicht sexuell – was auch immer in solchen Beziehungen passiert, ist einfach nur das was zwischen Männern und Frauen manchmal geschieht.

Diese Aussagen fassen die Sichtweise der Dominanzkultur über sexuelle Übergriffe und Missbrauch vor 1970 zusammen. Danach zwang der Feminismus die dominanten Gruppen, die Illusion von „Vergewaltigung-als-Abweichung" aufzugeben und zu erkennen, dass die üblichen Vorstellungen über die Natur der

Männer-Vorherrschaft bezüglich Sexualität eine tiefere Analyse erfordert. Konzepte wie Date Rape, Vergewaltigung in der Ehe und sexuelle Belästigung wurden entwickelt, um Übergriffe und Ausbeutung zu benennen, die bis dahin unsichtbar waren, nicht nur im Rechtssystem, sondern im Großteil der Gesellschaft.

Dieser Kampf um das soziale und juristische Verständnis von Vergewaltigung ist kein neues Phänomen in der Geschichte der Vereinigten Staaten. Estelle Freeman weist darauf hin, dass im 19. Jahrhundert „Generationen von VerfechterInnen für Frauenrechte und gegen Rassismus haben die beschränkte Auslegung von Vergewaltigung als einen brutalen Angriff auf eine keusche, unverheiratete, weiße Frau durch einen Fremden, meist dargestellt als ein afroamerikanischer Mann, bekämpft."[93] Die Kritik der zweiten Welle des Feminismus fuhr fort mit der Infragestellung der patriarchalen und rassistischen Vorherrschaft von Vergewaltigung, wie sie Susan Griffin 1971 in einem Zeitschriftenartikel formulierte: „Vergewaltigung ist eine Form des Massenterrorismus, denn die Opfer von Vergewaltigungen werden willkürlich gewählt, aber die Propagandisten der männlichen Vorherrschaft verbreiten die Mär, dass es die Frauen sind, die Vergewaltigungen verursachen, weil sie unkeusch oder zur falschen Zeit am falschen Ort sind – das heißt, wenn sie sich benehmen, als ob sie frei wären". Weiter schrieb Griffin „Vergewaltigung ist kein isolierter Vorfall, der mit der Wurzel aus dem Patriarchat entfernt werden kann, ohne das Patriarchat dabei selbst zu zerstören".[94] Und wir kennen die oft zitierten Behauptung von Susan Brownmiller über Vergewaltigung in ihrem Buch von 1975: „Sie ist nicht mehr und nicht weniger als

---

93 Estelle B. Freedman: *Redefining Rape: Sexual Violence in the Era of Suffrage and Segregation*, S. 1.

94 Susan Griffin: "Rape: The All-American Crime". In: *Ramparts Magazine*, September 1971, S. 35.

eine Methode bewußter systematischer Einschüchterung, durch die *alle Männer alle Frauen* in permanenter Angst halten".[95]

Aus diesen Analysen männlicher Gewalt im Patriarchat entstanden Frauennotrufe und Frauenhäuser, um Opfern zu helfen. Gesetzesreformen sollten zu einer besseren Strafverfolgung und zivilrechtlichen Möglichkeiten führen und feministische Bildungs- und Förderprogramme zur Reduzierung der Gewaltraten beitragen.[96] Keine dieser Massnahmen hat diese Probleme auf magische Weise gelöst, aber ohne Feminismus hätte es keine dieser Veränderungen gegeben. Zähneknirschend hat die Dominanzkultur eine abgeschwächte Variante der feministischen Analyse akzeptiert und langsam die Notwendigkeit von Dienstleistungen, Reformen und Bildung eingesehen. Aber die Mainstream-Institutionen haben die Kraft der radikalen Analyse abgeschwächt, und in den letzten Jahren wurden sogar innerhalb der Anti-Gewalt-Bewegung feministische Analysen an den Rand gedrängt.

Das patriarchale Sozialsystem der heutigen Vereinigten Staaten war nie in der Lage, sich mit der bestürzenden Erkenntnis des radikalen Feminismus abzufinden: *Vergewaltigung ist normal*. Nicht normal im Sinne von „gut" (eine soziale Norm, an der wir festhalten sollten) oder „unvermeidlich" (ein Produkt der Biologie, das daher nicht geändert werden kann), sondern normal in zweierlei Hinsicht. 1. Die Erfahrungen von Frauen mit sexueller Aggression von Männern sind so häufig, dass sie statistisch normal sind – das bedeutet, dass die meisten Frauen sie erleben. Und 2. diese Muster weisen darauf hin, dass dieses Verhalten ein Ausdruck der darunterliegenden

---

95 Susan Brownmiller: *Gegen unseren Willen. Vergewaltigung und Männerherrschaft*, S. 22.

96 Estelle B. Freedman: *Redefining Rape*. Kapitel 14: "The Enduring Politics of Rape", S. 271-289.

gesellschaftlichen *Normen* von biologischem Geschlecht und Gender sind – nicht nur eine Verletzung dieser Normen – das heißt, dass die Kultur Vergewaltigung zwar nicht gerade öffentlich gutheisst, aber trotzdem ein patriarchales Konzept von sozialer Männlichkeit und Weiblichkeit befürwortet, das Männer dazu auffordert, sexuell aggressiv zu sein.

Statistiken

Vergewaltigung ist ein Verbrechen, das häufig nicht angezeigt wird. Die meisten Frauen, die vergewaltigt werden, gehen nicht zur Polizei, und daher sagen Kriminalstatistiken nur wenig über die Verbreitung von Vergewaltigungen aus. Aber die Aktivitäten der Frauenbewegung gegen Gewalt von Männern haben zu Forschungen geführt, die auf den Erfahrungen von Frauen basieren statt auf Strafanzeigen. Diese Studien haben zu unterschiedlichen Angaben zu Vergewaltigung und anderen Formen von Übergriffen geführt.

Weltweit haben 30 % aller Frauen, die älter als 15 Jahre sind, „Gewalt in einer Partnerschaft" erlebt, definiert als körperliche, sexuelle oder emotionale Gewalt, basierend auf Daten aus 81 Ländern. Die Rate in Nord-Amerika beträgt 21 %.[97]

Seit vielen Jahren haben AktivistInnen, die gegen Vergewaltigungen kämpfen, in den Vereinigten Staaten die Statistik zitiert, nach der eine von drei Mädchen sexuell missbraucht wird und 38 % der Frauen unter 18 Jahren sexuellen Missbrauch angezeigt haben.[98] Eine neuere Untersuchung ergab, dass in

---

97   K. M. Devries et al.: "The Global Prevalence of Intimate Partner Violence Against Women". In: *Science*, Vol. 340, Nr. 6140 (28. Juni 2013), S. 1527-1528.

98   Diana E. H. Russell: *Sexual Exploitation: Rape, Child Sexual Abuse, and Workplace Harassment*, S. 285f.

den Vereinigten Staaten mindestens eine von sechs Frauen irgendwann in ihrem Leben vergewaltigt wurde, eine Zahl, die inzwischen allgemein anerkannt ist.[99] Ein Großteil dieser sexuellen Gewalt richtet sich gegen junge Frauen; im National Violence Against Women Survey sagten etwas mehr als die Hälfte der 14,8 % der Frauen, die angaben, vergewaltigt worden zu sein, dass dies geschah, bevor sie 18 Jahre alt waren.[100]

Diese Statistiken befassen sich mit Handlungen, auf die die rechtliche Definition von Vergewaltigung zutrifft. Aber Frauen und Mädchen werden mit einer weit größeren Bandbreite von „sexuellen Übergriffen" konfrontiert: sexuelle Akte, um die sie nicht gebeten haben, und die sie nicht wollen, aber regelmäßig erfahren. Irritierende sexuelle Textnachrichten und Anrufe, Cybermobbing, sexuelle Anmache auf der Straße, sexuelle Belästigung in Schulen und Arbeitsplätzen, sexueller Druck beim Dating, sexuelle Gewalt und Nötigung. In Vorträgen zu diesen Themen liste ich diese Kategorien auf, und Frauen nicken, eine Bestätigung der routinemäßigen Natur von sexuellen und sexualisierten Übergriffe von Männern in ihr tägliches Leben. Ich erzähle dem Publikum manchmal, dass ich gerade ein umfangreiches Forschungsprojekt beendet hätte und herausfand, dass die Prozentzahl von Frauen in den Vereinigten Staaten, die irgendeine Form von sexuellen Übergriffen erlebt haben, 100 % beträgt. Frauen verstehen diesen düsteren Humor – es braucht keine Forschung zur Bestätigung von etwas so Alltäglichem.

---

99 Patricia Tjaden and Nancy Thoennes: *Extent, Nature, and Consequences of Rape Victimization: Findings from the National Violence Against Women Survey.* <http://www.ncjrs.gov/pdffiles1/nij/210346.pdf>

100 Patricia Tjaden and Nancy Thoennes: *Full Report of the Prevalence, Incidence, and Consequences of Violence Against Women: Findings from the National Violence Against Women Survey.* <https://www.ncjrs.gov/pdffiles1/nij/183781.pdf>

Wenn wir Vergewaltigung als „sexuelle Entmenschlichung"[101] definieren, um die Art und Weise dieses Verbrechens zu erfassen, dann sollten wir auch diese Frage stellen: Wie viel ihres Alltagslebens erfahren Frauen als sexuelle Entmenschlichung auf irgendeiner Ebene? Dieser „konstant zunehmende Einfluss auf die von Sexismus geprägte Welt wird, laut Jessica Valenti, oft nicht beachtet:

> „Auf der Straße gehen, tweeten, arbeiten – einfach leben – während das Frau-sein formt, wer wir sind und wer wir denken, sein zu können. Als ein Lehrer an einer Highschool mich ein paar Tage nach meinem Abschluss um ein Date bat, war ich nicht traumatisiert. Der Tag, als ein früherer Freund ein gebrauchtes Kondom an die Türe meines Schlafsaals klebte und „Hure" an die Tafel schrieb, hat mich nicht für immer beschädigt. Wenn ich eine Vergewaltigungsdrohung per Email bekomme, ändert sich mein Lebensweg nicht. Aber es wäre albern zu glauben, dass wer ich heute bin, nicht teilweise von der Kombination dieser verschiedenen Momente geprägt worden wäre."[102]

Dies bedeutet nicht, dass alle Frauen jeden Tag belästigt werden. Aber kann diese Entmenschlichung so „normal" werden, dass es schwierig wird, unsere kollektive Kapitulation vor den zugrundeliegenden Normen zu erkennen? Was folgt ist eine Geschichte über normalisierte in die Privatsphäre eindringende sexuelle Entmenschlichung:

Nach einer Vorlesung, in der es um die Themen Sexismus und sexuelle Gewalt ging, kamen zwei Studienanfängerinnen, um mit mir zu sprechen. Beide haben sich einer Studentinnen-

---

101 Michelle J. Anderson: "All-American Rape". In: *St. John's Law Review*, Vol. 79, Nr. 3 (2012), S. 643.

102 Jessica Valenti: "What Does a Lifetime of Leers Do to Us?" In: *New York Times*, 4. Juni 2016. <http://www.nytimes.com/2016/06/05/opinion/sunday/what-does-a-lifetime-of-leers-do-to-us.html?_r=0>

verbindung an der University of Texas angeschlossen und möchten die Sexualpolitik dieser Gruppe diskutieren. Ich frage sie, ob sie je untereinander über die sexuellen Bedrohungen sprechen, mit denen sie bei Partys der Studentenverbindungen konfrontiert sind. Sie schauen mich mit einem „Erwachsene-haben-so-was-von-keine Ahnung" – Blick an und sagen, dass sie sich der Risiken und der „Tricks" von Männern, die zu Studentenverbindungen gehören, bei Partys natürlich sehr bewusst wären, vor allem wenn große Mengen Alkohol getrunken werden.[103] „Aber wir haben eine Strategie", sagen sie mir. „Wir gehen immer als Gruppe zu diesen Partys und wir lassen nie eine alleine zurück."

Ich halte inne, um mir eine angemessene Reaktion, die ein älterer männlicher Professor haben könnte, zu überlegen; ich möchte ehrlich sein, aber nicht übermäßig kritisch. Ich sage ihnen, dass der einzige andere Kontext, in dem ich die Formulierung, „wir lassen nie einen alleine zurück", gehört habe, das Militär ist. „In eurem sozialen Leben passt ihr euch an eine Regel an, die SoldatInnen benutzen, um ihre gegenseitige Verantwortlichkeit im Krieg auszudrücken", sage ich. „Bei Partys, wo ihr Spaß haben solltet, müsst ihr euch benehmen, als ob ihr auf einem Kriegsschauplatz seid."

Ich habe das nicht gerne gesagt, und sie haben es nicht gerne gehört, und wir waren alle einen Moment lang still. Es ist wichtig, aber nicht immer einfach, zu erkennen, was in unserer Gesellschaft „normal" ist.

---

103 Einige Mitglieder der Studentenverbindung bezeichnen diese Taktik als "berechnendes ja". Siehe Peggy Reeves Sanday: *Fraternity Gang Rape: Sex, Brotherhood, and Privilege on Campus.*

Biologische Geschlechter- und Gendernormen

Warum müssen diese jungen Frauen eine Party einer Studenten-verbindung als Kriegsschauplatz ansehen? Wenn die Antwort nicht ist, dass alle Männer in Studentenverbindungen abnorme Psychopathen sind, die Frauen verletzen wollen – was sicher nicht der Fall ist – dann muss die nächste Frage sein, zu schauen, wie „normale" Jungen und Männer in den Vereinigten Staaten sozialisiert werden. Wie bei jeder anderen sozialen Frage, gibt es dafür nicht eine Antwort, die für alle zutrifft; wieder suchen wir nach Mustern in der Sozialisation, die uns dabei helfen, Muster im Verhalten zu erklären. Aus der verfügbaren Forschung und meiner eigenen Erfahrung gibt es hier ein Muster, das ich sehe und erlebt habe:

Im Allgemeinen werden Männer in verschiedenen kulturellen Institutionen dazu erzogen, Sex als eigene Lust-aneignung durch das Nehmen von Frauen zu definieren. Sexualität ist ein Bereich, in dem Männer geschult werden, sich als von Natur aus dominant anzusehen. In der ganzen Kultur werden Frauen wie Objekte behandelt, und die Sexualität von Frauen wird zur Ware gemacht. Sexuelle Beziehungen sind am meisten sexy, wenn Männer dominant sind und Frauen untergeordnet: *Macht wird erotisiert.* Jungen und Männern wird gesagt, dass das alles natürlich sei, so wie das zwischen Männern und Frauen nun mal ist – und immer gewesen ist.

In einer patriarchalen Kultur, in der viele Männer Sexualität als Lust Frauen zu „nehmen" verstehen, ist Vergewaltigung ein Ausdruck der sexuellen Normen der Kultur, keine Verletzung dieser Normen. Vergewaltigung ist gleichzeitig illegal und doch völlig normal, weswegen Männer ihr eigenes sexuelles aggressives oder gewalttätiges Verhalten häufig nicht als Aggressivität oder Gewalt bezeichnen – für sie ist es einfach nur Sexualität. Daher verurteilen sogar einige Vergewaltiger Vergewaltigungen, die sie als etwas ansehen, was andere Männer tun.

Feministische Forschung über sexuelle Gewalt und Einschätzungen von Frauen über Gewalt-Erfahrungen zeigen, dass Vergewaltigung die Sexualisierung von Macht ist. Für Männer ist sie die Verschmelzung von sexueller Lust mit Herrschaft und Kontrolle. Aber die oft gehörte Formulierung, „bei Vergewaltigung geht es um Macht, nicht um Sexualität", ist irreführend; Vergewaltigung bezieht sich auf die Verbindung von Sexualität *und* Herrschaft, auf die Erotisierung von Kontrolle. Wenn wir in endlosen Debatten darüber reden, „ob es bei Vergewaltigung um sexuelle Befriedigung auf der einen Seite geht oder um eine Zurschaustellung von Macht und Herrschaft auf der anderen, Sexualität, die gewalttätig ausgeübt wird oder Gewalt, die sexuell ausgeübt wird"[104], wie der Autor Raymond M. Douglas es formuliert, vernebeln wir die unangenehme Realität, dass Sexualität und Macht im Patriarchat verbunden sind. Nicht nur bei Vergewaltigungen, sondern auch bei den meisten „normalen" sexuellen Aktivitäten. Ja, Männer, die vergewaltigen, suchen ein Gefühl der Macht, aber Männer nutzen ihre Macht auch, um Sex von Frauen zu bekommen, manchmal unter Bedingungen, die rechtlich gesehen nicht unter Vergewaltigung fallen, aber unterschiedliche Stufen von Kontrolle und Nötigung umfassen.

Wenn diese Analyse weitergeholt scheint, müssen wir die Art und Weise betrachten, wie Männer sich häufig in reinen Männerräumen über Sex mit Frauen unterhalten, einander zum Beispiel fragen, „Hast du eine abbekommen?" Aus dieser Perspektive ist Sexualität eine Beschaffung von Lust

---

104 Raymond M. Douglas: *On Being Raped*, S. 66.

durch Frauen, etwas, das man von einer Frau nimmt. Männer unterhalten sich untereinander offen über Strategien, wie sie besser „eine abbekommen", selbst gegen den Willen von Frauen. Ich kann mich an diese Formulierung aus der Umkleidekabine der Highschool erinnern, zusammen mit Strategien, an Sex zu kommen, die Jungen diskutierten. Es war egal, dass ich ein kleiner, dünner, femininer Junge war, der keinen Sex hatte und auch nicht darauf aus war, in derartig intensiven sexuellen Situationen zu landen – ich wurde sozialisiert und lernte, was es bedeutet, ein Mann zu sein, der Sex hat (oder wenigstens haben sollte).

Die Wörter und Formulierungen, die Männer, und manchmal auch Frauen, benutzen, um über Sex zu sprechen, führen dazu, dass es schwierig ist, eine feministische Analyse zu vermeiden. Fangen wir mit dem meist gebräuchlichen umgangssprachlichen Wort für Geschlechtsverkehr an, „Ficken". In anderen Zusammenhängen kann das Wort aggressive und unsittliche Handlungen oder einen Sieg in einer geschäftlichen Beziehung andeuten („Ich hab ihn wirklich mit diesem Deal gefickt") oder im Bedürfnis jemanden zu dominieren, als einfache Beleidigung herausgeschrien sein („Fick dich"). Wir leben in einer Welt, in der Menschen das gleiche Wort für Geschlechtsverkehr, sexuelle Beziehungen, Intimität und Aggression, Gewalt, Herrschaft benutzen. Trotzdem wehren sie sich dann gegen die Vorstellung, dass Sexualität routinemäßig aggressiv ist, und behaupten empört zu sein, wenn Sex offenkundig gewalttätig wird. Weiter heucheln sie Überraschung, wenn Feministinnen argumentieren, dass die Gewalt von Männern in geschlechtsspezifischen Herrschafts-Normen verwurzelt ist.

Als ich ein Student an der Highschool war, gab es den Ratschlag „fuck or fight".[105] Wenn du mit einem Mädchen Sex haben wolltest, fuhrst du sie für ein Date auf eine verlassene Landstraße, machtest den Motor aus, stecktest die Autoschlüssel in deine Hosentasche und sagtest ihr, „ficken oder kämpfen". Ich kann mich an keinen Mitschüler erinnern, der je mit Horror vor diesem Witz zurückgeschreckt wäre. Stattdessen lachten wir alle. Ich kann mich auch daran erinnern, gelacht zu haben, als Jungen sich gegenseitig daran erinnerten, sich nicht zu emotional auf die Mädchen einzulassen. Sie sagten, ihr Ziel sei es, „sie zu finden, zu fühlen, zu ficken und zu vergessen". Diese Angeberei maskierte natürlich enorme Unsicherheit, aber sie weist darauf hin, dass wir unter Männlichkeit verstanden, unsere Unsicherheit zu verstecken und unsere Ängste zu verbergen, in dem wir uns zusammentaten und uns den sexuellen Gebrauch und Missbrauch von Frauen vorstellten.

Ich bin heutzutage nicht mehr so häufig in Umkleidekabinen und kaum je in einem rein männlichen Umfeld, wo solches Geplänkel ausgetauscht werden könnte, und daher mag mein Straßenslang etwas veraltet sein. Aber vielleicht doch nicht: Ich war total erstaunt, als ich mir einen aktuellen Hollywood-Film ansah, in dem ein Mann einen anderen bezüglich einer durchschnittlich attraktiven Frau fragte, „Are you hitting that?"[106] Männer finden nichts dabei, sich zu erkundigen, ob ein anderer Mann in einer sexuellen Beziehung mit einer Frau ist, wenn sie fragen, „Are you hitting that?". Das Verb ist aggressiv und das Objekt ist ein Objekt, keine Person. All dies – und mehr – meinen Feministinnen, wenn sie die gegenwärtigen Vereinigten Staaten als „rape culture" – als

---

105 Ficke oder kämpfe. (DH)
106 Wörtlich übersetzt: Schlägst du das? (DH)

Vergewaltigungskultur – bezeichnen. Falls das immer noch nicht deutlich ist, hier ein Beispiel:

Stellen wir uns vor, sechs Frauen, die wir nicht kennen, in eine Reihe nebeneinander zu stellen – Freundinnen, Familienmitglieder, Kolleginnen, Nachbarinnen oder die Frauen in der Kassenschlange im Supermarkt. Diese Übung wird mit jeder Frau funktionieren. Wir können uns auch an die letzten sechs Frauen erinnern, an denen wir auf der Straße vorbeigegangen sind. Als Nächstes müssen wir jetzt daran denken, dass mindestens eine dieser Frauen sexuelle Gewalt erfahren wird, die der juristischen Definition von Vergewaltigung entspricht. Und weiter, dass diese sechs Frauen so häufig sexuelle Übergriffe erleben werden, dass sie diese nicht alle benennen können, dass nahezu alle Männer in ihrem Leben gelernt haben, Frauen als Zielscheibe zu sehen, selbst wenn das nicht alle Männer praktizieren. Das alles ist heutzutage „normal" in den Vereinigten Staaten, wie auch in vielen anderen Teilen der Welt. Weder „gut" normal, noch „unvermeidlich" normal, sondern „die Norm" in einer Gesellschaft, die durch institutionalisierte männliche Herrschaft strukturiert ist, das heißt in der die Dynamik von Herrschaft und Unterordnung im Patriarchat erotisiert wird.

Bis jetzt hat sich diese Diskussion im Kontext von Männergewalt gegen Frauen in heterosexueller Beziehungen bewegt, aber Vergewaltigungen geschehen auch auf vielerlei andere Art. Männer können natürlich sowohl Lesben wie auch heterosexuelle Frauen vergewaltigen. Männer können auch gewalttätig gegenüber anderen Männern sein und manchmal ist diese Gewalt sexuell: Männer vergewaltigen andere Männer. Eine feministische Analyse der sexuellen Gewalt von Männern gegenüber Frauen ist zentral im Verständnis von männlicher sexueller Gewalt, egal, wer das Opfer ist. Wenn die Dynamik von Herrschaft und Unterordnung zwischen Männern und Frauen erst einmal im Patriarchat erotisiert wird, dann werden alle sexuellen Aktivitäten als mögliche Arten von Herrschaft definiert, die sich auf jede Begegnung beziehen können.

Vergewaltigungskultur

Der Begriff „Vergewaltigungskultur" wurde zum ersten Mal in den 1970er Jahren benutzt, verbreitete sich aber schnell, so dass er in den 1990er Jahren[107] nicht nur innerhalb des Feminismus, sondern auch in den Mainstream-Medien regelmäßig auftauchte. Allerdings bekamen diejenigen, die das Ausmaß an sexueller Gewalt im Patriarchat immer noch bezweifelten, vor allem auf den College-Campussen, viel Aufmerksamkeit in den Medien,[108] obwohl immer mehr Forschungsprojekte die Realität der Erfahrungen von Frauen mit Männergewalt dokumentierten.[109]

Viele Feministinnen waren daher erstaunt, als 2014 eine Debatte innerhalb der Bewegung gegen Gewalt über „angemessenen Grenzen" bei der Diskussion über Vergewaltigung und Vergewaltigungskultur entbrannte, entfacht von einer Stellungnahme einer der größten und einflussreichsten Gruppen, dem Rape, Abuse and Incest National Network.[110]

---

107 Eine wichtige Essay-Sammlung, die 1993 veröffentlicht wurde, war Emilie Buchwald, Pamela Fletcher und Martha Roth (ed.): *Transforming a Rape Culture*.

108 Eine frühe prominente Stimme war die von Katie Roiphe, die in ihrem Buch *The Morning After: Fear, Sex and Feminism* die „Vergewaltigungskrise" herunterspielte und von der Mainstream-Kultur gefeiert, aber innerhalb des Feminismus scharf kritisiert wurde.

109 Die erste Ausgabe der wissenschaftlichen Zeitschrift *Violence Against Women*, herausgegeben von der Soziologin Claire Renzetti, wurde 1995 veröffentlicht und machte die Wichtigkeit der Forschung zu diesem Thema deutlich.

110 Nationales Netzwerk gegen Vergewaltigung, Missbrauch und Inzest. (DH)

In einem Text zu sexueller Gewalt auf den College-Campusse erklärte das RAINN:

„In den letzten Jahren hat es einen bedauerlichen Trend gegeben, die ›Vergewaltigungskultur‹ für existierende Probleme von sexueller Gewalt auf den Campussen verantwortlich zu machen. Auch wenn es hilfreich ist, auf die systematischen Hindernisse hinzuweisen, um das Problem zu benennen, ist es dennoch wichtig, eine einfache Tatsache nicht aus den Augen zu verlieren: Vergewaltigung wird nicht durch kulturelle Faktoren verursacht, sondern durch bewusste Entscheidungen eines kleinen Prozentsatzes der College-Gemeinschaft, ein Gewaltverbrechen zu verüben".[111]

Konservative KommentatorInnen feierten diese Erklärung und benutzten sie, um die sowieso schon ständig dämonisierten Feministinnen für ihre angeblich unfaire Behandlung von Männern und ihre angeblich verrückte Kritik an Männlichkeit zu verurteilen,[112] während feministische Bloggerinnen die Wichtigkeit, Vergewaltigungskultur zu verstehen, vehement verteidigten.[113] Die Aufmerksamkeit der Massenmedien nahm schnell wieder ab, aber der Streit hinterließ zwei wichtige Fragen:

Frage Nr. 1: Leben wir in einer Vergewaltigungskultur oder werden Vergewaltigungen von einer relativ kleinen Anzahl von Sexualverbrechern verübt?

---

111 Brief des Rape, Abuse and Incest National Network an die White House Task Force to Protect Students from Sexual Assault vom 28. Februar 2014. <http://rainn.org/images/03-2014/WH-Task-Force-RAINN-Recommendations.pdf>

112 Caroline Kitchens: "It's Time to End 'Rape Culture' Hysteria". In: *Time* Magazine, 20. März 2014. <http://time.com/30545/its-time-to-end-rape-culture-hysteria/>

113 Amanda Marcotte: "RAINN Denounces, Doesn't Understand the Concept of 'Rape Culture,'" Slate, 18. März 2014. <http://www.slate.com/blogs/xx_factor/2014/03/18/rainn_attacks_the_phrase_rape_culture_in_its_recommendations_to_the_white.html>

Frage Nr. 2: Ist Vergewaltigung ein klar definiertes Verbrechen oder gibt es Grauzonen in sexuellen Kontakten, die die Unterscheidung in „einvernehmlich" oder „nicht-einvernehmlich" schwierig machen?

Die Antwort auf beide Fragen ist natürlich ja, das Erstere. Aber in beiden Fragen haben beide Annahmen eine gewisse Richtigkeit. Eine feministische Analyse des Patriarchats hilft bei der Klärung.

Frage Nr. 1: Individuelle Männer vergewaltigen in einer Vergewaltigungskultur

Da sich menschliches Handeln nie in einem ideologischen Vakuum abspielt – die Vorstellungen, die wir im Kopf haben, beeinflussen, wie wir uns verhalten – ist es schwierig, das Ausmaß der sexuellen Gewalt ohne das Konzept von Patriarchat und Vergewaltigungskultur zu verstehen. Eine Vergewaltigungskultur befiehlt Männern nicht zu vergewaltigen, verwischt aber die Grenze zwischen einvernehmlichem Sex und nicht-einvernehmlicher Vergewaltigung und verringert so die Wahrscheinlichkeit, dass Vergewaltiger identifiziert, verhaftet, verfolgt, verurteilt und bestraft werden. Es ist schwer, sich konkrete Bemühungen vorzustellen, die Anzahl der Vergewaltigungen zu verringern und irgendwann ganz zu beseitigen, ohne offen und ehrlich über den kulturellen Kontext zu sprechen, in dem diese Individuen vergewaltigen.

Daher ist die „einfache Tatsache", die RAINN in diesem Absatz benennt – „Vergewaltigung wird nicht durch kulturelle Faktoren verursacht, sondern durch bewusste Entscheidungen eines kleinen Prozentsatzes der College-Gemeinschaft, ein Gewaltverbrechen zu verüben" – eben nicht einfach. Erst einmal ist die Sprache verwirrend. Vergewaltigungen werden von einem kleinen Prozentsatz von Männern verübt, aber

Vergewaltigungen werden durch viele Faktoren verursacht, individuell und kulturell. Diese Verwirrung führt zu der scheinbar bewussten Verschleierung im nächsten Abschnitt:

> „Das hat dazu geführt, sich auf bestimmte Segmente der studentischen Bevölkerung zu konzentrieren (z. B. Sportler), bestimmte Aspekte der Campus-Kultur (z. B. das Griechische System) oder Eigenschaften, die wir bei Millionen gesetzestreuer Amerikaner finden (z. B. „Männlichkeit"), anstatt auf das schuldige Teil-Segment: diejenigen Männer, die sich entschließen, Vergewaltigungen zu begehen. Dieser Trend führt paradoxerweise dazu, dass es schwieriger wird, sexuelle Gewalt zu stoppen, da er den Fokus vom Schuldigen ablenkt und scheinbar die persönliche Verantwortlichkeit für sein oder ihr Handeln abschwächt."[114]

Warum dieser Unwille, die Konsequenzen der biologischen Geschlechter- und Gendernormen zu diskutieren? Warum sollten wir Angst davor haben, über den Sozialisierungsprozess zu sprechen, durch den Jungen und Männer, gesetzestreu oder nicht, dazu gebracht werden, sich als „natürlich-dominant" gegenüber Frauen zu bezeichnen, sowie Frauen als sexuelle Objekte zu sehen? Warum sollten wir Angst davor haben, kritische Fragen über Räume zu stellen, die ausschließlich Männern vorbehalten sind, wie Sportvereine und (Studenten-) Verbindungen, in denen diese patriarchalen Haltungen möglicherweise noch verstärkt werden? Das bedeutet nicht, dass alle Männer Vergewaltiger sind, dass alle Sportler Vergewaltiger sind, oder dass alle Mitglieder von (Studenten-)Verbindungen Vergewaltiger sind. Was es bedeutet ist, dass wenn wir sexuelle Gewalt stoppen wollen, wir darüber nachdenken müssen, wie Männer im Patriarchat sozialisiert werden.

---

114 Ebenda.

Obwohl wir keine Angst vor einer feministischen Analyse haben sollten, ist es nicht einfach, ehrlich danach zu gucken, wie Männer sozialisiert werden. Hier ein Beispiel: Als Teil einer Gelöbnis-Veranstaltung marschierten Mitglieder der Bruderschaft der Yale University über den Campus und schrien sexistische Sprechchöre, einschließlich „Nein heißt ja, ja heißt anal".[115] Dieser Hinweis auf den Spruch gegen Vergewaltigung „Nein heißt nein" macht die Forderung von Frauen lächerlich, dass Männer ihnen zuhören sollen. Er lehnt auch die Idee ab, dass Frauen die Forderung von Männern nach Sex ablehnen können. „Ja heißt anal" – das bedeutet, dass Frauen, die ja zu Sex sagen, indirekt allem zustimmen, was ein Mann will, einschließlich analer Penetration. Anders gesagt, dass das Vergnügen der Männer immer im Mittelpunkt stehen muss.

In diesem Sprechchor bringen diese Männer von Yale – eine der elitärsten Universitäten in den Vereinigten Staaten, aus der einige der mächtigsten Geschäftsmänner und politischen Führer, einschließlich fünf Präsidenten des Landes kommen – deutlich eine patriarchale Sichtweise auf biologisches Geschlecht und Gender zum Ausdruck. Ihr Sprechchor ist eine Befürwortung von Vergewaltigung und ein Feiern von Vergewaltigungskultur.

Frage Nr. 2: Sexuelle Nötigung und Zustimmung

Stellen wir uns Folgendes vor: Ein junger Mann und eine junge Frau haben ihr erstes Date. Der Mann beschließt früh am Abend, dass er Geschlechtsverkehr haben möchte und macht

---

115 Sam Greenberg: "DKE chants on Old Campus spark controversy". In: *Yale Daily News*, 14. Oktober 2010. <http://yaledailynews.com/crosscampus/2010/10/14/dke-chants-on-old-campus-spark-controversy/>; und Diane L. Rosenfeld: "Who Are You Calling a 'Ho'?: Challenging the Porn Culture on Campus". In: Melinda Tankard Reist and Abigail Bray (eds.): *Big Porn Inc: Exposing the Harms of the Global Pornography Industry*. S. 41.

im Gespräch deutlich, dass er sich von ihr angezogen fühlt. Er hat nicht vor, sie zum Sex zu zwingen, aber er ist so bestimmend, dass sie das so interpretiert, dass er ein Nein nicht akzeptieren würde. Die Frau will keinen Sex, aber sie ist unsicher darüber, wie er reagieren wird, wenn sie seinen Annäherungsversuch ablehnt. Alleine in seinem Zimmer – in einer Umgebung, in der seine körperliche Stärke bedeutet, dass sie ihn vermutlich nicht davon abhalten könnte, sie zu vergewaltigen – bietet sie ihm an, ihn oral zu befriedigen, in der Hoffnung, dass ihm dies ausreichen und ihr erlauben würde, ohne Konfrontation, die zu intensiv oder sogar gewalttätig werden könnte, nach Hause zu gehen. Sie sagt ihm nicht, was sie denkt, da sie Angst vor seiner Reaktion hat. Der Mann akzeptiert das Angebot des oralen Sex und der Abend endet ohne Konflikt.

Wenn eine solche sexuelle Aktivität stattgefunden hätte – und sie findet statt; es ist eine Erfahrung, die Frauen beschrieben haben[116] – sollten wir diese Begegnung dann als einvernehmlichen Sex oder als Vergewaltigung bezeichnen? Rechtlich gesehen ist es keine Vergewaltigung. Also ist es einvernehmlicher Sex. Kein Problem oder?

Stellen wir uns einige andere potentiell wichtige Faktoren vor: Wenn die gleiche Frau ein Jahr vor dieser Situation bei einem Date vergewaltigt worden wäre, würde das unsere Einschätzung ändern? Wenn sie als Kind sexuell missbraucht worden wäre und nach Jahren noch immer in einen Überlebensmodus schaltet, wenn sie eine sexuelle Bedrohung spürt? Wenn dies ein College-Campus wäre und der Mann ein bekannter Sportler und sie Angst hätte, dass das College-System ihre Beschwerde ignorieren würde, um ihn zu beschützen? Rechtlich gesehen,

---

116 Lynn Phillips: *Flirting with Danger: Young Women's Reflections on Sexuality and Domination* und Sut Jhally and Andrew Killoy, Dir.: "Flirting with Danger: Power and Choice in Heterosexual Relationships."

wäre es noch immer keine Vergewaltigung. Aber nach menschlichem Ermessen, fühlt sich das wie einvernehmlicher Sex an?

KritikerInnen haben radikalen Feministinnen der zweiten Welle, wie Andrea Dworkin und Catharine MacKinnon, oft vorgeworfen, dass sie behaupten würden, dass jeder heterosexuelle Geschlechtsverkehr Vergewaltigung sei. Diese KritikerInnen machen sich über diese für sie selbstverständlich absurde Behauptung lächerlich und meinen, dass vielleicht nicht nur diese Autorinnen, sondern der ganze radikale Feminismus absurd sei. Aber solch absurde Karikaturen vermeiden die schwierige Frage, die diese beiden Autorinnen uns gestellt haben: Wie viele Frauen sagen, sie hätten ja zu Sex gesagt, obwohl sie keinen Sex wollten? Zu wieviel Sex wird aus Angst zugestimmt? Aus Unsicherheit? Zu wieviel Sex wird zugestimmt, einfach weil die Frau es einfacher findet, Sex zu haben, als zu versuchen, mit dem Mann über ihre Gefühle zu sprechen?

Nicht jeder Geschlechtsverkehr im Patriarchat ist Vergewaltigung. Aber wenn wir einmal diese Aussage hinter uns lassen, wagen wir es dann, nach der Bandbreite von heterosexuellem Sex im Patriarchat zu fragen, und wie Frauen ihn erleben?

Um die Sache noch komplizierter zu machen, müssen wir nicht nur danach fragen, welche Handlungen eine Vergewaltigung darstellen, sondern auch aus welcher Perspektive wir diese Handlungen beurteilen? In einer Studie zu sexueller Gewalt auf College Campussen bezeichneten sich nur 27 % der Frauen, deren Erfahrungen der juristischen Definition von Vergewaltigung entspricht, als Vergewaltigungs-Opfer; 47 % der Männer, die vergewaltigt hatten, sagten, dass sie erwarteten, in der Zukunft ähnliche Gewalt auszuüben, und 88 % der Männer, die eine Gewalttat zugaben, die der juristische Definition von Vergewaltigung entspricht, behaupteten felsenfest, dass sie nicht vergewaltigt hätten.[117] Wir leben in einer Gesellschaft, in der die Verbindung von Sexualität und Herrschaft so eng ist, dass sowohl Opfer als auch Täter häufig die Gewalt in Handlungen nicht erkennen, die die Gesellschaft als gewalttätig genug erachtet, um illegal zu sein. Es scheint mir legitim, eine solche Gesellschaft als Vergewaltigungskultur zu bezeichnen.

Mit Blick auf einen intersektionellen Ansatz – in einer Vergewaltigungskultur, in der „Rassen"- und Klassenprivilegien gemeinsam mit Sexismus im Patriarchat agieren – ist es möglich, die sozialen und politischen Kräfte zu analysieren, die einen Richter oder eine Richterin dazu bringen könnten, einen Mann wegen sexueller Gewalt zu verurteilen, ihn aber mit einem Urteil davonkommen zu lassen, das ihm nur ein blaues Auge beschert, weil der Richter meinte: „Eine Gefängnisstrafe würde ernstliche Auswirkungen auf ihn haben. Ich glaube nicht, dass er eine Gefahr für andere darstellt".[118]

Der Mann, ein weißer Student der Stanford University und Schwimm-Champion, wurde in einem Schwurgerichtsprozess verurteilt, der eindeutige Beweise für seine sexuelle Gewalttat vorlegte (formaler Art, denn der Mann hatte die Frau noch nicht mit seinem Penis penetriert, aber mit seinen Fingern – zwei Studenten kamen zufällig vorbei und hielten den Mann von weiterer Gewaltanwendung ab). Der Vergewaltiger wurde

---

117 Aus dem Projekt des Ms. Magazine über sexuelle Gewalt auf Campussen, zusammengefasst in Mary P. Koss: "Hidden Rape: Sexual Aggression and Victimization in a National Sample of Students in Higher Education". In: Ann Wolbert Burgess (ed.): *Rape and Sexual Assault II*, S. 3-25.

118 Liam Stack: "Light Sentence for Brock Turner in Stanford Rape Case Draws Outrage". In: *New York Times*, 6. Juni 2016. <http://www.nytimes.com/2016/06/07/us/outrage-in-stanford-rape-case-over-dueling-statements-of-victim-and-attackers-father.html?_r=0>

deswegen nicht wegen Vergewaltigung verurteilt, sondern wegen anderer Arten von sexuellen Gewalttaten.

Noch anschaulicher in der Abwertung von Frauen war das Leumundszeugnis für den Richter, das eine Freundin des Mannes geschrieben hatte. Sie meinte, dass ihr Kindheitsfreund unfairerweise verleumdet würde, denn „Vergewaltigung auf Campussen geschieht nicht immer, weil Menschen Vergewaltiger sind". Die Guten – die Vergewaltiger, die keine Vergewaltiger sind, wie ihr Freund, der Mann, der dann wegen dreier Straftaten für sexuelle Gewalt verurteilt wurde – machen nur Fehler, wenn sie zu viel trinken. In ihrem Brief an den Richter erklärte sie:

> „Das ist etwas völlig anderes als eine Frau, die gekidnappt und vergewaltigt wird, wenn sie zu ihrem Auto auf einem Parkplatz geht. Das ist ein Vergewaltiger. Diese hier sind keine Vergewaltiger. Das sind dumme Jungs und Mädchen, die zu viel getrunken haben, sich ihrer Umgebung nicht mehr bewusst waren und eine benebelte Wahrnehmung hatten."[119]

Es wäre einfach, die fehlende Unterstützung dieser Frau für das Opfer als mangelnde feministische Solidarität anzugreifen. Aber heben wir uns unseren Ärger für den Vater des Mannes auf und seinen Brief an den Richter: Er enthält eine archetypische Stellungnahme patriarchaler Solidarität, in dem der Vater suggeriert, dass Gefängnis „ein zu hoher Preis für eine zwanzigminütige Handlung" sei und darauf hinweist, dass sein Sohn bereits gelitten hätte, unter anderem habe er das Interesse an Essen verloren (wie an „einem großen Steak zum Grillen"

---

119 Gabriella Paiella: "Brock Turner's Childhood Friend Blames His Felony Sexual-Assault Conviction on Political Correctness". In: *New York Magazine*, 6. Juni 2016. <http://nymag.com/thecut/2016/06/brock-turners-friend-pens-letter-of-support.html>

oder „seinem Lieblingssnack"). Und die Ursache des Problems auf College Campusses laut Ansicht des Vaters: „Alkohol-Konsum und sexuelle Freizügigkeit".[120]

Ich führe dieses Beispiel nicht aus selbstgefälliger Überlegenheit an. Nochmals: Ich wurde als Mann im Patriarchat sozialisiert. Ich bin sicher, dass ich nie an sexuellen Handlungen teilgenommen habe, die den juristischen Tatbestand einer Vergewaltigung erfüllen, aber ich bin nicht davon überzeugt, dass in jedem sexuellen Erlebnis mit einer Frau sie in jeglicher Hinsicht allem zugestimmt hat. Damit möchte ich nicht verdeckt darauf hinweisen, dass die Geschichte meines Sex-Lebens voller dramatischer Momente war. Es ist nur eine Anerkennung der Komplexität dieser Zusammenhänge. Ich bin überzeugt davon, dass ich diese Dynamiken besser verstand, als ich älter wurde und besser mit einer Partnerin kommunizieren konnte, aber auch in gesunden Beziehungen können solche Kommunikationen unzulänglich sein. Ich denke nicht gerne darüber nach, aber ich verstehe, dass es gefährlich wäre, nicht darüber nachzudenken.

Die Realität von Vergewaltigungen

Was für Meinungsverschiedenheiten es auch immer über die Rolle der patriarchalen Kultur in Bezug auf Gewalt von Männern geben mag, es gibt klare Muster, wie Frauen ihr Verhalten anpassen, um in einer solchen Kultur zu leben. Eine einfache Art, dies zu verdeutlichen ist eine Übung, die

---

120 Elle Hunt: "'20 minutes of action': father defends Stanford student son convicted of sexual assault". In: *The Guardian*, 5. Juni 2016. <http://www.theguardian.com/us-news/2016/jun/06/father-stanford-university-student-brock-turner-sexual-assault-statement>

gewaltfreie TrainerInnen entwickelt haben, um die Realität von Vergewaltigungen für Männer sichtbar zu machen.

In einem Publikum von Männern und Frauen stellt der oder die ModeratorIn die einfache Frage, erst einmal nur den Männern: „Was haben Sie in der letzten Woche getan, um das Risiko sexueller Übergriffe zu verringern?" Die Männer im Raum schauen normalerweise verwirrt, denn sie können sich darunter nichts vorstellen. Wenn ich diese Übung in meinen Seminaren benutze, wird meist letztendlich ein Mann sagen: „Nun, ich habe mich darum bemüht, nicht ins Gefängnis zu kommen", was zu Kichern führt, auch wenn Vergewaltigungen im Gefängnis natürlich kein Witz sind, genauso wenig wie die Tatsache, dass Männer auch außerhalb der Gefängnisse manchmal andere Männer vergewaltigen. Nach einem weiteren Moment der Stille können die meisten Menschen im Raum dann erkennen, worauf die Übung abzielt.

Wenn Frauen die gleiche Frage gestellt wird, fangen sie sofort an, ihre vielen Strategien aufzulisten, wie zum Beispiel, dass sie sehr genau darauf achten, wo sie sind, zu welcher Tages- oder Nachtzeit und mit wem. Frauen sprechen über ihre Versuche, die Wahrscheinlichkeit zu verringern, an einem Ort zu sein, wo ein Fremder sie überraschen und angreifen könnte, ohne gesehen zu werden. Frauen sprechen auch darüber, wie sie Risiken bei Männern, die sie persönlich kennen, verringern, wie bei Partys und in Bars, vor allem wenn Alkohol im Spiel ist und die Gefahr besteht, durch Drogen betäubt zu werden. Frauen sprechen über die Vorsichtsmaßnahmen, die sie treffen, wenn sie zu einem Date gehen, wie zum Beispiel eine Freundin darüber zu informieren, dass sie zum ersten Mal mit diesem Mann ausgehe, um sicherzustellen, dass das Telefon der Freundin angeschaltet bleibt für den Fall eines Hilferufs. Und dann gibt es Strategien Waffen zu gebrauchen – alles von

Taschenmessern über Pfefferspray bis hin zu Autoschlüsseln, die fest zwischen den Fingern gehalten werden, um den Effekt eines schnellen Stoßes zu erhöhen.

Frauen sprechen auch viel über Entscheidungen, die sie bezüglich ihrer Kleidung treffen – eins der Themen, die deutlich machen, wie schwierig es ist, zwischen den Erwartungen der Männer und der Bedrohung, die Männer darstellen, zu jonglieren. Wenn heterosexuelle Frauen zu einer Party oder in eine Bar gehen und in einem sozialen Netzwerk akzeptiert werden möchten, bemühen sie sich häufig, attraktiv auszusehen, was zu dem Druck führt, ihre Körper in enger und enthüllender Kleidung zur Schau zu stellen. Gleichzeitig kann die Angst vor Vergewaltigung ihnen suggerieren, dass sie ihre Körper in lose sitzender Kleidung verstecken sollten. Unterschiedliche Frauen treffen unterschiedliche Entscheidungen, aber was an dieser Übung am wichtigsten ist, ist, dass Männer realisieren, wie präsent die Bedrohung durch Vergewaltigung im Leben von Frauen ist, und wie viele Entscheidungen sie oft täglich wegen dieser Bedrohung treffen. Wie Gail Dines es treffend formuliert: Wenn eine junge Frau ausgeht, wird ihr von der Gesellschaft beigebracht, dass „die einzige Alternative zu ›fickbar‹ aussehen, ›unsichtbar sein‹ ist".[121]

Diese Übung führt häufig zu einer breiteren Diskussion, nicht nur über Vergewaltigung, sondern auch über das normale Verhalten von Männern, das keine Vergewaltigung ist, aber sich wie ein Angriff anfühlt, was die Realität der sexuellen Übergriffe darstellt. An einer Universität, an der ich diese Übung benutzt habe, erklärte eine Frau, dass zusätzlich zu allem, was sie bereits tue, um Vergewaltigungen zu verhindern, fühle sich das

---

121 Gail Dines: *Pornland. Wie die Pornoindustrie uns unserer Sexualität beraubt*, S. 178.

Benehmen von Männern im Alltag oft wie ein Angriff an. „Ich tanze gerne, aber ich habe fast aufgehört, in Clubs zu gehen", sagte sie. „Ich hatte einfach die Nase voll von Männern, die ich nicht kannte, die auf der Tanzfläche auf mich zukamen und sich an mir rieben". Ich fragte die Frauen im Raum: „Passiert Euch das auch? Tun Männer das ungebeten?" Viele der Frauen nickten. Als ich die Frage stellte, achtete ich auf die Gesichter der Männer im Raum, von denen einige sofort auf den Boden schauten. Sie wussten, was die Frauen meinten, da sie das selber auch schon getan oder der dieses Verhalten zumindest bei anderen Männern gesehen hatten. Einige Männer hatten es genossen, während andere es genossen, wenn andere Männer es taten. Aber in diesem Augenblick realisierten sie, was ihr Vergnügen für Frauen bedeutete.

Um es noch einmal deutlich zu sagen: Das bedeutet nicht, dass alle Männer Vergewaltiger sind, dass jeglicher Sex Vergewaltigung ist oder dass intime Beziehungen nie gleichwertig sein können. Es bedeutet jedoch, dass Vergewaltigung mit Macht *und* Sex zu tun hat, damit, wie Männer erzogen werden, sich selbst zu sehen und Frauen zu sehen. Die Mehrheit der Männer vergewaltigt nicht. Aber werfen wir einen Blick auf all diese anderen Kategorien:

- Männer, die nicht vergewaltigen, aber gewillt wären, zu vergewaltigen, wenn sie sicher wären, dass sie nicht bestraft würden.
- Männer, die nicht vergewaltigen, die aber nicht eingreifen, wenn ein anderer Mann vergewaltigt.
- Männer, die nicht vergewaltigen, aber Sex mit Frauen kaufen, die im Kontext der Prostitution vergewaltigt worden sind.

- Männer, die nicht vergewaltigen, aber von Filmen sexuell erregt werden, in denen Frauen vorkommen, die vergewaltigt werden oder scheinbar vergewaltigt werden.
- Männer, die nicht vergewaltigen, aber für die die Vorstellung einer Vergewaltigung sexuell erregend ist.
- Männer, die nicht vergewaltigen, aber deren sexuelle Erregung davon abhängt, sich dominant zu fühlen und Macht über eine Frau zu haben.

Vielleicht brauche ich mich nicht zu wiederholen, aber falls ich nicht deutlich genug war: Diese Männer sind keine Vergewaltiger. Aber sollen wir uns mit der Tatsache trösten, dass die Männer in diesen Kategorien juristisch gesehen nicht schuldig an Vergewaltigungen sind? Nutzt es unserem Streben, Männergewalt gegen Frauen zu beenden, wenn wir uns nur auf die Handlungen beziehen, die juristisch gesehen Vergewaltigungen sind?

Wir müssen die tröstenden Illusionen aufgeben, dass es eine klare Linie zwischen Männern, die vergewaltigen, und Männern, die nicht vergewaltigen, gibt. Zwischen den Bösen und den Guten. Das bedeutet nicht, dass alle Männer schlecht sind oder dass wir nicht zwischen verschiedenen Formen von schlechtem Verhalten unterscheiden können. Es bedeutet, dass wenn wir die Männergewalt gegen Frauen beenden wollen, wir die Auswirkungen patriarchaler Sozialisation zugeben müssen. Eine derartige Selbstkritik ist unangenehm, individuell oder kollektiv.

Ist es möglich, dass das Abstreiten, dass wir in einer Vergewaltigungskultur leben, eine tiefsitzende Angst vor dieser Aufgabe verbirgt? Wenn das Problem der sexuellen Gewalt so eng mit unseren als selbstverständlich angesehenen Annahmen über Geschlecht und Sexualität in unserer Gesellschaft verwoben ist, dann muss jede ernsthafte Reaktion auf das Problem der Vergewaltigung uns dazu auffordern, radikaler zu werden und radikalen Feminismus ernst zu nehmen. Ist es das, wovor Menschen Angst haben?

Wenn wir uns entscheiden, nicht über das Patriarchat zu sprechen, weil die Herausforderung zu groß ist, dann sollten wir aufhören, so zu tun, als ob wir sexuelle Gewalt stoppen wollen, und einsehen, dass wir das Problem höchstens regulieren können – und auch das nur schlecht. Wenn wir nicht über das Patriarchat sprechen können, dann sollten wir zugeben, dass wir das Ziel einer Welt ohne Vergewaltigung aufgegeben haben.

Und wir sollten nicht vergessen, was das bedeuten würde. Vergessen wir nicht, was Vergewaltigung über Geschlechter, Sexualität und Macht sagt. Mit den Worten von Andrea Dworkin:

> „Vergewaltigung bedeutet, dass das individuelle Opfer und alle Frauen keine Würde haben, keine Macht, keine Individualität, keine wirkliche Sicherheit. Vergewaltigung bedeutet, dass das individuelle Opfer und alle Frauen austauschbar sind, ›alle sind im Dunkeln gleich‹. Vergewaltigung bedeutet, dass jede Frau, egal wie aufmüpfig sie geworden ist, durch Zwang oder Bedrohung auf den niedrigsten gemeinsamen Nenner reduziert werden kann – ein kostenloses „Stück Arsch", das einfach genommen werden kann".[122]

---

122 Andrea Dworkin: *Letters from a War Zone*, S. 119.

Prostitution und Pornografie: „Sexarbeit" oder sexuelle Ausbeutung?

Eine Diskussion über Vergewaltigung setzt voraus, dass Frauen als vollwertige Menschen betrachtet werden, mit gleichem Anspruch auf Würde wie Männer und dass es immer eine Verletzung ihrer Würde ist, wenn Frauen gegen ihren Willen zu Sex gezwungen werden. Auch wenn sich in der Praxis nicht alle Männer an diese Prinzipien halten, werden sie dennoch von fast allen in der Dominanzkultur befürwortet. Innerhalb des Feminismus, egal welcher unterschiedlichen intellektuellen oder politischen Richtung, ist die Zustimmung einstimmig.

Ein solcher Konsens – in der Dominanzkultur oder innerhalb des Feminismus – gibt es nicht, wenn es sich um Diskussionen über Prostitution und Pornografie handelt, sowie Aktivitäten in Strip-Bars und Massagesalons oder kommerziellen Telefonsex. Die Meinungsverschiedenheiten beginnen mit der Entscheidung, wie Aktivitäten, die das Kaufen und Verkaufen von Frauenkörpern für Sex beinhalten, genannt werden sollen. Auf meiner radikalfeministischen Analyse beruhend nenne ich sie „Industrien der sexuellen Ausbeutung", während liberale und postmoderne Feministinnen den Begriff „Sexarbeit" bevorzugen.[123]

Diese Sprachunterschiede weisen auf völlig unterschiedliche Analysen hin. Wir können diese Praktiken als einen wichtigen Teil des patriarchalen Systems sehen, in dem Männer versuchen, Frauen und ihre Sexualität zu kontrollieren, und der daher in Frage gestellt werden muss. Oder einfach als eine Art „Arbeit", die Frauen zu ihrem potentiellen Vorteil ausüben können, und die daher wie jede andere Arbeit behandelt werden sollte.

Ich möchte nochmals betonen, dass es nicht mein Ziel ist, alle Diskussionen innerhalb des Feminismus über diese Themen ausführlich zu besprechen. Ich will darüber diskutieren, welche politischen und moralischen Haltungen meiner Meinung nach eine Patriarchats-Kritik darstellen und welche ich am überzeugendsten finde. Dieses Kapitel konzentriert sich auf zwei Fragen, die gewisse Schlüsselelemente der Uneinigkeiten erfassen, eine über die Natur des Systems, die sich auf die Prostitution bezieht, und die andere über persönliches Handeln innerhalb des Systems, die sich auf Pornografie bezieht. Ich werde das Kapitel mit Überlegungen zu einer positiven Sexualethik beenden.

---

123 Carol Leigh: "Inventing Sex Work". In: Jill Nagle (ed.): *Whores and Other Feminists*, S. 223-231.

„Sexarbeit": Recht und Würde

Mein Ziel ist es, in einer gerechten Gesellschaft leben zu können, und in diesem Buch versuche ich ein System von biologischem Geschlecht und Gender, das die Würde von Männern und Frauen garantieren könnte, zu erarbeiten. Da eine gerechte Gesellschaft, eine die Frauen Würde garantiert, im Patriarchat unmöglich ist – egal ob wir die konservative oder liberale Version der institutionalisierten männlichen Vorherrschaft betrachten, d. h. die feindliche oder wohlwollende Version des Sexismus -, arbeiten wir nicht nur daran, die patriarchalen Strukturen zu demontieren, sondern versuchen uns auch eine *postpatriarchale* Gesellschaft vorzustellen. Eine Möglichkeit, unser Denken über eine bestimmte Idee, ein Projekt oder eine politische Maßnahme zu erklären, heißt zu fragen, wie es bzw. sie zu menschlichem Gedeihen in einer postpatriarchalen Welt beitragen würde. Daher stelle ich zuerst einmal eine einfache Frage zum Konzept der „Sexarbeit":

Ist es möglich, sich eine Gesellschaft mit einem sinnvollen Maß an Gerechtigkeit vorzustellen, wenn Menschen von einer Geschlechter-Klasse regelmäßig von Menschen einer anderen Geschlechter-Klasse für sexuelle Dienste gekauft und verkauft werden können? Wenn eine Klasse von Menschen definiert wird, als „zum Kauf und Verkauf für sexuelle Dienste zur Verfügung stehend", ist es dann möglich, dass diese Klasse von Menschen keinen untergeordneten Status im Vergleich zur herrschenden Klasse, die die Käufe tätigt, hat? Könnte Gerechtigkeit je möglich sein, wenn die intimsten Körperteile einer Gruppe von Menschen von einer anderen Gruppe gekauft werden können?

Die gleiche Frage, anders formuliert: Wenn wir in einer egalitären Gesellschaft mit Geschlechter-Gerechtigkeit leben würden, würde die Idee des Kaufens und Verkaufens von Menschen für sexuelle Dienste überhaupt auftauchen? Wenn wir in einer Gesellschaft leben würden, in der die Würde aller Menschen zentral steht, könnte sich irgendwer „Sexarbeit" vorstellen?

Und nochmal anders gefragt: Du fängst an, eine Gesellschaft völlig neu aufzubauen. Du hast die Macht, nicht nur Gesetze zu formulieren (falls du willst, dass es überhaupt offizielle Gesetze geben soll), sondern auch neue Geschichten zu schreiben, die Menschen über sich selbst erzählen, über einander und ihre weitere Lebenswelt. Würdest du Geschichten darüber schreiben, wie eine Geschlechter-Klasse regelmäßig sexuelle Dienste von einer anderen Geschlechter-Klasse kauft und solche Dienste auch selbst verkauft?

Letzte Frage: Du sprichst mit einem Mädchen, das über mögliche Berufe nachdenkt. Du möchtest, dass sie in einer Welt mit Geschlechter-Gerechtigkeit lebt. Sie fragt dich: „Was soll ich werden, wenn ich erwachsen bin?" Würdest du „Prostituierte" auf die Liste setzen? Und falls sie das auf ihrer Liste hat, würdest du darauf genauso reagieren wie auf andere Möglichkeiten?

Wenn die Antwort auf diese Fragen „nein" ist, ist es vielleicht, weil, wie Kathleen Barry es ganz klar formuliert: „Wenn ein Mensch auf seinen oder ihren Körper reduziert und dann als Objekt benutzt wird für sexuelle Dienste für andere, ist es egal, ob es eine Zustimmung gegeben hat: eine Verletzung des Menschen hat stattgefunden".[124]

Meine Fragen beschäftigen sich mit der Natur eines Systems und den vorhersagbaren Konsequenzen der Status- und Machtbeziehungen zwischen Mitgliedern von verschiedenen Gruppen innerhalb dieses Systems. Ich fälle kein Urteil

---

124 Kathleen Barry: *The Prostitution of Sexuality*, S. 23.

darüber, wie ein Individuum innerhalb des existierenden patriarchalen Systems Entscheidungen trifft, sondern versuche mir vorzustellen, wie ein nicht-patriarchales System aussehen könnte. Eine solche radikale Analyse ignoriert keine Individuen und ihre Entscheidungen. Aber sie beginnt mit dem System, in dem wir leben.

Wie ich bereits deutlich gemacht habe, bin ich davon überzeugt, dass die Industrien der sexuellen Ausbeutung unvereinbar sind mit einer gerechten Gesellschaft, die menschliche Würde fördert. Wenn ich das in der Öffentlichkeit erkläre, in Vorträgen und Artikeln, wird mir gesagt, dass diese politische Position auf moralischen Urteilen über Sexualität basiert. Dem stimme ich zu. Meine Geschlechterpolitik hat moralische Fundamente, genau so wie auch die Geschlechterpolitik derjenigen, die andere Ansichten vertreten. Im Mittelpunkt meiner Ablehnung von Sexarbeit stehen Urteile über eine angemessene Rolle von sexuellem Verhalten in menschlichen Gesellschaften, genau so wie sich die Verteidigung von Sexarbeit auf andere Urteile über dieses Thema stützt. All diese Ideen basieren auf Vorstellungen darüber, was es bedeutet, ein Mensch zu sein und ein gutes Leben zu führen – anders ausgedrückt: Sie basieren auf moralischen Urteilen. Niemand kann in dieser Diskussion behaupten, keine derartigen Urteile zu fällen, auch wenn Leute dies regelmäßig tun. In Gesprächen formulieren und verteidigen Menschen immer ihre moralischen Urteile.

Mein zentraler moralischer Anspruch ist es, dass sexuelles Verhalten eine wichtige Rolle in der Entstehung und Aufrechterhaltung gesunder, kreativer Intimität zwischen Menschen spielt. Sexuelle Beziehungen, die für die Reproduktion wichtig sind, und die auch lustvoll sind, sollten als mehr verstanden werden als unsere Art der Reproduktion oder eine Art, Lust zu erleben. Wir sollten vorsichtig damit sein, starre Regeln für sexuelles Verhalten aufzustellen, aber wir sollten nicht aus Angst vor möglichen repressiven Zwängen einen wichtigen Meinungsaustausch über die Frage vermeiden: „Wozu dient Sexualität?" Ich werde am Ende dieses Kapitels hierauf zurückkommen, aber erst möchte ich darauf hinweisen, dass die typische konservative und religiöse Antwort hierauf („Sexualität ist nur in heterosexuellen Ehen erlaubt") und die typische liberale und weltliche Antwort („Sexualität ist das, was eine Person will") beides patriarchale Antworten, zwei Seiten der gleichen patriarchalen Münze, sind. Die konservative Antwort gibt bestimmten Männern (Ehemännern und Vätern) Kontrolle über die Sexualität von Frauen, während die liberale Antwort die Sexualität von Frauen für so viele Männer wie möglich so weit wie möglich verfügbar macht.

Eine Kollegin verdeutlichte mir diese Realität während der Invasion der Vereinigten Staaten in Afghanistan 2001, als US-PolitikerInnen behaupteten, dass es ein Ziel des Krieges sei, die Frauen und Mädchen des Landes von der Vorherrschaft der afghanischen Männer zu befreien. Es ist leider tatsächlich so, dass in der heutigen Welt Frauen entweder feudales Eigentum (an Orten wie Afghanistan) oder kapitalistische Ware (an Orten wie den Vereinigten Staaten) sind. In beiden Fällen, konservativ oder liberal, definiert das Patriarchat die Sexualität der Frauen als eine *Sache*, die Männer nehmen, auch wenn die Ansichten über die Konditionen unter welchen sie genommen werden können unterschiedlich sind.

Der Hinweis auf den Kapitalismus führt zu einer anderen weit verbreiteten Behauptung; diese kommt von den VerteidigerInnen der Sexarbeit, wenn sie die harten Bedingungen zugeben, unter denen Frauen üblicherweise in der Prostitution arbeiten. Es gibt viele Arbeiten im Kapitalismus

– vielleicht sind es die meisten Arbeiten – in denen Menschen von sich selber und anderen entfremdet werden, weil sie die Kontrolle über ihre Arbeit verloren haben und ein Werkzeug der kapitalistischen Produktion geworden sind. Was ist also der Unterschied zwischen einem Job am Fließband in einer Fabrik und Sexarbeit?

Ich bin ein Kapitalismus-Gegner und davon überzeugt, dass menschliche Freiheit und Kapitalismus – wie dieses System real in der Welt existiert, also nicht die Phantasie-Version aus den Wirtschaftskundebüchern – unvereinbar sind. Arbeit im Kapitalismus ist zutiefst entfremdend. Aber gibt es wirklich keinen Unterschied dazwischen, sich selber an eine/n ArbeitgeberIn zu vermieten, die/der dich bezahlt, um deinen Verstand und Körper zu benutzen, um Produkte herzustellen oder Dienste zu leisten und dem Vermieten an eine andere Person, die dich dafür bezahlt, deinen Körper zu penetrieren, um sexuelle Lust zu erlangen? Lori Watson glaubt, dass die Behauptung, Sex zu verkaufen, sei eine Arbeit wie jede andere, bereits oberflächlich betrachtet unhaltbar ist, denn „wenn wir die Regulierungen, die derzeit für andere Arbeiten gelten, auf den Kauf und Verkauf von Sex anwenden, können die ›Komponenten‹ dieses ›Jobs‹ nicht genehmigt werden; sie sind einfach unvereinbar mit den ArbeiterInnen-Gesetzen zur Regulierung der Sicherheit gegen sexuelle Belästigung und Menschenrechte".[125]

Natürlich gibt es Ähnlichkeiten zwischen Prostitution und anderen Arten von Arbeit im Kapitalismus. In zahlreichen Jobs handeln diejenigen, die die ArbeiterInnen bezahlen, aus Eigeninteresse auf eine Weise, die sie dazu bringt, die

---

125 Lori Watson: "Why Sex Work Isn't Work". In: *Logos*, Vol. 13, Nr. 3-4 (2014). <http://logosjournal.com/2014/watson/>; siehe auch Mary Sullivan: *Making Sex Work: A Failed Experiment with Legalized Prostitution*.

Menschlichkeit der ArbeiterInnen zu missachten. Einige Arbeiten außerhalb der Sexarbeit setzen ArbeiterInnen Infektionen bzw. Giften aus und führen zu ähnlichen Verletzungen am Arbeitsplatz, welche in der Prostitution und Pornografie zum Alltag gehören. Aber die psychologischen und körperlichen Risiken von Sexarbeit sind charakteristisch. In einer Studie mit 130 Straßenprostituierten erfüllten 68 % die Diagnosekriterien für eine posttraumatische Belastungsstörung.[126] Zusätzlich zur direkten Gewalt von Sexkäufern, benutzten Zuhälter Zwang und Gewalt, damit die Frauen weiterhin als Prostituierte arbeiteten, was dazu führte, dass ein Team, das Untersuchungen aus neun Ländern überprüfte, Prostitution als „multitraumatisch"[127] beschrieb.

Stellen wir uns für einen Moment vor, dass es möglich wäre, Methoden zu entwickeln, um Frauen in der Prostitution vor Gewalt zu schützen und eine sichere Arbeitsplatzumgebung zu schaffen, was normalerweise als „Schadensbegrenzung" bezeichnet wird. Würde Sexarbeit in so einem Umfeld anders sein als jede andere Art von Arbeit? Für mich ist Sexualität ein Bereich der menschlichen Erfahrung, in dem wir unseren Körper völlig anders benutzen als bei anderen Aktivitäten. Sexualität ist in erster Linie ein Mittel, um eine intime Beziehung mit einem anderen Menschen herzustellen, ein Zusammenspiel, bei dem wir uns auf eine Art verletzbar machen, die im Alltag selten ist, eine Tätigkeit, durch die wir uns selbst zusammen mit einer anderen Person erforschen. Das kann alles auch in anderen Formen menschlicher Kontakte geschehen, aber es passiert auf

---

126 Melissa Farley and Howard Barkan: "Prostitution, Violence, and Post-Traumatic Stress Disorder". In: *Women & Health*, Vol. 27, Nr. 3 (1998), S. 37-49.

127 Melissa Farley et al.: "Prostitution and Trafficking in 9 Countries: Update on Violence and Posttraumatic Stress Disorder". In: *Journal of Trauma Practice*, Vol. 2, Nr. 3/4 (2003), S. 33-74.

eine besondere Art beim Sexualverhalten. Diese Behauptung stammt nicht aus den oberflächlichen Vorstellungen von romantischer Liebe aus Hollywood-Filmen, sondern aus meiner eigenen Erfahrung und stimmt mit der Erfahrung vieler anderer überein. Es gibt natürlich erhebliche Unterschiede zwischen Menschen, und Arten der intimen Erforschung variieren. Aber die Meinung, dass Sexualität ein unverwechselbarer Bereich menschlicher Erfahrung ist, ist weit verbreitet.

Bevor wir Sexarbeit weiter diskutieren, sollten wir die moralischen Urteile, die wir alle über Sexualität fällen, formulieren, wie auch unsere Vorstellung darüber, was es bedeutet, ein Mensch zu sein und ein gutes Leben zu führen. Zu behaupten, wie ich es gerade getan habe, dass Sexualität am besten als ein Mittel für eine intime Beziehung mit einem anderen Menschen verstanden werden kann, statt lediglich zur Reproduktion oder Lust, ist tatsächlich ein Werturteil, genau wie jede andere Behauptung auch. Wenn es keine biologischen „Fakten" gibt, die deutliche Kriterien für diese Behauptungen festlegen – wenn wir also mit Moralphilosophie, Psychologie und Soziologie und nicht mit Naturwissenschaft argumentieren – dann würde ich vorschlagen, dass die zentrale Frage ist: „Welche Argumente sind am schlüssigsten darin, Menschen zu helfen, stabile anständige menschliche Gesellschaften zu schaffen und zu erhalten, die in einer nachhaltigen Beziehung mit der größeren lebenden Welt existieren können?"

Konservative neigen dazu, engstirnige Antworten aufdrängen zu wollen, um das Patriarchat zu festigen, während Liberale vorschlagen, dass Individuen frei sein sollten, so zu handeln, wie sie wollen, ohne die Rolle des Patriarchats bei der Bildung von Meinungen und Verhalten zu berücksichtigen. Beides, sowohl die Kapitulation vor den konservativen repressiven Normen, als auch die Befürwortung der trügerischen Forderung des

Liberalismus nach Freiheit, führt uns in eine Sackgasse des Patriarchats. Ich werde am Ende dieses Kapitels auf positive Möglichkeiten Sexualität zu erleben zurückkommen, aber im Moment wollen wir uns daran erinnern, was Sexarbeit im Patriarchat ist.

Anstatt die Kontrolle der Männer und die Benutzung von Frauen für Sexualität als natürlich und als biologischen Imperativ zu sehen, argumentiert die Politikwissenschaftlerin Sheila Jeffreys, dass erst einmal „das Konzept der Prostitution" existieren muss, die Vorstellung, dass Männer Sexualität von Frauen in verschiedenen Formen kaufen können, die gesellschaftlich aus der Dominanz der Männer und der Unterordnung von Frauen konstruiert wird: „Das Konzept der Prostitution muss erst im Kopf eines Mannes existieren, wenn er eine Frau auf diese Weise benutzen will. Ein unentbehrlicher Faktor dieser Vorstellung ist, dass es sexuell erregend sein wird, eine Frau so zu benutzen".[128] Und Kathleen Barry weist darauf hin, dass

> „ ... die Interpretation von Sexualität, die Sexualität auf eine Sache reduziert und eine Frau auf ein Objekt, ist eine *öffentliche* Voraussetzung, die das Privatleben beeinflusst, aber eine eigene öffentliche Realität hat. Die öffentliche Interpretation von Sexualität als sozialer Tatbestand männlicher Macht sexualisiert Frauen als öffentliches Faktum. Die größtmögliche patriarchale Reduzierung von Frauen auf einen sexualisierten Körper ist Prostitution".[129]

Prostitution ist ein Konzept, das den untergeordneten Status von Frauen im Patriarchat beschreibt, und das sich in der Welt durch eine Praxis etabliert hat, die diese Unterordnung bestätigt.

---

128 Sheila Jeffreys: *The Idea of Prostitution*, S. 3.

129 Kathleen Barry: *The Prostitution of Sexuality*, S. 22.

Der Schaden entsteht sowohl durch das Konzept, als auch durch die Praxis. Diejenigen, die die Normalisierung von Sexarbeit befürworten, streben danach, Prostitution als Routinearbeit zu behandeln, so dass Frauen größere Kontrolle über ihre Arbeitskonditionen ausüben könnten, um ihre Bezahlung zu verbessern und ihre Gesundheit und Sicherheit zu garantieren. Versuche, die Praxis der Prostitution auf diese Art zu verändern, um das Leben der Frauen zu verbessern, können gutgemeint sein, aber die Auswirkungen werden höchstens beschränkt sein, da solche Reformen das Grundkonzept der Prostitution nicht in Frage stellen. Solange Männer glauben, dass es sexuell erregend ist, eine gekaufte Frau zu benutzen, wird Prostitution kurzfristig für Frauen immer eine Gefahr darstellen und langfristig das Patriarchat unterstützen. Die patriarchale Reduktion einer Frau auf den Status eines Objektes, das von Männern sexuell benutzt werden kann, widerspricht der Forderung von Frauen auf Würde, die mit dem vollen menschlichen Status einhergeht, und dies auch immer tun.

Rachel Moran, eine Frau, die es ablehnt, den Begriff Sexarbeit zu benutzen, um die vielen Jahre zu beschreiben, in denen sie Prostitution überlebte, schreibt über den unvermeidlichen Verlust der Menschlichkeit für Frauen: „In der Prostitution entmenschlichen Männer Frauen, und Frauen entmenschlichen sich selbst, um die Handlungen durchführen zu können, die Männer ihnen abverlangen".[130] Cherie Jimenez, die zwanzig Jahre lang in der Prostitution verbrachte und jetzt ein Aussteigerinnen-Programm in Boston leitet, stimmt ihr zu: „Deinen Körper zu benutzen, deinen Körper zu verkaufen – das macht etwas mit dir. Nicht viele Menschen kommen daraus

---

130 Rachel Moran: *Was vom Menschen übrig bleibt. Die Wahrheit über Prostitution*, S. 247.

unversehrt und auf gesunde Weise heraus. Selbst unter den besten Umständen".[131]

„Sexarbeiterinnen": Entscheidungen von Frauen

Genauso umstritten wie die Debatte innerhalb des Feminismus über das Konzept von Sexarbeit, ist die Debatte darüber, wie die Erfahrungen der prostituierten Frauen verstanden werden können. Auch hier zeigt Sprache wieder grundlegende Unterschiede auf. Der Begriff „Sexarbeiterinnen" suggeriert, dass die Arbeit in der Prostitution oder Pornografie wie jeder andere Job ist. Radikale Feministinnen benutzen Begriffe wie „prostituierte Frauen" oder „Frauen, die in der Prostitution benutzt werden" oder „Frauen, die in der Produktion von Pornografie benutzt werden". Wesentlich für die Wortwahl ist das Verständnis die Natur der Entscheidungen, die Frauen treffen, zu verstehen. Hier werde ich mich auf Pornografie konzentrieren, graphisch explizit sexuelles Material, das Männern erlaubt, Frauen auch weiterhin sexuell zu benutzen, obwohl das Filmen des sexuellen Aktes schon lange beendet ist.

Zunächst einmal, welcher Begriff auch immer benutzt wird, radikale Feministinnen, die die Ausbeutungen der Sex-Industrien ablehnen, beleidigen die Frauen in diesen Industrien nicht und werten sie auch nicht ab. Widerstand gegen Systeme, in denen Männer Frauen benutzen, ist kein Angriff auf diese Frauen, weswegen viele frühere und immer noch in der Sexindustrie arbeitenden Frauen die feministische Kritik an

---

131 Mac McClelland: "Is Prostitution Just Another Job?". In: *New York Magazine*, 21. März 2016. <http://nymag.com/thecut/2016/03/sex-workers-legalization-c-v-r. html>

dem System teilen.[132] Trotzdem werden radikale Feministinnen in den letzten Jahren oft mit der Abkürzung SWERF (Sex Worker Exclusionary Radical Feminist[133]) bezeichnet:

> „Eine Person, die vorgibt, eine Feministin zu sein, aber nicht daran glaubt, dass Frauen, die in IRGENDEINER Form von freiwilliger Sexarbeit tätig sind, in den Kampf um Gleichheit einbezogen werden sollten, vor allem Arbeit- und Lohngleichheit. Dieser fanatische Ausschluss einer ganzen Klasse von Frauen basiert meistens auf unangebrachter verklemmter Moral."[134]

Diese Definition betont das Missverständnis: Radikale Feministinnen schließen keine Frauen vom Kampf für Gleichheit aus, sondern bieten eine Vision für die Erlangung von Gleichberechtigung, die sich von einem liberalen/postmodernen Programm unterscheidet, das die Vorstellung von Prostitution akzeptiert oder sogar feiert. Es gibt keine Ausgrenzung, fanatisch oder gemäßigt, in einer Kritik der sexausbeutenden Industrien, sondern stattdessen eine unterschiedliche Einschätzung. Ich akzeptiere, dass Menschen ein Recht zur Selbstbezeichnung haben und wenn zum Beispiel eine Frau aus der sexausbeutenden Industrie es bevorzugt, Sexarbeiterin genannt zu werden statt prostituierende Frau, werde ich sie so nennen. Aber Respekt vor der Selbstbezeichnung einer Person erfordert nicht, dass wir eine Analyse der Sex-Industrien oder des Patriarchats, das ihren Kern bildet, aufgeben.

In anderen Bewegungen, die sich gegen gefährliche industrielle Praktiken richten, wie die Kritik der ausbeuterischen

---

132 Rebecca Whisnant and Christine Stark (eds.): *Not For Sale: Feminists Resisting Prostitution and Pornography*; Caroline Norma and Melinda Tankard Reist (eds.): *Prostitution Narratives: Stories of Survival in the Sex Trade.*

133 Sexarbeiterinnen ausschließende radikale Feministinnen. (DH)

134 Urban Dictionary. <http://www.urbandictionary.com/define.php?term=Swerf>

Bedingungen in der Textilindustrie in Entwicklungsländern, würde niemand behaupten, dass diese Kritik ein Angriff auf die FabrikarbeiterInnen ist, die sich dafür entscheiden, dort zu arbeiten. Kampagnen gegen Ausbeutungsbetriebe wird nicht vorgeworfen, dass sie die Tatsache, dass die ArbeiterInnen in der Lage sind, eigene Entscheidungen zu treffen, bestreiten, sondern es wird verstanden, dass sie sich auf die Bedingungen konzentrieren, die diejenigen schaffen, die mehr Macht haben – in diesem Fall die BesitzerInnen und ManagerInnen der Fabriken und die multinationalen Konzerne, für die sie normalerweise Kleidung herstellen.

Daher erfordern konstruktive Diskussionen über die Entscheidungen, die Individuen treffen, Aufmerksamkeit für die Umstände in denen Menschen sich für eine Arbeit entscheiden, was bedeutet, 1. nicht nur die Bedingungen im Moment, in dem die Entscheidung gefällt wird, sondern die Bedingungen in ihrem Leben, die zu diesem Moment geführt haben, zu untersuchen, und 2. nicht nur eine Darstellung der Möglichkeiten, die für sie als Außenstehende sichtbar sind, sondern auch ein subjektives Verstehen dieser Optionen zu berücksichtigen. Die Frauen in diesen Industrien sind häufiger von sexueller Gewalt in der Kindheit betroffen und haben einen niedrigeren sozial-ökonomischen Status und eine geringere Ausbildung im Vergleich zur allgemeinen Bevölkerung.[135] Haben diese Gegebenheiten Einfluss auf die Entscheidungen der Frauen? Sexuelle Gewalt in der Kindheit führt bei Überlebenden oft dazu, dass sie ihren Wert in der Welt

---

135 Siehe zum Beispiel Jo-Anne Madeleine Stoltz et al.: "Associations between Childhood Maltreatment and Sex Work in a Cohort of Drug-using Youth". In: *Social Science and Medicine*, Vol. 65, Nr. 6 (2007), S. 1214–1221. Siehe auch das Archiv der Interessengruppe Prostitution Research & Education für wichtige Forschung online. <http://prostitutionresearch.com/topic/prostitution/>

als die Fähigkeit sehen, anderen Lust zu bereiten. Geringere ökonomische und Ausbildungs-Möglichkeiten können dazu führen, dass Alternativen unwahrscheinlich erscheinen. Diese Muster zu erkennen, ist keine Erklärung für jedes Leben, aber die Muster enthüllen wichtige Aspekte der Bedingungen, unter denen Menschen Entscheidungen treffen.

Jede Entscheidung, die wir treffen, beruht auf dem, was wir als Einschränkungen wahrnehmen und den uns zur Verfügung stehenden Chancen. Menschen mit Reichtum, Macht und Status sind weniger eingeschränkt in ihren Entscheidungen und sie haben Chancen – es scheint angemessen zu sagen, dass sie „freie" Entscheidungen treffen können. Aber Menschen, die sehr eingeschränkt sind und nur wenige Wahlmöglichkeiten haben, treffen auch Entscheidungen – auch wenn sie nur beschränkte Möglichkeiten haben und weniger frei zu sein scheinen. Es ist ein Aspekt des Respekts für die menschliche Würde von anderen, dass wir ihr Recht und die Fähigkeit, Entscheidungen zu treffen, respektieren. Unser kollektives Engagement für menschliche Würde fordert, dass wir uns nicht von der Realität der Welt abwenden, in der wir alle Entscheidungen treffen müssen, einschließlich der harten Realitäten, mit denen Menschen ohne Reichtum, Macht, Privilegien und Status leben müssen.

An diesem Punkt in der Diskussion scheint es mir wichtig, mehr von den Frauen selber hören zu wollen, die am Kauf und Verkauf von Sex beteiligt sind. Wenn diese Entscheidungen komplexe Realitäten umfassen, wären wir dann nicht am besten informiert, wenn wir direkt von denjenigen hören würden, die in dieser Komplexität leben? Ja, aber natürlich gibt es große Unterschiede in den Erfahrungen von Frauen und in der Bewertung dieser Erfahrungen. Für jede Frau, die mit der Sexarbeit zufrieden ist, lassen sich mehr Frauen finden, die die patriarchale Vorherrschaft im Zentrum ihrer Erfahrungen in den sexausbeutenden Industrien analysieren, wie Rachel Moran das tut, deren Erfahrungen als eine prostituierte Frau zu diesem Ergebnis führte, dass „wenn sich eine Frau auf die Prostitution einlässt, dies als Reaktion auf Umstände geschieht, die sich ihrer Kontrolle entziehen. Das lässt ein Umfeld entstehen, das allein schon die Möglichkeit einer aufrichtigen Einwilligung von vornherein ausschließt. Es ist ein Unterschied, ob man zu einer Sache einwilligt oder sich ihr widerstrebend beugt.“[136]

Alice Glass, die erstmals mit achtzehn Jahren prostituiert wurde, erklärte ihren Weg in die Prostitution, nach einer Jugend, die von Mobbing, Obdachlosigkeit, Depressionen und Selbstverletzungen geprägt war:

> „… Ich war nicht in der Lage, diese Entscheidung frei zu treffen – wenn wir das Wesen der Freiheit im vollsten Umfang verstehen. Genauso wenig waren es die meisten anderen Frauen, die ich getroffen habe. Ich habe in den verschiedenen hauchdünn voneinander getrennten Klassen, in die die Prostitution aufgeteilt ist, gearbeitet – Bordelle der Arbeiterklasse, Escort-Agenturen der Mittelklasse – und alle Frauen, die ich getroffen habe, trugen das gleiche Bündel von Neurosen, Abhängigkeiten und Melancholie mit sich. Ohne Ausnahme. Viele versuchten verzweifelt, aus armen Verhältnissen, gewalttätigen Ehemännern, Arbeitslosigkeit oder der Annahme von Unwürdigkeit herauszukommen, die die Gesellschaft oft bei armen Leuten vermutet. Die meisten hatten ein Problem mit Drogenabhängigkeit und zeigten unbesonnenes oder protziges, nach Aufmerksamkeit suchendes Verhalten. Zwischen Selbstzerstörung und schreiend, um gemocht zu werden, respektiert und bewundert, als Mittel gegen welche Unvollständigkeit auch immer, die sie fälschlicherweise zu haben glaubten.

---

136 Rachel Moran, S. 218.

(...) Man stimmt nicht einfach der Prostitution zu, es ist eher eine verarmte Form des Verhandelns. Im Laufe der Zeit sinkt der Wert deiner Attraktivität als Prostituierte. Dein Selbstbewusstsein wird ausgehöhlt, das Verständnis deines Selbst gerät durcheinander, da die Arbeit Selbstverleugnung und psychologische Unterdrückung erfordert ...

Ich habe mich nicht dazu entschieden, aus der Prostitution auszusteigen, mein Körper hat die Entscheidung für mich getroffen. Letztendlich wusste er es besser."[137]

Wie können wir entscheiden, welche Stimmen am authentischsten sind und welche Erfahrungen der Frauen in den Sexindustrien sie auf ehrliche Weise repräsentieren? Wägen wir die „für" und „gegen" Stimmen gegen einander ab und erklären eine zum Gewinner? So gerne wir deutliche Antworten haben möchten, aus verschiedenen Gründen kann kein Forschungsprojekt diese liefern.

Zum einen gibt es bei Menschen - wie bei nahezu all solchen Fragen - dramatische Unterschiede, wie sie sich „ein gutes Leben" vorstellen. Das führt dazu, dass viele mit den Schultern zucken und sagen, „jedem das Seine", was der einfachste Weg zu sein scheint, uns aber keine weitere Anweisungen für politische und soziale Maßnahmen gibt. Auch wenn es keine einfache Wahrheit über die Erfahrungen von Frauen in der Prostitution und Pornografie gibt, müssen wir dennoch als Gesellschaft Entscheidungen über die Regeln treffen, nach denen wir leben, und diese Regeln sind besonders wichtig, wenn es um die Leben der schutzbedürftigsten Menschen in der Gesellschaft geht.

---

137 Alice Glass: "Prostitution Survivor Testimony", Nordic Model Now! <https://nordicmodelnow.org/testimonial/alice-glass/>

Zum anderen lassen sich einzelne Frauen manchmal auf etwas ein, das Feministinnen als „patriarchales Feilschen" bezeichnen,

> „… eine Entscheidung, Gender-Rollen zu akzeptieren, die Frauen im Austausch für welche Macht auch immer, die eine dem System abringen kann … eine individuelle Strategie, die dazu geschaffen ist, das System zum eigenen bestmöglichen Vorteil zu manipulieren, aber eine, das das System selber intakt lässt."[138]

Dieser Begriff wurde 1988 geprägt, „um auf die Existenz bestimmter Regeln und Schriften hinzuweisen, die die Gender-Beziehungen regeln, an die sich beide „Gender" anzupassen haben, die aber dennoch angefochten, neu definiert und neu ausgehandelt werden können".[139] Ist das Verhalten eines Menschen in jedem beliebigen Moment Kapitulation oder kann es eine Herausforderung sein?

Das Problem unterschiedlicher Meinungen wird zudem noch durch einen weiteren Aspekt menschlicher Erfahrungen verkompliziert: Wir können nicht jederzeit unser eigenes Verhalten am besten beurteilen. Nehmen wir das Beispiel einer jungen Frau mit einer Essstörung, die Magersucht: Eine Person, die dünn ist, jedoch das Gefühl hat, zu viel zu wiegen und große Angst entwickelt, zuzunehmen, was zu zwanghaften Diäten und Gesundheitsproblemen führen kann. Zu einem bestimmten Zeitpunkt kann diese Frau darauf beharren, dass sie zu viel wiegt und weniger essen will. Eine Außenstehende könnte aber meinen, dass sie untergewichtig sei und mehr

---

138 Lisa Wade: "Serena Williams' Patriarchal Bargain." In: *Sociological Images*, 22. Mai 2011. <https://thesocietypages.org/socimages/2011/05/22/women-damned-if-you-do-damned-if-you-dont/>

139 Deniz Kandiyoti: "Bargaining with Patriarchy". In: *Gender and Society*, Vol. 2, Nr. 3 (1988), S. 286.

essen sollte. Welche der beiden hat recht? Die junge Frau gibt genau an, wie und was sie über ihren Körper denkt, aber die große Mehrheit von außenstehenden BeobachterInnen wird behaupten, dass sie sich über den tatsächlichen Zustand ihres Körpers irrt. Akzeptieren wir die Einschätzung der jungen Frau über ihre Gesundheit als definitiv, d. h. dass sie nicht in Frage gestellt werden darf, und unterstützen wir daher ihr Bedürfnis nach einer Diät?

Als Nächstes will ich der Frage nach dem falschen Bewusstsein nachgehen, einem Konzept, das aus der marxistischen Analyse der Ideologie des Kapitalismus entstanden ist, dem Prozess, bei dem die Vorstellungen, die die kapitalistische Vorherrschaft rechtfertigen, zum „gesunden Menschenverstand" einer Kultur werden. Das führt dazu, dass Mitglieder der Arbeiterklasse genau das System unterstützen, das ihre Freiheit einschränkt. Höfliche Menschen neigen dazu, die Behauptung zu vermeiden, dass andere ein falsches Bewusstsein haben, weil es unhöflich scheint, Menschen zu sagen, dass sie sich selber und ihre eigenen Lebensumstände nicht verstehen würden. Aber wie wir alle aus eigener Erfahrung wissen, gab es Momente in unserem Leben, in denen wir uns nicht wirklich selber verstanden haben, und in denen andere besser in der Lage waren, unser Verhalten zu analysieren. Durch die Erkenntnisse anderer Menschen sind wir oft in der Lage, unsere eigenen Vorstellungen und unser Verhalten zu verändern. Höflich oder nicht, wir wissen aus unserem eigenen Leben, dass Menschen – einschließlich mir selber und allen, die das hier lesen – häufig falsches Bewusstsein erleben. Wenn dieser Ausdruck geschmacklos klingt, gibt es andere, die ich anbieten kann – unterdrückte Befriedigung, falsche Bedürfnisse, erlernte Vorlieben.

Der marxistische Kritiker Herbert Marcuse erklärte in den 1960er Jahren, dass Menschen im Kapitalismus Bedürfnisse entwickeln und deren Befriedigung anstreben, die im Gegensatz zu wahrer Freiheit stehen. Das sind falsche Bedürfnisse, und wir sollten danach streben, sie durch echte Bedürfnisse zu ersetzen, „der Verzicht auf repressive Befriedigung".[140] Am Ende der Dekade, schrieb er: „Eine Welt menschlicher Verhältnisse, die nicht mehr durch den Markt vermittelt sind, nicht mehr auf wettbewerblicher Ausbeutung oder Terror beruhen, erheischt eine Sensitivität, die für jene Formen und Eigenschaften der Wirklichkeit empfänglich ist".[141]

Sandra Bartky, die den „Mode- und Schönheitskomplex" als eine der wichtigsten Ursachen der Vorstellungen über Weiblichkeit ansieht, der das Wohlergehen von Frauen untergräbt, schreibt:

> „Repressive Befriedigung bindet uns an die bestehende Ordnung der Herrschaft, denn das gleiche System, das falsche Bedürfnisse produziert, kontrolliert auch die Bedingungen, unter denen solche Bedürfnisse befriedigt werden können. Daraus kann vorsichtig geschlossen werden, dass ›falsche Bedürfnisse‹ Bedürfnisse sind, die durch Indoktrination, psychologische Manipulation und die Verweigerung von Autonomie verursacht werden. Es sind Bedürfnisse, von deren Besitz und Befriedigung nicht das Subjekt profitiert, das sie hat, sondern eine soziale Ordnung, deren Interesse Herrschaft ist."[142]

Andere WissenschaftlerInnen haben die „Bildung von anpassungsfähigen Vorlieben" untersucht, d. h. wie wir unsere

---

140 Herbert Marcuse: *Der eindimensionale Mensch: Studien zur Ideologie der fortgeschrittenen Industriegesellschaft*, S. 27.

141 Herbert Marcuse: Versuch über die Befreiung, S. 48.

142 Sandra Lee Bartky: *Femininity and Domination. Studies in the Phenomenology of Oppression*, S. 42.

Vorlieben bewusst oder unbewusst angesichts der vorhandenen Möglichkeiten verändern. Serene Khader definiert anpassungsfähige Vorlieben als Entscheidungen, die Menschen treffen, die unvereinbar sind „mit dem grundlegenden Wohlsein von Handelnden, das sich unter ungerechten Verhältnissen ausgebildet hat – und das ein/e Handelnde/r unter besseren Bedingungen rückgängig machen würde".[143]

Als wäre dies alles noch nicht kompliziert genug, gibt es noch einen weiteren Faktor: Menschen unterstützen häufig das System, in dem sie arbeiten, weil es für sie zu diesem Zeitpunkt in ihrem kurzfristigen Selbstinteresse ist, dies zu tun. Fast alle, die je einen Job mit einem Chef hatten, wissen, dass wir manchmal Dinge sagen, von denen wir nicht glauben, dass sie stimmen – wie „Ich glaube, dass mein Chef ein großartiger Manager ist" – um weiterhin unseren Unterhalt verdienen zu können. Manchmal überzeugen wir uns selber, dass wir daran glauben, um Missklänge zu reduzieren und besser durch den Tag zu kommen.

Hier ein Beispiel für das Chaos von all diesen Faktoren, eins, das einem Universitätsprofessor am Herzen liegt – die Rolle von Graduierten im „Job-Roulette" an Universitäten. Viele Graduierte arbeiten für (zu) viele Stunden als Lehrassistentin oder Lehrassistent gegen geringe Bezahlung und studieren in Graduiertenprogrammen, die manchmal von großspurigen ProfessorInnen unterrichtet werden, die davon überzeugt sind, dass sie viel klüger sind, als sie es wirklich sind. Frag die Graduierten, egal aus welcher Studienrichtung, was sie von dem System halten, in dem sie ausgebildet werden – und hoffen, dort vielleicht eines Tages als ProfessorIn zu arbeiten – und du

---

143 Serene J. Khader: "Must Theorizing about Adaptive Preferences Deny Women's Agency?" In: *Journal of Applied Philosophy*, Vol. 29, Nr. 4 (2012), S. 302.

wirst sehr unterschiedliche Antworten bekommen. Manche werden erklären, dass das System Graduierte als unterbezahlte Arbeitskräfte ausbeutet und dass die Mitglieder der Fakultät regelmäßig den Wert ihrer eigenen Forschung aufblasen, um ihren privilegierten Status zu rechtfertigen. Andere werden sagen, dass sie ihre ProfessorInnen respektieren und sich geehrt fühlen, Teil des Teams zu sein. Einige, die das System während ihres Studiums befürworten, werden nach ihrem Abschluss etwas völlig anderes sagen, da sie nicht länger von diesen ProfessorInnen abhängig sind. Andere werden ihr Leben lang an die Integrität des Systems glauben.

All diese Ansichten werden von Graduierten vertreten, die an derselben Fakultät arbeiten und studieren, an der gleichen Universität, im gleichen akademischen System. Welcher Beurteilung – und von wem – sollen wir zu dem Zeitpunkt vertrauen, wenn wir überlegen, wie wir die Fakultätsstrukturen und Regeln ändern können? Welche Stimmen und von welcher Gruppe, die unter solchen Beschränkungen arbeitet, sind „authentisch"?

Entscheidungen von Männern

Die Diskussion über Prostitution und Pornografie konzentriert sich meistens auf die Entscheidungen von Frauen, aber ich denke, dass es wichtig ist, den Fokus zu verschieben. Während die Entscheidungen von Frauen, Teil der sexausbeutenden Industrie zu werden, komplex sind, sind die der Männer ziemlich einfach. Männer, die Körper von Frauen in der Prostitution und Pornografie kaufen und verkaufen, versuchen häufig unangenehme Fragen darüber zu vermeiden, warum sie sexuelle Lust kaufen, indem sie behaupten, dass diese Frauen diese Beschäftigung „frei wählen".

In einer Studie gaben männliche Pornografie-Benutzer zu, dass sie vorzugsweise Männer anschauten, die Frauen dominieren, was nicht als geschmacklos angesehen wurde oder als etwas, das Kritik verdient, sondern „eher durch Humor verharmlost wurde oder durch Distanzierung oder Rationalisierung der Behauptungen von individuellen Entscheidungen auf der einen Seite und biologischen Realitäten auf der anderen".[144] So erklärte ein männlicher Pornografie-Benutzer es mir in einer E-Mail:

> „Als ich Ihren Artikel las, gab es etwas, auf dass ich Sie wirklich hinweisen wollte. Es ist etwas, dass ich immer schon all den Feministinnen entgegenschreien wollte, die Pornografie hassen. *Niemand zwingt die Mädchen, das zu tun.* Sie entscheiden sich dafür. Und sie werden dafür bezahlt. Manche von ihnen werden ziemlich gut bezahlt. Diejenigen, die nicht so gut bezahlt werden, bekommen immer noch eine Menge Geld für die kurze Zeit, die es braucht, einen Porno zu drehen."

Das fasst die übliche Art zusammen, mit der viele Männer (und einige Frauen) jeglichen Hinweis auf kritische Selbstreflektion über ihre Benutzung von Pornografie ablehnen – drei Aussagen, die zu einem bequemen Fazit führen:

Aussage 1: Die Frauen in der Pornografie haben das gewählt und

Aussage 2: sie werden gut bezahlt und

---

144 Aleksandra Antevska and Nicola Gavey: "'Out of Sight and Out of Mind': Detachment and Men's Consumption of Male Sexual Dominance and Female Submission in Pornography". In: *Men and Masculinities*, Vol. 18, Nr. 5 (2015), S. 616.

Aussage 3: diejenigen, die nicht gut bezahlt werden, haben es trotzdem leicht, weil sie dafür bezahlt werden, gefickt zu werden, was einfach ist.

Fazit: Daher brauche ich nicht darüber nachzudenken, warum ich mich dafür entscheide, sexuelle Befriedigung durch die Benutzung von Frauen in der Pornografie zu erlangen.

Tun wir mal so, als ob diese Aussagen richtig sind, um dieses Argument zu besprechen. Aber auch wenn sie das wären: Warum sollte die Notwendigkeit kritischer Selbstreflektion von der Seite der Pornografie-Benutzer in Frage gestellt werden? Ich glaube, dass Männer moralisch Handelnde sind und wir daher verpflichtet sind, die Konsequenzen unseres Handelns zu beurteilen. Wenn wir regelmäßig durch das Betrachten von Frauen, die dominiert und sexuell erniedrigt werden (der Inhalt vieler, wahrscheinlich der meisten, Pornografiefilme), sexuelle Lust erlangen, was sagt das über uns selber aus? Wenn zahlreiche Frauen in der Pornografie ausgesagt haben, wie sie in der Industrie geschädigt wurden, warum ignorieren wir diese Geschichten?

Diese Art von kritischer Selbstreflektion ist schwierig, weil sie die Erkenntnis voraussetzt, dass wir dazu sozialisiert wurden, Herrschaft zu erotisieren. Das hat Auswirkungen darauf, wie wir uns selber verstehen und erleben und was unsere sexuellen Verlangen sind. Dazu kommen die offensichtlichen Auswirkungen auf Frauen. Der billige und scheinbar einfache Weg zu vermeiden, uns mit uns selber und unserer Sozialisation auseinanderzusetzen, ist das obenstehende Fazit mit der düsteren Annahme abzuschließen: „Ich brauche nicht darüber nachzudenken, warum ich sexuelle Befriedigung erlangen möchte, indem ich Frauen in der Pornografie benutze, *weil es das ist, wozu Frauen da sind, gefickt zu werden.*"

Wenn Männer Frauen in Pornografie und Prostitution benutzen – ob wir es nun laut sagen oder nicht, ob wir nun über diese Frage nachdenken oder nicht – stimmen wir stillschweigend dieser Vorstellung zu: *Das ist, wozu Frauen da sind, gefickt zu werden. Alle Frauen.*

Wenn Männer sich entschließen, nichts mit den sexausbeutenden Industrien zu tun zu haben – weder durch das Kaufen noch das Verkaufen von Frauen und ihrer Sexualität – erklären wir, dass wir daran glauben, dass Frauen vollwertige Menschen sind, die Würde verdienen und nicht dazu da sind, die sexuelle Lust von Männern zu befriedigen. Wenn Männer diese Entscheidung treffen, erklären wir zudem, dass wir daran glauben, dass auch Männer vollwertige Menschen sind.

Männer können diese Entscheidungen nicht umgehen. Genauso wenig können Frauen dies, auch wenn es einfach zu verstehen ist, warum viele Frauen sich von solchen Fragen fern halten. So sagte eine Studentin (die Anfang 20 war), nachdem ich für eine Gruppe junger Frauen die feministische Kritik an Pornografie zusammengefasst hatte (wovon sie noch nie gehört hatten), dass ältere Menschen (so wie ich, damals Mitte 50) junge Menschen nicht mehr verstehen, einschließlich junger Frauen. Ja, manche Pornografie sei scheußlich, meinte sie, aber sie und ihre Freundinnen regen sich darüber nicht auf – es sei ja „nur" Pornografie.

Ich schlug ein hypothetisches Beispiel vor, um ihre Behauptung zu testen: Stell dir vor, dass heterosexuelle Frauen in deinem sozialen Netzwerk von zwei Männern gefragt werden, mit ihnen auszugehen. Die Männer sind in allem, was dir wichtig ist, vergleichbar – Gefühl für Humor, Intelligenz, Aussehen – der einzige klare Unterschied ist, dass der eine regelmäßig zu Pornografie masturbiert und der andere solche nie anguckt. Mit wem würdest du lieber ausgehen? Die Studentin machte eine

Grimasse und gab zu, dass sie – und die meisten, wenn nicht alle, ihrer Freundinnen – den wählen würde, der keine Pornos benutzt.

Warum dieser Unterschied zwischen der klaren Aussage, nichts gegen Porno zu haben, und der tatsächlichen Vorliebe bei Partnern? Weitere Gespräche mit diesen Studentinnen und vielen anderen, weisen darauf hin, dass Frauen genau wissen, was Pornografie ist (männliche Dominanz, die sexuell erregend ist), und auch wie Männer sie benutzen (als Masturbations-Vorlage, die ihnen hilft, sexuelle Dominanz zu erlernen), aber sie empfinden eine Art Resignation gegenüber der aktuellen Popkultur. Möchten heterosexuelle Frauen Partner, deren sexuelle Vorstellungen davon geprägt worden sind, dass die Unterordnung von Frauen sexuell erregend ist? „Es bringt nichts, sie zu bitten, damit aufzuhören", sagte mir eine Studentin, „weil sie es nicht tun werden." Vielleicht behaupten Frauen, dass ihnen Pornografie gleichgültig sei, weil sie glauben, keine andere Wahl zu haben. Und wenn sie noch nie von der feministischen Kritik an Pornografie gehört haben, können sie nicht darüber nachdenken, ob das eine Alternative sein könnte.

Wozu braucht man Sex?

Ich bin sicher, dass ich erstens behaupten kann, dass Frauen vollwertige Menschen sind und dass die sexausbeutende Industrie unvereinbar ist mit der menschlichen Würde. Und zweitens, wie kompliziert die Wahlmöglichkeiten von Frauen im Patriarchat auch immer sind, wir uns zuerst einmal auf die Entscheidungen von Männern über Kauf und Verkauf von Frauen für Sex konzentrieren sollten.

Bei der Frage, „wozu braucht man Sex?", zögere ich, definitive Behauptungen aufzustellen. Ich glaube, dass Sex in einer gesunden Gesellschaft nicht auf Reproduktion reduziert werden sollte oder bloße Lusterzeugung. Aber Sex kann verschiedene Rollen in unseren Leben spielen und tut dies auch. Zudem können sich diese Rollen im Laufe unseres Lebens verändern und sich zwischen Individuen und Kulturen unterscheiden. Jede Antwort wird sich daher auf eine bestimmte Zeit und einen bestimmten Ort beziehen. Wenn wir jung sind, kann Sex in erster Linie ein Weg sein, uns selbst zu erforschen, während wir uns emotional entwickeln. Wenn wir erwachsen sind, kann Sex dazu dienen, eine feste Verbindung mit einem/einer PartnerIn aufzubauen.

In der heutigen Zeit – der zeitgenössischen Kultur der Vereinigten Staaten – mache ich mir Sorgen darüber, wie viel Leben zur Ware gemacht und von Massenmedien manipuliert wird durch die kapitalistische Besessenheit, jeden Aspekt menschlichen Lebens auf den Markt zu bringen, sowie die fortschreitende Kolonialisierung unserer Erfahrungen auf Bildschirmen. Wenn ich diese Sorgen mit meiner Kritik am Patriarchat verbinde, kehre ich zurück zur Macht von Sexualität. Sie kann uns helfen, uns auf sinnvolle Weise mit einer anderen Person zu verbinden – Sexualität als Form von Kommunikation, Teil des ständigen Strebens nach Berühren und Berührung. Um wirklich lebendig zu sein. James Baldwin hat es auf den Punkt gebracht:

„Ich glaube, dass die Unfähigkeit zu lieben, der zentrale Punkt ist, weil diese Unfähigkeit eine schreckliche Angst verbirgt. Diese Angst ist die Angst davor, berührt zu werden. Und wenn du nicht berührt werden kannst, kannst du nicht verändert werden. Und wenn du dich nicht verändern kannst, kannst du nicht leben."[145]

Zu behaupten, dass Sexualität einen zentralen Platz in der Liebe hat, heißt nicht, unsere sexuellen Verbindungen auf Vorstellungen von göttlich gebilligten heterosexuellen Ehen oder Hollywood-Romanzen zu beschränken. Aufzuzeigen, dass die zentrale Rolle der Sexualität in der menschlichen Gesellschaft etwas mit Liebe zu tun hat, bedeutet, uns für unsere Erforschung zu öffnen, und die Angst, berührt zu werden, hinter uns zu lassen.

Liebe ist nicht einfach zu definieren, aber es ist einfach, sich die Antwort der sexausbeutenden Industrien auf „Was hat Liebe damit zu tun?" vorzustellen. „Gar nichts."

Vor mehr als zwei Jahrzehnten, als ich begann, über diese Fragen nachzudenken, kam ich immer wieder auf diese Formulierung zurück, um ein Argument zu beschreiben, das stark ist, aber das unser Verständnis nicht wirklich weiterbringt – wir sagen, dass so eine Diskussion „mehr Hitze als Licht hervorbringt". Viel von dem, was in der Gegenwartskultur über Sexualität geredet wird, bezieht sich auf Hitze: Hast Du heißen Sex?

Was wäre, wenn unsere Diskussionen über sexuelle Aktivitäten – unsere körperliche Beziehung zu einer anderen Person – weniger mit Hitze zu tun hätten und mehr mit Licht? Was wäre, wenn wir statt verzweifelt nach heißem Sex zu suchen, wir danach suchen würden, Licht zu produzieren, wenn wir uns berühren? Was wäre, wenn so eine Berührung bedeuten würde, einen Weg zu schaffen, Licht zwischen Menschen zu schaffen, so dass wir uns selber und einander besser sehen könnten?

---

145 James Baldwin, Interview in: *The Advocate*, Auszüge in: *Utne Reader* (July/August 2002), S. 100.

Wenn das Ziel ist, uns selber und einander besser zu kennen, dann brauchen wir nicht Hitze, sondern Licht um den Pfad zu beleuchten. Wie berühren wir uns und sprechen miteinander, um dieses Licht leuchten zu lassen?

Auch wenn es keinen Ratgeber zur Sexualaufklärung gibt, der uns sagt, wie wir dieses Licht erzeugen können, zögere ich nicht, vorzuschlagen, dass die sexausbeutenden Industrien uns im Dunkeln lassen werden.

Transgenderismus: Biologie, Politik, Ökologie

Bei Diskussionen zum Thema Vergewaltigung, waren die unterschiedlichen Patriarchats-Analysen innerhalb der Frauenbewegung in den Vereinigten Staaten kein Problem für die Einigkeit der Bewegung, sexuelle Gewalt zu bekämpfen. Aber die Diskussionen über das Patriarchat und die sexausbeutenden Industrien waren so umstritten, dass sie sich in den 1980er Jahren zu den sogenannten „sex wars"[146] ausweiteten, in denen sich radikale und liberale Feministinnen bekämpften. Diese Spaltung der Frauenbewegung besteht nach wie vor. Genauso umstritten und sogar emotional noch aufgeladener, ist die derzeitige Debatte über die Ideologie der Transgender-Bewegung, die auch wieder die Unterschiede der verschiedenen Patriarchats-Konzepte zwischen dem radikalen und dem liberalen und postmodernen Feminismus hervorhebt.

---

146 Sex wars: Sex-Kriege. (DH)

151

Viele Jahre lang habe ich es vermieden, über dieses Thema zu schreiben und gezögert, mich an dieser brisanten Debatte zu beteiligen.[147] Aber als die sich ausbreitende öffentliche Diskussion kritische feministische und ökologische Perspektiven kontinuierlich ignorierte und marginalisierte – was mir deutlich wurde, als ein nationales Nachrichtenmagazin eine Titelgeschichte über „Amerikas nächste Grenze der Bürgerrechte"[148] brachte – schrieb ich einen Essay, der 2014 online veröffentlicht wurde. Darin versuchte ich, meine Kritik an der Transgender-Bewegung in einer Sprache, die so wenig entflammbar wie möglich war, zu erklären, auch wenn mein Fazit unverblümt war:

> „Transgenderismus ist eine liberale, individualistische, medizinische Reaktion auf das Problem der starren, strukturellen, politischen Gendernormen des Patriarchats. Radikaler Feminismus ist eine radikale, strukturelle und politische Antwort darauf. Oberflächlich betrachtet mag Transgenderismus als ein revolutionärer Ansatz erscheinen, aber der radikale Feminismus bietet eine weitergehende Kritik der Dynamik von Herrschaft und Unterordnung – dem Kern des Patriarchats – und einen vielversprechenderen Weg zur Befreiung."[149]

Ich erhielt eine Reihe negativer Reaktionen auf diesen Essay, aber die faszinierendsten Reaktionen kamen von Leuten aus

---

147 Michelle Goldberg: "What Is a Woman? The Dispute between Radical Feminism and Transgenderism". In: *New Yorker*, 4. August 2014. <http://www.newyorker.com/magazine/2014/08/04/woman-2>

148 Katy Steinmetz: "The Transgender Tipping Point: America's Next Civil Rights Frontier". In: *Time*, 4. Juni 2014, S. 38-46. Das Cover-Foto zu diesem Thema zeigte den Transgender-Aktivisten Laverne Cox aus der Fernsehserie *Orange Is the New Black*.

149 Robert Jensen: "Some basic propositions about sex, gender, and patriarchy." *Dissident Voice*, 13. Juni 2014. <http://dissidentvoice.org/2014/06/some-basic-propositions-about-sex-gender-and-patriarchy/>

der linken, progressiven, feministischen Politik, die mir sagten, dass sie meiner Analyse zustimmten, aber glaubten, dass sie diese Meinung nicht öffentlich vertreten könnten, ohne ein Angriffsziel für Transgender-AktivistInnen und deren Verbündete zu werden. Das Fehlen eines Dialoges, der von solchen politischen und intellektuellen Ängsten abgeblockt wird, ist für keine Bewegung gesund, und so habe ich meinen ursprünglichen Plan, nur diesen einen Essay zu schreiben, aufgegeben, um das Thema und die Angst, darüber zu reden, weitergehend zu untersuchen.[150]

Als im nächsten Jahr die Bruce/Caitlyn Jenner Geschichte[151] in der Popkultur gefeiert wurde und die *New York Times* eine redaktionelle Serie veröffentlichte, die jede kritische Analyse, sei sie feministisch oder sonstwie,[152] ignorierte, schien es mir wichtiger denn je, die Ideologie, die im Zentrum der Transgender-Bewegung steht und die Behauptungen aufstellt ohne sie zu erklären, anzupacken.

Eine Warnung: Es kann schwierig sein, zwischen Kritik an einer Ideologie oder Bewegung und Kritik an Individuen zu unterscheiden. Dieses Kapitel beschäftigt sich mit den *Konzepten*, auf denen die Transgender-Bewegung basiert und greift keine Menschen an, die sich als Transgender identifizieren. Ich bestreite keine Erfahrungsberichte von Transgender-

---

150 Robert Jensen: "There are limits: Ecological and social implications of trans and climate change". *Dissident Voice*, 12. September 2014, <http://dissidentvoice. org/2014/09/ecological-and-social-implications-of-trans-and-climate-change/>; "Feminism unheeded". *Nation of Change*, 8. Januar 2015. <http://www. nationofchange.org/2015/01/08/feminism-unheeded/>; und "A transgender problem for diversity politics". In: *Dallas Morning News*, 5. Juni 2015.

151 Buzz Bissinger: "Call Me Caitlyn". In: *Vanity Fair*, Juli 2015, S. 50-69, 105-106.

152 Editorial Board of the New York Times: "Transgender Today". In: *New York Times*, 4. Mai 2015. <http://www.nytimes.com/2015/05/04/opinion/the-quest-for-transgender-equality.html>

Personen, sondern biete eine alternative Analyse an, um diese Erfahrungen zu verstehen.

Eine Mahnung: Wie in den vorherigen Kapiteln sehe ich mich nicht als Schiedsrichter bezüglich Diskussionen innerhalb des Feminismus. Stattdessen hoffe ich, in einfacher Sprache einen Rahmen zu präsentieren, in dem wir eine Reihe grundsätzlicher Fragen, wie wir uns selbst als soziale und politische Wesen innerhalb unseres Ökosystems verstehen, diskutieren können. Auch wenn viele Menschen dieses Thema gerne vermeiden würden, bietet die Transgender-Ideologie eine gute Möglichkeit, einen Blick auf die generelle Angst, das Patriarchat zu konfrontieren, zu werfen, sowie den Mangel an kritischem Denken über moderne Technologien zu diskutieren. Ich glaube, dass unsere Zeit und Energie diese Themen zu besprechen, gut investiert sind. Der oft gehörte Spruch, „Wir müssen akzeptieren, dass wir nicht einer Meinung sind", um einen Konflikt zu vermeiden, ist eine verpasste Chance, zu versuchen, wichtige Fragen zum Kern der Meinungsverschiedenheiten bezüglich der Transgender-Ideologie zu klären.

Eine kritische feministische Analyse

Eine kurze Zusammenfassung der Grundlagen, die ich in den Kapiteln über biologisches Geschlecht und Gender sowie Patriarchat und Feminismus skizziert habe, und die zentral für die Diskussion über Transgenderismus sind:

Männer und Frauen haben offensichtlich unterschiedliche Funktionen bei der Reproduktion, was wir biologische Geschlechtsunterschiede nennen. Die Bedeutung, die Gesellschaften diesen Unterschieden zuschreiben, wird normalerweise als soziale Konstruktion von Geschlechterrollen

(Gender) bezeichnet. Im Patriarchat unterstützen diese Gender-Unterschiede die Dynamik von Herrschaft und Unterordnung und lassen das System männlicher Macht „natürlich" und „normal" erscheinen. Gender-Rollen sind im Patriarchat Kategorien, die Ungleichheit schaffen und verstärken. Patriarchale Systeme, die dazu da sind, männliche Dominanz zu rechtfertigen und aufrechtzuerhalten, sind allerdings nicht monolithisch oder statisch, sondern passen sich an veränderte Bedingungen an und reagieren auf Widerstandsbewegungen. Aber grundsätzlich verwandelt das Patriarchat biologische Geschlechtsunterschiede in soziale und politische Gender-Ungleichheiten.

Die Gender-Rollen im Patriarchat sind starr (von Jungen/Männern und Mädchen/Frauen wird erwartet, dass sie sich ohne Abweichungen an die zugewiesenen Rollen halten). Sie sind auch unterdrückerisch (diese Rollen verhindern die Fähigkeit von Jungen/Männern und Mädchen/Frauen, ihre Fähigkeiten und Interessen in vollem Umfang zu entwickeln) und reaktionär (das Gender-System verstärkt die Hierarchie des Patriarchats). Diese Gender-Rollen schränken die gesunde Entwicklung sowohl von Männern als auch Frauen ein, aber Frauen erleben weitaus mehr grundlegende psychologische und körperliche Verletzungen durch dieses System.

Die Diskussion über Transgenderismus innerhalb des Feminismus geht zurück bis in die 1970er Jahre und erreichte einen ersten Höhepunkt, als Janice Raymond 1979 *The Transsexual Empire*[153] veröffentlichte. Sheila Jeffreys *Gender Hurts*[154] von 2014 war ebenfalls umstritten und kam zu einer Zeit, in der nicht nur liberale und postmoderne

---

153 Janice G. Raymond: *The Transsexual Empire: The Making of the She-Male.*
154 Sheila Jeffreys: *Gender Hurts: A Feminist Analysis of the Politics of Transgenderism.*

Feministinnen den Transgenderismus befürworteten, sondern auch einige Feministinnen, die sich sonst mit der radikalen Tradition identifizierten, die Transgender-Bewegung ebenfalls unterstützten. So schrieb Gloria Steinem zum Beispiel in Ablehnung ihrer früheren kritischer Aussagen zum Thema Transgenderismus:

> „Ich glaube, dass Transgender, einschließlich derer, die eine Transition hinter sich haben, ein echtes authentisches Leben führen … und was ich vor Jahrzehnten schrieb, gab nicht wieder, was wir heute wissen, wo wir uns von den binären Schubladen von ›männlich‹ oder ›weiblich‹ wegbewegen und anfangen, das volle menschliche Kontinuum von Identität und Ausdruck auszuleben."[155]

Um es nochmals klarzustellen: Ich spreche für mich selbst, nicht für eine Philosophie oder eine Bewegung, wenn ich behaupte, dass Steinems liberale Analyse zum Thema „was wir heute wissen" falsch ist, dass sie biologisches Geschlecht und Gender verwechselt und fälschlicherweise impliziert, dass die Transgender-Bewegung einen politisch produktiven Weg zur Infragestellung des Patriarchats bietet. Im restlichen Teil dieses Kapitels werde ich diese Behauptungen erläutern. Wenn auch einige LeserInnen eine solche Analyse als „Generations-Nörgelei gegenüber Transgender-Personen, die von einigen Relikten der zweiten Welle des Feminismus stammen"[156] ablehnen werden, glaube ich, dass diese Frage – die Herausforderungen und die Besorgnis, die ich hier anspreche – eine ernsthafte Beschäftigung mit diesem Thema erfordern, und keine flapsige Ablehnung.

---

155 Gloria Steinem: "Op-ed: On Working Together Over Time". In: *Advocate*, 2. Oktober 2013. <http://www.advocate.com/commentary/2013/10/02/op-ed-working-together-over-time>

156 Paisley Currah: "General Editor's Introduction". In: *Transgender Studies Quarterly*, Vol. 3, Nr. 1-2 (2016), S. 2.

Definitionen und Kategorien

Der Deutlichkeit und Genauigkeit halber werde ich die Begriffe, die in der Transgender-Bewegung üblich sind benutzen, auch wenn ich den Grundannahmen, auf denen sie basieren, nicht zustimme. Zum Beispiel benutze ich den Begriff „geschlechtsangleichende Operation", weil er üblich ist, auch wenn ich nicht daran glaube, dass biologische Geschlechterkategorien durch eine Operation ausgetauscht werden können. Nach der Operation wird der männliche Körper einem weiblichen Körper mehr ähneln, aber die Person wird keine Frau. Einige in der Transgender-Bewegung setzen sich jetzt für den Begriff „gender-bestätigende Operation"[157] ein, was in gewisser Hinsicht noch verwirrender ist, wenn es bedeuten soll, dass das kulturelle Konzept von Gender operativ verändert werden kann. Um mich an den Transgender-Sprachgebrauch anzupassen, benutze ich den Begriff „Transfrau" und die Pronomen, die ein Individuum bevorzugt, wenn jemand, der/die eindeutig als männlich geboren wurde, sich jetzt als weiblich, d. h. als Frau bezeichnet, entweder mit oder ohne geschlechtsangleichender Operation.

Erst einmal ist es nötig, zwischen Intersexualität und Transgender zu unterscheiden. Wie die wichtigste Intersex-Organisation es formuliert:

> „Menschen, die sich als Transgender oder Transsexuelle identifizieren, sind normalerweise Menschen, die mit einer typisch männlichen oder weiblichen Anatomie geboren wurden, sich aber fühlen, als ob sie im „falschen Körper" geboren wurden.

---

157 "Gender-confirming surgery", also Operation zur Bestätigung des sozialen Geschlechts. (DH) Leela Ginelle: "Real Talk with Trans People". In: *Medium*, 8. September 2015. <https://medium.com/matter/real-talk-with-trans-people-57b9aa3b91a8>

(...) Intersexuelle haben eine nicht als typisch männlich oder weiblich angesehene Anatomie. Die meisten Intersexuellen fallen medizinisch auf, weil Ärzte, Ärztinnen oder Eltern etwas Ungewöhnliches an ihren Körpern bemerken. Im Gegensatz dazu haben Transgender-Personen ein inneres Erleben ihrer Gender-Identität, das sich von den meisten Menschen unterscheidet."[158]

Obwohl es keine maßgebliche Quelle für die Terminologie gibt, so werden häufig die Definitionen des National Center for Transgender Equality benutzt, die den meisten anderen ähneln:

„Transgender: Ein Begriff für Menschen, deren Gender-Identität, Ausdruck oder Verhalten sich von derjenigen unterscheidet, die normalerweise mit ihrem bei der Geburt zugewiesenen biologischen Geschlecht assoziiert wird.

Transsexuell: Ein älterer Begriff für Menschen, deren Gender-Identität sich von ihrem bei der Geburt zugeordneten Geschlecht unterscheidet und die eine Transition von Mann zu Frau oder Frau zu Mann erstreben. Viele benutzen diesen Begriff nicht, weil sie denken, dass er allzu klinisch klingt."[159]

Wenn ich über diese Bewegung und ihre Ideologie im Allgemeinen spreche, werde ich die Begriffe „Transgender" und „Transgenderismus" benutzen, obwohl einige Teile der Bewegung die Begriffe „Trans" oder „Trans*" bevorzugen.

Im Diagnosehandbuch der American Psychological Association ist „Gender-Dysphorie"[160] die entsprechende

---

158 "What's the Difference between Being Transgender or Transsexual and Having an Intersex Condition?" Intersex Society of North America. <http://www.isna.org/faq/transgender> Eine andere häufige gebrauchte Quelle ist "Transgender Issues", GLAAD Media Reference Guide. <http://www.glaad.org/reference/transgender>

159 "Transgender Terminology". In: National Center for Transgender Equality. <http://transequality.org/issues/resources/transgender-terminology>

160 Für Deutschland: ICD-10-GM-Code (Internationale statistische Klassifikation der Krankheiten und verwandter Gesundheitsprobleme) F64.0: Störung der

Kategorie, welche „sich als Sammelbegriff für die affektive und kognitive Unzufriedenheit mit dem zugewiesenen Gender bezieht, aber genauer definiert ist, wenn sie als diagnostische Kategorie benutzt wird" und „sich auf das Leiden bezieht, das mit der Inkongruenz zwischen dem erlebten oder erfahrenen Gender und dem zugewiesenen Gender einhergeht".[161] Dieser Begriff ersetzt „gender identity disorder"[162] aus der vorherigen Ausgabe.

Fachbegriffe werden normalerweise durch das Verständnis der Natur und Ursache eines Zustands geschaffen. Reflektiert Gender-Dysphorie eine bloße Variante bei verschiedenen Menschen oder ist es eine „Störung" im Sinne der Klassifizierung durch die APA: „Eine psychische Störung ist ein Syndrom, das durch eine klinisch signifikante Wahrnehmungsstörung eines Individuums charakterisiert wird oder Verhalten, das eine Störung im psychologischen, biologischen oder Entwicklungsprozess der geistigen Funktionen reflektiert".[163]

Wenn es eine Störung ist, ist ihre Ursache dann in erster Linie körperlich oder psychologisch? Wie ein Forscher es ausdrückte: „Die Ätiologie von transgender oder transsexuellen Identitäten bleibt weiterhin weitgehend unbekannt".[164] Auch wenn es Spekulationen über die biologischen Ursachen für

---

Geschlechtsidentität: „Der Wunsch, als Angehöriger des anderen Geschlechtes zu leben und anerkannt zu werden. Dieser geht meist mit Unbehagen oder dem Gefühl der Nichtzugehörigkeit zum eigenen anatomischen Geschlecht einher. Es besteht der Wunsch nach chirurgischer und hormoneller Behandlung, um den eigenen Körper dem bevorzugten Geschlecht soweit wie möglich anzugleichen."<https://www.icd-code.de/suche/icd/code/F64.-.html?sp=STranssexualismus> (DH)

161 *Diagnostic and Statistical Manual of Mental Disorders*, S. 451.

162 Störung der Gender-Identität. (DH)

163 *Diagnostic and Statistical Manual of Mental Disorders*, S. 20.

164 Walter O. Bockting: "Transgender Identity Development". In: Deborah L. Tolman and Lisa M. Diamond (Ed.): *APA Handbook of Sexuality and Psychology*, S. 743.

Transgenderismus gibt, die sich im Wesentlichen auf pränatale Hormoneffekte auf die Entwicklung des Gehirns konzentrieren, ist der Beweis für „zerebrale Differenzierung, die für das biologische Geschlecht untypisch sind"[165], im besten Falle vage. Außerdem scheint die Forschung das Ausmaß, in dem Gendernormen sozial konstruiert werden und sich von Zeit und Ort unterscheiden, zu ignorieren. Es ist keine Überraschung, dass diese Forschung die Existenz des Patriarchats weder erwähnt noch sich damit ernsthaft auseinandersetzt.[166] Als Antwort auf die Frage „Warum sind manche Menschen transgender?", bestätigt ein APA Informationsblatt, dass es keine schlüssige Theorie gibt:

> „Es gibt keine einheitliche Erklärung dafür, warum manche Menschen transgender sind. Die Diversität von Äußerungen und Erfahrungen von Transgender-Personen sprechen gegen jede einfache oder einheitliche Erklärung. Viele ExpertInnen gehen davon aus, dass biologische Faktoren wie genetische Einflüsse und pränatale Hormonspiegel, frühe Erfahrungen und spätere Erfahrungen in der Adoleszenz oder im Erwachsenenalter alle eine Rolle in der Entwicklung der Transgender-Identität spielen könnten."[167]

Norman Spack, ein Endokrinologe am Boston Children's Hospital, das für seine Behandlungen von Transgender-Kindern bekannt ist, sagt, dass Transgenderismus in die

---

165 Ivanka Savic and Stefan Arver: "Sex Dimorphism of the Brain in Male-to-Female Transsexuals". In: *Cerebral Cortex*, Vol. 21, Nr. 11 (November 2011), S. 2525-2533. <http://cercor.oxfordjournals.org/content/21/11/2525>

166 Zum Beispiel Aruna Saraswat, Jamie D. Weinand, and Joshua D. Safer: "Evidence Supporting the Biologic Nature of Gender Identity". In: *Endocrine Practice*, Vol. 21, Nr. 2 (2015), S. 199-204. <http://www.medscape.com/viewarticle/840538>

167 "Answers to Your Questions About Transgender People, Gender Identity and Gender Expression", American Psychological Association. <http://www.apa.org/topics/lgbt/transgender.aspx>

gleiche Kategorie gehört wie „relativ seltene Krankheiten und Gesundheitsprobleme".[168] Nicht alle Menschen aus der Transgender-Bewegung sind mit dieser medikalisierenden und pathologisierenden Sprache einverstanden, aber jede und jeder, die oder der eine medizinische Behandlung als Reaktion auf das Leiden eines Individuums unterstützt, akzeptiert stillschweigend die Zuschreibung einer Störung, Krankheit oder körperlicher Verfassung für Transgenderismus. Unlängst nannte Spack es eine „Krankheit" und sagte, dass „chirurgische und medizinische Aspekte" der Behandlung von den Versicherungen bezahlt werden sollten. „Erst einmal sollte es nicht als psychische Erkrankung bezeichnet werden. Es sollte als *körperliches Problem* (Betonung RJ) definiert werden, da es dies ist",[169] was für ihn bedeutet, es aus dem Handbuch der APA zu entfernen, wie es mit Homosexualität bereits geschehen ist.

Bei der gemeinsamen Abkürzung „LSBT"[170] und Variationen davon scheint es, als ob Lesben, Schwule und Bisexuelle mit Transgender-Personen gemeinsame Sache machen würden. Es gibt aber grundlegende Unterschiede, die nicht übersehen werden dürfen. Während es gemeinsame Anliegen gibt, wie Diskriminierung und Gewaltandrohungen, behaupten Lesben und Schwule nicht, dass gleichgeschlechtliche Anziehung eine Behandlung erfordert. Nachdem Lesben und Schwule das Label der psychischen Krankheit entschlossen abgelehnt hatten, wollen sie Homosexualität nicht als „körperliches Problem" neu definieren oder überhaupt als Problem: Sie brauchen keine Behandlung, nur das Beenden der Diskriminierung. Während nicht alle Transgender-Personen medizinische Eingriffe wollen

---

168 Norman P. Spack: "Foreword". In: Stephanie Brill und Rachel Pepper (ed.): *The Transgender Child: A Handbook for Families and Professionals*, S. xi.

169 Charlie Rose Show: "The Brain Series: Gender Identity". In: PBS, July 9, 2015.

170 Lesben, Schwule, Bisexuelle, Transgender. Auf Englisch LGBT (DH)

oder sich dafür einsetzen, scheint die Transgender-Bewegung im Allgemeinen diese Möglichkeit als angemessen zu befürworten, zumindest für diejenigen, die sich dafür entscheiden. Wichtig ist auch, dass Heterosexuelle – sogar GegnerInnen der Rechte von Schwulen und Lesben – verstehen, was „gleichgeschlechtliche Anziehung" bedeutet; das Konzept ist verständlich, selbst wenn eine Person diese Anziehung nicht persönlich erlebt oder ihr zustimmt. Aber wenn es um Transgender-Konzepte geht, verstehen viele Menschen den Charakter dieser Ansprüche nicht; selbst einige, die die politischen Vorschläge der Transgender-Bewegung unterstützen, geben zu, dass das Konzept unzureichend erklärt wird.

Grundregeln der Diskussion

Alle, die Vorschläge für öffentliche Richtlinien machen – Gesetze und Regulierungen, mit denen wir unsere Gesellschaften aufbauen – sollten klare Argumente für einen Vorschlag vorlegen, mit Beweisen und Beweisführungen, die für andere nachvollziehbar sind. Wir alle haben persönliche Erfahrungen gemacht, die für unser Verständnis der Welt wichtig sind und zu unseren politischen Standpunkten beitragen. Es ist wichtig, diese Erfahrungen in politische Diskussionen einzubringen. Wenn es Missverständnisse in politischen Diskussionen gibt, vor allem dann, nachdem wir Aspekte unseres eigenen Lebens in die Debatten einbrachten, möchten wir der Person auf der anderen Seite oft sagen: „Warum willst Du das denn nicht verstehen?", frustriert darüber, dass wir nicht verstanden werden. Das kann auf zwei Arten verstanden werden.

Wenn genügend Beweise und handfeste Gründe vorliegen, um eine These aufstellen zu können, und ich mich weigere, auf diese Argumente einzugehen, dann haben sie recht mit der Behauptung, dass ich es nicht verstehen will – vielleicht weil ich mich dafür entscheide, es nicht verstehen zu wollen, weil ich es vermeiden will, zuzugeben, dass das Argument zutrifft. Aber wenn Menschen behaupten, dass ich es nicht verstehe, bevor sie auch nur ein einziges Argument – oder nur ein sehr verwirrendes Argument – vorgebracht haben, dann benutzen sie meine vermeintliche Unfähigkeit, sie zu verstehen, als Vertuschung ihres eigenen Versagens, klare und verständliche Argumente zu präsentieren.

Die Behauptung, „Du teilst die Erfahrung nicht, die ich gemacht habe, und daher wirst du sie nie verstehen können", kann möglicherweise zutreffen. Wir versuchen, uns in andere einzufühlen, aber es gibt Grenzen des Einfühlungsvermögens. Es gibt Erfahrungen, die schwierig, wenn nicht gar unmöglich sind, anderen durch Wörter zu vermitteln. Wenn das der Fall ist, negiert die Unfähigkeit von Menschen, ihre Erfahrungen genau zu erklären, diese Erfahrung nicht. Allerdings scheint mir, dass sie es mit solchen Behauptungen schwer haben, politische Forderungen zu stellen, da diese nur auf ihren subjektiven inneren Erfahrungen basieren. In Diskussionen über politischen Richtlinien und Gesetze müssen Menschen in der Lage sein, die Argumente zu verstehen, die vorgebracht werden, um eine Änderung von Richtlinien oder Gesetzen zu erreichen. Das heißt, nicht nur die eigenen Erfahrungen zu beschreiben, sondern auch eine Analyse anzubieten, die andere verstehen können.

In Diskussionen mit Transgender-Personen oder Transgender-Verbündeten über dieses Thema, wurde mir oft gesagt, dass ich es nicht verstehe oder dass ich den Erfahrungen von Transgender-Leuten nicht sensibel genug gegenüber bin. Aber bisher ist mir noch nie schlüssig erklärt worden, was genau

Transgenderismus ist. Gelegentlich bestätigen Transgender-Personen dieses Problem. So sagte zum Beispiel Transfrau Christine McGinn in einem Interview mit Transfrau Jennifer Finney Boylan: „Man kann die Biologie von Männern und Frauen nicht leugnen. Aber die Gesellschaft versteht es falsch, wenn es um das Nicht-Binäre geht. Es gibt zahlreiche Menschen dazwischen. Es ist ein Rätsel, und ich denke, dass es immer ein Rätsel bleiben wird." Sie fährt fort und sagt: „Ich fordere Menschen auf, zu definieren, was ein Mann und was eine Frau ist", aber beschwert sich dann, dass „viele Feministinnen und Lesben das Transgender-Ding überhaupt nicht verstehen".[171] Transgenderismus als ein Rätsel zu beschreiben, das sich Definitionen entzieht (auch wenn es eine Definition von Männern und Frauen gibt, die auf Reproduktion basiert) und dann zu behaupten, dass einige Menschen daran scheitern, „das Transgender-Ding zu verstehen", ist unaufrichtig; es ist ein Versuch, die eigene Unfähigkeit zu vertuschen, eine schlüssige Erklärung zu liefern.

Um Klartext zu reden: Niemand ist verpflichtet, mir ihre oder seine eigene Geschichte verständlich zu machen; viele menschlichen Erfahrungen sind wirklich rätselhaft, und es ist nicht mein Ziel, Urteile über die Gültigkeit der Erfahrungen von wem auch immer zu fällen. Aber man kann keine Unterstützung für politische Richtlinien oder Gesetze verlangen, die nur auf rätselhaften Behauptungen basieren. Und wenn Menschen, die diese Vorschläge machen, Behauptungen vortragen, die widersprüchlich und unklar sind, haben wir alle das Recht, um eine Klärung zu bitten.

---

171 Zitiert nach Jennifer Finney Boylan: *Stuck in the Middle with You: A Memoir of Parenting in Three Genders*. S. 225-226.

Denjenigen, die die Transgender-Ideologie hinterfragen, wird häufig vorgeworfen, die Erfahrungen von Transgender-Personen zu ignorieren oder transphobisch zu sein.[172] Aber die Feministinnen, die ich als Verbündete ansehe, behaupten nicht, dass die Erfahrungen der Transgender-Personen in Bezug auf Gendernormen nicht real sind, sondern sie wollen einen anderen Weg aufzeigen, um diese Erfahrungen zu untersuchen. Eine gutgemeinte alternative Erklärung anzubieten für ein politisches oder psychologisches Problem, bedeutet nicht, dieser Person keinen Glauben zu schenken. Wenn ein/e FabrikarbeiterIn darauf besteht, dass eine Gewerkschaft schlecht für die ArbeiterInnen ist, zögern deren Mitglieder nicht, die Interpretationen dieser Person bezüglich der Beziehungen zwischen ArbeiterInnen, ManagerInnen und BesitzerInnen infrage zu stellen. Ein solches Argument ignoriert die Erfahrungen der ArbeiterInnen nicht und wertet sie auch nicht als Personen ab, sondern sagt nur: „Man kann es auch anders sehen." Wenn wir die Selbstwahrnehmung von Magersüchtigen in Frage stellen, die glauben, dass sie abnehmen müssen, behaupten wir nicht, dass sie nicht das Gefühl haben, zu viel zu wiegen, sondern bieten eine andere Erklärung an, um das Bild, das sie von sich selber haben, zu analysieren.

Meine feministische Politik basiert auf einer Ablehnung der rigiden, unterdrückerischen und reaktionären Gendernormen des Patriarchats und daher verstehe ich nicht, in welchem Sinn der Ausdruck „Transphobie" meinen Standpunkt beschreiben soll. Wenn der Begriff bedeutet, dass ich vor Menschen, die sich als Transgender identifizieren, Angst habe oder sie hasse, kann ich nur sagen, dass ich weder Angst vor ihnen habe noch

---

172 "Smash the Cistem: A Note on Bob Jensen", MonkeyWrench Books. <https://us7.campaign-archive.com/?u=6cd8e997251fc0b0a88b19ea2&id =a48679cee3&e=1ca6c3321c>

irgendeine Transgender-Person hasse, der ich je begegnet bin. Wenn der Begriff generell Feindschaft gegenüber Menschen, die sich als Transgender identifizieren, suggeriert, glaube ich nicht, dass eine alternative Erklärung anzubieten, ein feindseliger Akt ist.

Es sollte selbstverständlich sein – aber ich sage es trotzdem noch einmal –, dass es keine Rechtfertigung dafür gibt, die Würde von Transgender-Personen infrage zu stellen oder sie zu diskriminieren. Gewalt gegen Transgender-Personen ist unakzeptabel. Gesetze und gute Sitten sollten Menschen beschützen, vor allem diejenigen, die besonders verletzlich sind.

Um es noch einmal zu wiederholen: Ich akzeptiere, dass Transgender-Personen existieren. Dass „Menschen, deren Gender-Identität, Ausdruck oder Verhalten sich von dem unterscheidet, was normalerweise mit ihrem bei der Geburt zugewiesenen biologischen Geschlecht assoziiert wird"[173] existieren. Die Diskussion dreht sich darum, wie diese Erfahrungen am besten verstanden werden können. Transgender-Personen können als Individuen entscheiden, ob sie mit anderen über diese Frage sprechen möchten oder nicht – alle Menschen haben das Recht zu entscheiden, wie und wann sie Persönliches mit anderen besprechen möchten. Aber wenn sie Teil einer Bewegung sind, die sich für Veränderungen von Gesetzen und Richtlinien einsetzt, haben Transgender-Personen die Verpflichtung, ihre Position verständlich darzustellen und ehrlich gemeinte Fragen zu beantworten.

Forderungen von Transgender-Personen haben zu einer Vielfalt von politischen Diskussionen geführt, besonders was die Regeln für separate Frauenräume betrifft, die dazu da

---

173 "Transgender Terminology", National Center for Transgender Equality. <http://transequality.org/issues/resources/transgender-terminology>

sind, Frauen ein Gefühl von Sicherheit zu vermitteln. Separate Frauenräume sind wichtige Orte für freien Meinungsaustausch wie auch Kulturveranstaltungen. Eine der bekanntesten in den Vereinigten Staaten war das jährliche Womyn's Music Festival in Michigan, das 2015 seine Türen schloss, weil Transgender-AktivistInnen das Festival mit Protesten und Drohungen gefährdeten.[174] Separate Frauenräume bieten auch Sicherheit für Frauen, die Opfer von Männergewalt sind (wie Frauennotrufe und Frauenhäuser). In einem etablierten Frauenhaus in Vancouver (Kanada) forderten Transfrauen (d. h. biologische Männer), dass sie angestellt werden sollten, um weibliche Vergewaltigungsopfer zu beraten, was die Parteien vor Gericht führte.[175] Staatliche Finanzierungen für geschlechtsangleichende Operationen, wie von Medicare in den Vereinigten Staaten, die den Ausschluss des Versicherungsschutzes für diese Behandlungen 2014 beendet hat, und die obligatorische Deckung der Versicherungspflicht für solche Behandlungen sind weitere Beispiele für Gesetzesänderungen die Transgender-AktivistInnen durchgesetzt haben. Die Gesetze bleiben je nach Staat verschieden, aber der bundesstaatliche Affordable Care Act[176] verbietet die Verweigerung der Übernahme der Kosten von Operationen und anderen Behandlungen,

---

174 Trudy Ring: "This Year's Michigan Womyn's Music Festival Will Be the Last". In: Advocate.com, 21. April 2015. <http://www.advocate.com/michfest/2015/04/21/years-michigan-womyns-music-festival-will-be-last>

175 Vancouver Rape Relief Society v. Nixon et al., British Columbia Supreme Court, 2003. <http://www.rapereliefshelter.bc.ca/learn/resources/chronology-events-kimberly-nixon-vs-vancouver-rape-relief-society>

176 Der Patient Protection and Affordable Care Act (PPACA) ist ein Bundesgesetz in den USA, das 2010 von der Regierung Obamas verabschiedet wurde (daher häufig „Obamacare" genannt); darin wird unter anderem der Zugang zu Krankenversicherung geregelt. (DH)

die mit Transgenderismus zu tun haben.[177] Diese neuen Regulierungen beinhalten schwerwiegende Entscheidungen im Bereich der öffentlichen Gesundheitspolitik zum Konzept der „medizinischen „Notwendigkeit", das nicht mit grob vereinfachenden Argumenten wie „Wahlfreiheit" – was ich will, soll ich haben können – zu lösen ist. Behandlungen, die Kinder betreffen, und die aus medizinischen Gründen bedenklich sind, wie die Benutzung von Pubertätsblockern, die die natürliche Entwicklung der Kinder verhindern,[178] werfen ernste moralische Fragen über unsere kollektiven Verpflichtungen für das Wohl von Kindern auf.

Ich habe nicht vor, diese Gesetz- und Regulierungsfragen im Detail zu besprechen. Stattdessen werde ich grundlegendere Fragen zur Ideologie des Transgenderismus stellen. Meine Analyse wird sich auf biologische, kulturelle und ökologische Rahmenvorschriften konzentrieren. Ich habe eine Frage, stelle eine Herausforderung und beende das Kapitel mit einem Anliegen an uns alle.

---

177 Abby Goodnough and Margot Sanger-Katz: "Health Care Rules Proposed to Shield Transgender Patients from Bias". In: *New York Times*, 3. September 2015. <http://www.nytimes.com/2015/09/04/us/health-care-rules-proposed-to-shield-transgender-patients-from-bias.html?_r=1>; und U.S. Department of Health & Human Services: "HHS finalizes rule to improve health equity under the Affordable Care Act", 13. Mai 2016. <http://www.hhs.gov/about/news/2016/05/13/hhs-finalizes-rule-to-improve-health-equity-under-affordable-care-act.html>

178 Francine Russo: "Transgender Kids". In: *Scientific American Mind*, Januar/Februar 2016, S. 26-35; Priyanka Boghani: "When Transgender Kids Transition, Medical Risks are Both Known and Unknown". In: PBS Frontline, 30. Juni 2015. <http://www.pbs.org/wgbh/frontline/article/when-transgender-kids-transition-medical-risks-are-both-known-and-unknown/>; Jake Thomas: "Delaying Puberty with the Help of the State". In: *The Atlantic*, 22. Oktober 2014. <http://www.theatlantic.com/health/archive/2014/10/delaying-puberty-with-the-help-of-the-state/381366/>

Eine Frage: Biologie von Mann und Frau

Wenn man die biologischen Geschlechtsunterschiede ernst nimmt (Mann und Frau), dann sind die Forderungen von Transgender-Personen unklar. Die Verwirrung beginnt mit der Formulierung „ihrer bei der Geburt *zugeordneten* Geschlechtszugehörigkeit" bei der Definition einer Transgender-Person. Diese Formulierung ist für intersexuelle Menschen relevant, deren biologisches Geschlecht nicht eindeutig ist, und die deshalb von Ärzten oder Ärztinnen dem männlichen oder weiblichen Geschlecht zugeordnet werden. „Zugeordnet" impliziert eine aktive Entscheidung, aber der großen Mehrheit der Menschen wird keine Geschlechtszugehörigkeit durch eine menschliche Entscheidung zugeordnet: Sie gehören ganz einfach zu einer biologischen Geschlechterkategorie: Junge oder Mädchen, Mann oder Frau, abhängig von ihren Geschlechtschromosomen XY oder XX, die ihnen damit eine potentiellen Rolle in der Fortpflanzung ermöglichen. Es stimmt, dass nach der Geburt eine bestimmte Person ihr Geschlecht für die Geburtsurkunde aufschreibt, aber in der Mehrheit der Fälle hat diese „Zuordnung" von Junge/Mann oder Mädchen/Frau eine biologische Grundlage, kann eindeutig erkannt werden, und ist nicht umstritten.

Wenn also eine Person sagt: „Ich wurde als Mann geboren, aber eigentlich bin ich eine Frau", verstehe ich nicht, was das im Kontext von Biologie bedeutet. Auch wenn nicht alle Transgender-Personen ihre Erfahrungen als „im falschen Körper gestrandet"[179] bezeichnen, wie Jennifer Finney Boylan

---

179 Jennifer Finney Boylan: "Op-Ed: Trans Community Can Change Minds by Changing Discourse". In: *Los Angeles Times*, 15. August 2014. <http://www.latimes.com/opinion/op-ed/la-oe-adv-boylan-transgender-language-20140817-story.html>

es ausdrückte, verstehe ich das Konzept nicht, egal, welche Metapher benutzt wird. In ihrem Essay behauptet Boylan: „Die Tatsache, dass viele nicht-trans Menschen nie Gender-Dysphorie erlebt haben, wird als Beweis dafür angeführt, dass sie nicht existiert, genauso wie früher Heterosexuelle die Existenz homosexueller Menschen verneinten, weil sie selbst nie gleichgeschlechtliches Begehren erlebt hatten".[180]

Vielleicht stimmt diese Behauptung für andere, aber auf mich trifft sie nicht zu. Als Kind habe ich mit Gendernormen und Sexualität gekämpft. Ich war klein und feminin, einer dieser Jungen, die deutlich nicht in der Lage sein würden, „ein Mann zu sein", wie es das Patriarchat definiert. Meine sexuelle Orientierung war auch unklar. Ich bemühte mich, zu verstehen, warum ich mich sowohl von Männern wie auch Frauen angezogen fühlte, etwas, das in den 1970er Jahren, dort wo ich aufwuchs, nicht offen besprochen werden konnte. Zudem hatte ich traumatische Erfahrungen in meinem frühen Leben, die nicht nur mein Selbstverständnis verkomplizierten, sondern auch dazu führten, dass ich mich oft Menschen verbunden fühle, die nicht in die akzeptierten Kategorien der Dominanzkultur passen. Obwohl meine Erfahrungen keine „Gender-Dysphorie" war, wie ich diese diagnostische Kategorie verstehe, fällt es mir nicht schwer, die Erfahrungen von Transgender-Personen zu verstehen. Es ist das erklärende Rahmenkonzept, das mich verwirrt.

Ich komme auf diese grundlegende Frage zurück: Wenn Junge/Mann und Mädchen/Frau definierbare biologische Kategorien sind, was bedeutet es für eine Person, die eindeutig als Junge (nicht intersexuell) geboren wurde, zu sagen: „Ich bin eine Frau" oder für eine andere Person, die eindeutig als

---

180 Ebendort.

Mädchen geboren wurde, zu sagen: „Ich bin ein Mann"? Es ist möglich, dass wissenschaftliche Erhebungen in der Zukunft zu einer Theorie führen, die diese Behauptungen erklären kann, aber heutzutage existiert keine solche Theorie, und ich finde es schwierig, mir vorzustellen, wie so eine Theorie aussehen könnte. Kann jemand biologisch männliche Merkmale in allen Körperteilen haben, aber ein weibliches Gehirn? Das würde heißen, dass die Unterschiede zwischen den Gehirnen von Männern und Frauen signifikant genug sein müssten, um eine solche Behauptung zu rechtfertigen. Das wird jedoch weder durch Erfahrung noch durch Beweise unterstützt: „Menschliche Gehirne können, anders als Genitalien, nicht einem Geschlecht zugeordnet werden. Das bedeutet, dass sie von ForscherInnen, die das Geschlecht, von denen die Gehirne stammen, nicht kennen, nicht zuverlässig in „Männer-Typen" und „Frauen-Typen" eingeordnet werden können".[181] Ein bekannter Neurowissenschaftler weist darauf hin, dass die Unterschiede klein und variabel sind: „Etwas über einen Teil eines bestimmten Gebietes eines Gehirns von jemandem zu wissen, erlaubt keine genaue Prognose über das Geschlecht dieser Person".[182] Bestenfalls sind die Behauptungen über diese Unterschiede höchst spekulativ[183] und erklären Transgender-Identität nicht schlüssig.

---

181 Rebecca Jordan-Young: *Brain Storm: The Flaws in the Science of Sex Differences*, S. 49. Siehe auch Rebecca Jordan-Young and Raffaella I. Rumiati: "Hardwired for Sexism? Approaches to Sex/Gender". In: *Neuroethics*, Vol. 5 (2012), S. 305–315.

182 Robert M. Sapolsky: "Caught Between Male and Female". In: *Wall Street Journal*, 6. Dezember 2013. <http://www.wsj.com/articles/SB10001424052702304854804 579234030532617704>

183 Cordelia Fine: *Die Geschlechterlüge. Die Macht der Vorurteile über Mann und Frau*. Siehe auch Cordelia Fine: „His brain, her brain?" In: *Science*, Vol. 346 (2014), S. 915-916.

Falls es eine Essenz von Mann- und Frau-Sein geben sollte, die nicht materiell ist, sondern im geistigen Bereich, dann reden wir allgemein formuliert über Theologie. Menschen haben das Recht, spirituelle Behauptungen aufzustellen, aber die scheinen nur anziehend für diejenigen zu sein, die eine ähnliche Theologie teilen. Wenn also jemand behauptet, einen Männer-Körper, aber eine Frauen-Seele zu haben, verstehe ich, wie diese Begriffe benutzt werden, aber ich finde eine Behauptung über eine nicht-materielle Seele nicht einleuchtend – sei sie auf ein biologisches Geschlecht oder Gender bezogen.

Wenn auch niemand behauptet, dass Bruce/Caitlyn Jenner die Sprecherin der Transgender-Bewegung ist, hält dieser Kommentar in Jenners Interview mit ABC News diese beiden Erklärungen fest: „Mein Gehirn ist viel weiblicher als männlicher. Es ist schwierig für Menschen, das zu verstehen, aber so ist meine Seele."[184] Ob sie nun von einer Berühmtheit, AktivistIn oder WissenschaftlerIn gesagt werden, diese Art von Behauptungen – über das materielle Gehirn und die nicht-materielle Seele – sind schwer zu verstehen.

Diese Fragen können nicht beantwortet werden, indem sie einfach verworfen werden. Als die Obama-Regierung eine Gesetzesänderung zur Benutzung von Toiletten in Schulen ankündigte, erklärte Loretta Lynch, die Justizministerin der Vereinigten Staaten, dass das Garantieren der Forderung von Transpersonen über Zugang zu den Toilettenräumen, der Beendigung der „Nur für Weiße"-Einrichtungen während des Kampfes gegen die amerikanische Apartheid entsprechen würde:

> „Es ist noch nicht so lange her, dass es in Staaten, einschließlich North Carolina, Schilder über den Toiletten, Wasserfontänen

---

184 "Bruce Jenner: The Interview". In: ABC News, 24. April 2015.

und öffentlichen Unterkünften gab, die Menschen aufgrund *eines Unterschieds ohne Grundlage* nicht hereingelassen haben (Betonung RJ). Wir haben diese dunklen Tage hinter uns gelassen, aber nicht ohne Schmerz und Leiden und einem ständigen Kampf, um weiter voran zu kommen."[185]

Ethnische Kategorien können tatsächlich als „Unterschiede ohne Grundlage" bezeichnet werden – wir können die verschiedenen Hautfarben zwar sehen, wissen aber, dass die Farbe auf keinen Unterschied zwischen Menschen hinweist, – es ist nur die Politik der weißen Vormachtstellung, die auf solchen Unterschieden beharrt. Aber die Unterschiede zwischen Mann und Frau in Sachen Reproduktion sind wichtig für die Gattung, und können daher nicht rhetorisch weggewunken werden.

Eine andere beunruhigende Frage über den Körper bleibt: Wenn behauptet wird, dass die Erklärung für Gender-Dysphorie in der Wissenschaft oder Spiritualität gefunden werden kann, bleibt unklar, wie hormonelle und chirurgische Eingriffe in den Körper einer Person eine biologische Geschlechts-Kategorie in eine andere umwandeln können. Wie sollen Manipulationen von Hormonen oder Genitalien zu dieser Umwandlung führen können? Solche medizinischen Verfahren haben für einige Transgender-Personen tatsächlich zu positiven Ergebnissen geführt. Diese Ergebnisse bieten aber keine schlüssige Erklärung des medizinischen Vorgangs. Das führt zu verwirrenden Behauptungen von vielen, die die Transgender-Bewegung unterstützen. In einem Artikel auf einer namhaften liberalen Website, beschreibt eine Autorin intersexuelle Personen,

---

185 Loretta E. Lynch: "Remarks at Press Conference Announcing Complaint Against the State of North Carolina to Stop Discrimination Against Transgender Individuals". Washington, DC, 9. Mai 2016. <https://www.justice.gov/opa/speech/attorney-general-loretta-e-lynch-delivers-remarks-press-conference-announcing-complaint>

beanstandet dann aber jegliche Kritik an der *Trans-Ideologie* als engstirnigen Moralismus:

> „Manche Frauen werden mit einem Penis geboren und manche Männer werden mit einer Vagina geboren. Manche Menschen werden sogar mit beiden geboren oder mit zweideutigen Genitalien. So funktioniert Biologie nun einmal. Es ist einfach menschlich. Es mag nicht die Mehrheit sein, aber es ist nicht falsch oder schlechter als linkhändig zu sein oder grüne Augen zu haben."[186]

Diese Art konfuser Behauptungen, die komplexe Fragestellungen ignorieren, bringen uns in unserem Verständnis nicht weiter. Ich stelle meine Fragen nicht, um die Transgender-Gemeinschaft anzugreifen, sondern weil ich ihre Behauptungen nicht verstehe, sie aber gerne verstehen möchte. Unser gegenwärtiges Verständnis – biologisch und philosophisch – bringt uns zu keiner offensichtlichen Antwort.

Eine Herausforderung: Politik von Mann und Frau

Noch eine Frage zur Biologie: Wenn es beim Transgenderismus darum geht, dass ein Mann eigentlich eine Frau ist und umgekehrt, sollte dann die diagnostische Kategorie nicht „Dysphorie des biologischen Geschlechts" heißen und nicht „Gender-Dysphorie"? Eine Behauptung über Mann oder Frau als biologische Geschlechter suggeriert, dass solche Menschen sich nicht nur mit den Gendernormen, die sie erfüllen sollen,

---

186 Karen Dolan: "Caitlyn Jenner Isn't 'Posing' as a Woman—She Is a Woman". In: Alternet, 1. Juni 2015. <http://www.alternet.org/gender/yes-females-can-have-penises-and-males-can-have-vaginas-get-over-it>

unwohl fühlen, sondern dass ein Kern dieser Person(en) nicht synchron ist mit einigen Aspekten des eigenen Körpers. Nochmals, falls dies die Behauptung ist – dass es ein Set von grundlegenden männlichen und weiblichen biologischen Merkmalen gibt, die zu einer falschen Einordnung des biologischen Geschlechts einer Person führen können – dann geht es nicht darum, dass ich dem widerspreche, sondern dass ich es nicht verstehe. Für mich hört sich das nicht wie „zwei plus zwei ist fünf" an, sondern eher wie „zwei und zwei ist Paris". Nach meinem Verständnis von Mathematik und Geographie ist das erste falsch und das zweite weder richtig noch falsch, sondern sinnlos.

Wenn „Gender-Dysphorie" mit dem Unwohlsein über die patriarchalen Gendernormen zu tun hat, die Menschen aufgedrängt werden, ist dies eine Behauptung, die ich leicht nachvollziehen kann, nicht nur aufgrund der Forschung und den Aussagen von anderen, sondern aufgrund meiner eigenen Erfahrungen. Bei Transgenderismus handelt es sich in diesem Sinne um die Erfahrungen von Menschen, die nicht in Übereinstimmung mit den Gendernormen unsere Kultur sind. Und da Gender sozial konstruiert ist, ist der Kern des Transgenderismus auch eine Aussage über die Unzufriedenheit mit einer bestimmten sozialen Konstruktion von Gender in einer bestimmten Kultur zu einem bestimmten Zeitpunkt der Geschichte. Da die soziale Konstruktion jeglicher Normen von der Machtverteilung in einer Gesellschaft beeinflusst wird, legt dies nahe, dass die Infragestellung der sozialen Konstruktion politischen Kampf beinhaltet.

Die soziale Konstruktion von Gender in den heutigen Vereinigten Staaten findet in einer patriarchalen Gesellschaft statt, die zu rigiden, repressiven und reaktionären Gendernormen führt. Wie ich in dem Kapitel über biologisches Geschlecht und Gender aufgezeigt habe, glaube ich, dass aufgrund der zentralen Bedeutung von Reproduktion im Leben jeglichen Organismus, die Differenzierung einiger Gender-Rollen aufgrund der Differenzierung der biologischen Geschlechter-Rollen unvermeidlich ist. Aber es gibt keine „natürlichen" Gender-Rollen. Menschen geben den biologischen Unterschieden zwischen Männern und Frauen (z. B. Stillen eines Säuglings nach der Geburt) eine Bedeutung und erzählen Geschichten, warum Männer und Frauen verschieden sind – wir erfinden die sozialen Kategorien männlich und weiblich – und diese Kategorien unterscheiden sich in verschiedenen Kulturen. Ich glaube, dass Gendernormen in anständigen, stabilen menschlichen Gemeinschaften, die das Patriarchat überwunden haben, minimal sein würden, d. h. flexibel genug, um sich an individuelle Variationen anpassen zu können. Mit diesem Standpunkt will ich deutlich machen, wie wenig wir über die verschiedenen intellektuellen, emotionalen und moralischen Unterschiede wissen, die sich aus den biologischen Unterschieden ergeben könnten.

Daher meine Herausforderung an die Transgender-Bewegung: Akzeptiert den langjährigen Widerstand des radikalen Feminismus gegen das Patriarchat. Ein zentraler Bestandteil der zweiten Welle der radikalfeministischen Bewegung, war die Ablehnung patriarchaler Gendernormen, vor allem der Forderung, dass Frauen sich als ständig attraktiv für Männer präsentieren und ihnen sexuell zu Diensten stehen sollen – so wie die Männer das befehlen. Für Frauen sind die Vorteile der Abschaffung dieser Normen offensichtlich. Aber auch für Männer, die in vielen Hinsichten vom Patriarchat profitieren, ist die Ablehnung von Gendernormen äußerst wichtig, wenn wir anständige Menschen sein wollen. Patriarchale Normen setzen Männer unter Druck, sich von allem fern zu halten, was mit Frauen assoziiert wird, wie Rücksicht auf andere zu nehmen und emotionale Verletzlichkeit. Auch wenn die Kosten der patriarchalen Gendernormen sich nicht gleichmäßig auf Frauen und Männer verteilen, so ist jedes System, das die Fähigkeit von Menschen unterdrückt, ihre volle Menschlichkeit zu erforschen, unvereinbar mit individuellem und gesellschaftlichem Wohlergehen.

Die Transgender-Bewegung könnte die Auffassung von radikalen Feministinnen mit Begeisterung befürworten, dass Gender im Patriarchat – in dieser Gesellschaft in diesem Moment der Geschichte – ein System ist, dass Ungleichheit begründet und die institutionelle männliche Vorherrschaft verstärkt. Um diesen patriarchalen Normen zu widerstehen, braucht niemand seine oder ihre Geschlechterkategorie zu ändern, sondern kann sich durch einzelne oder kollektive Maßnahmen weigern, die Gender-Rollen-Beschränkungen zu akzeptieren, und sich, wo immer dies möglich ist, mit einer Bewegung zu identifizieren, um das Patriarchat zu beenden.

Ironischerweise helfen Männer, die die Identität einer Frau für sich beanspruchen oder vice versa,[187] die Rigidität der Gendernormen zu verstärken, indem sie suggerieren, dass man von einer Kategorie in die andere wechseln müsse, um mit dem Unbehagen, für das diese Gendernormen sorgen, zurechtzukommen. Ein solches Vorgehen stellt das Patriarchat nicht in Frage, sondern unterstützt die patriarchale Ideologie.

Die radikalfeministische Perspektive ist nicht neu; Feministinnen haben eine ähnliche Analyse seit Jahrzehnten

---

187 Nicht alle Menschen, die sich als Transgender identifizieren, stellen diese Behauptung auf. Siehe Michelle Goldberg: "The Trans Women Who Say that Trans Women Aren't Women: Meet the Apostates of the Trans Rights Movement". In: *Slate*, 9. Dezember 2015. <http://www.slate.com/articles/double_x/doublex/2015/12/gender_critical_trans_women_the_apostates_of_the_trans_rights_movement.single.html>

angeboten. Die Psychologin Sandra Lipsitz Bem schrieb zum Beispiel in den 1990er Jahren, dass Transsexualismus (der damals geläufigere Begriff)

> „ … sehr viel eher als soziale Symptomatik denn als individuelle Symptomatik begriffen werden sollte. (…) die Unterseite des gleichen Prozesses der Gender-Polarisierung, die auch völlig konventionelle Männer und Frauen produziert. In einer weniger gender-polarisierenden Kultur würde es nicht wichtig sein, wenn die Persönlichkeit eines Individuums und ihr/sein Verhalten kein kohärentes Gender-Packet wäre, das mit ihrem oder seinem biologischen Geschlecht übereinstimmt. Außerdem würde überhaupt viel weniger etwas als ›männlich‹ oder ›weiblich‹ definiert werden, so dass das biologische Geschlecht einer Person ihn/sie nicht so dramatisch in ihrem Sein beschränken würde. Daher würden Menschen viel weniger Veranlassung haben, so verzweifelt unglücklich über das biologische Geschlecht zu sein, mit dem sie geboren wurden."[188]

Eine andere aktuelle Reaktion auf die Unzufriedenheit mit Gendernormen, die manchmal in Diskussionen der Transgender-Bewegung benutzt wird, ist die Weigerung, als Frau/ Mann oder lesbisch/schwul kategorisiert zu werden, und sich als „genderqueer" zu bezeichnen:

> „Eine Person, deren Gender-Identität weder Mann noch Frau ist, die zwischen oder über den Geschlechtern steht oder eine Kombination von Geschlechtern ist. Diese Identität bezieht sich normalerweise auf die soziale Konstruktion von Gender, Gender-Stereotypen und dem binären Gender-System oder ist eine

---

188 Sandra Lipsitz Bem: *The Lenses of Gender: Transforming the Debate on Sexual Inequality*, S. 111.

Reaktion darauf. Manche genderqueeren Menschen identifizieren sich mit dem Sammelbegriff Transgender, andere nicht."[189]

Verwandte Begriffe sind „nichtbinär", „gender variant", „genderfluid" und „gender nonconforming", die alle eine Ablehnung der natürlichen und unabänderlichen Gendernormen signalisieren. Es kann schwierig sein, mit der Terminologie auf dem neuesten Stand zu bleiben (auf der Website Nonbinary.org gibt es für ʻmultigenderʼ mehr als 25 Beiträge[190]) oder überhaupt die Rhetorik zu verstehen. So behauptet ein/e „multigender" AutorIn, dass es „mindestens so viele Gender gibt, wie Menschen, die je gelebt haben",[191] was nahelegt, dass sie meint „Gender" sei ganz allgemein als Begriff für eine individuelle menschliche Person zu benutzen.

Um es noch einmal zu sagen: Der radikale Feminismus hat Menschen seit Langem dazu angespornt, sich den rigiden, repressiven und reaktionären Gendernormen im Patriarchat zu widersetzen und zu erkennen, dass diese Normen aus einem

---

189 "Definition of Terms", Gender Equity Resource Center. <http://geneq.berkeley. edu/lgbt_resources_definiton_of_terms#gender_queer> In Deutschland: „Genderqueer ist ein Überbegriff für Menschen, die nicht in die Norm der Geschlechterbinarität passen. Es kann aber auch eine Geschlechtsidentität für Menschen sein, die sich sowohl als Frau und Mann (gleichzeitig oder abwechselnd) oder weder als Frau noch als Mann identifizieren. Es gibt also keine absolute Abgrenzung zum Begriff „genderfluid" oder zum Begriff ʻnichtbinärʼ." Zitiert nach: Queer Lexikon, <https://queer-lexikon.net/2017/06/15/genderqueer/> (DH)

190 <http://nonbinary.org/wiki/Multigender>. Im deutschsprachigen Queer Lexikon gibt es hingegen nur eine Beschreibung: „Multigender / Polygender: Multigender oder Polygender bedeutet, dass eine Person mehr als eine Geschlechtsidentität hat. Die Geschlechtsidentitäten können gleichzeitig oder abwechselnd auftreten." Zitiert nach: Queer Lexikon, <https://queer-lexikon.net/?s=Multigender> (DH)

191 Jenny Crofton: "What It Means to Be MultiGender: The Questions Many Have, but Are Afraid to Ask". In: *The Body Is Not An Apology Magazine*, 5. August 2016. <http://thebodyisnotanapology.com/magazine/what-it-means-to-be-multigender-the-questions-many-have-but-are-afraid-to-ask/>

dominanten Macht-System entstehen, das bekämpft werden kann. Jegliche genderqueere oder ähnliche Gruppe, die einen feministischen Kampf gegen das Patriarchat nicht in den Vordergrund stellt, wird ihre eigene politische Strategie zur Beendung der Gewalt und Diskriminierung, die das Patriarchat produziert, darlegen müssen.

Ein Anliegen: Ökologische Grenzen

Um einen einfachen, aber wichtigen Punkt zu wiederholen: Wenn ich versuche, die Welt zu verstehen, beginne ich mit der Erkenntnis, dass Menschen Organismen sind, die in einem Ökosystem leben, das Teil einer größeren lebenden Welt ist, die wir die Ökosphäre nennen. Auch wenn die menschlichen kognitiven und linguistischen Fähigkeiten beeindruckend sind (zumindest für uns, nach unseren Maßstäben), übertrifft die Komplexität der Welt unsere Fähigkeit, sie zu verstehen, bei weitem. Die Kapazitäten, über die wir heute verfügen, erlauben uns nicht, die biophysischen Grenzen der Ökosphäre zu überschreiten.

Eine ökosphärische Weltanschauung geht davon aus, dass wir komplexe Lebewesen sind, die in einer höchst komplexen Welt existieren und dass es Grenzen dafür gibt, was wir über die Welt wissen, als auch wie wir versuchen sollten, mit dieser Welt umzugehen. Die moderne industrielle Weltanschauung – abhängig von konzentrierten Energiequellen, um neue Technologien zu ermöglichen – ignoriert die ökologischen Realitäten und feiert expansive Manipulationen. Wir haben bereits auf eine Art in die lebenden Systeme des Planeten eingegriffen – vor allem während der Epoche der fossilen Brennstoffnutzung – die sich als enorm destruktiv herausgestellt hat. Anstatt vorsichtig vorzugehen, mit einer Bescheidenheit, die unseren Grenzen angemessen ist, sind Menschen rücksichtslos und arrogant gewesen und haben deshalb die Grenzen für Lebewesen und lebendige Systeme nicht verstanden.[192]

Dieses tiefere ökologische Bewusstsein sollte uns misstrauisch gegenüber „technologischem Fundamentalismus"[193] werden lassen, der Überzeugung, dass der Einsatz von neuen, zunehmend komplexen, energieintensiven Technologien immer eine gute Sache ist, und dass alle unbeabsichtigten Konsequenzen solcher Technologien, die zu neuen Problemen führen, letztendlich durch noch mehr Technologie gelöst werden können. Von denjenigen, die solche Erklärungen in Frage stellen, wird oft gesagt, dass sie „technikfeindlich" sind, was ein sinnloser Ausdruck ist. Alle Menschen benutzen irgendeine Art von Technologie, von Steinwerkzeugen bis hin zu Computern. Eine anti-fundamentalistische Einstellung ist nicht, dass alle Technik schlecht ist, sondern dass die Einführung neuer Technologien bezüglich ihrer Auswirkungen – vorhersagbare und nicht vorhersagbare – auf menschliche Gemeinschaften und die nicht-menschliche Welt sorgfältig ausgewertet werden müssen. Dabei sollten die Grenzen unseres Wissens beachtet werden. Ein Konzept für dieses Anliegen ist das „Vorsorgeprinzip"[194], ein Argument für Vorsicht bei der Einführung von neuen Produkten oder Verfahren, von denen die Konsequenzen umstritten oder unbekannt sind.

---

192 Ted Mosquin and Stan Rowe: "A Manifesto for Earth". In: *Biodiversity*, Vol. 5, Nr. 1 (2004), S. 3-9. <http://www.ecospherics.net/pages/EarthManifesto.pdf>

193 David W. Orr: "Technological Fundamentalism". In: *Conservation Biology*, Vol. 8, Nr. 2 (Juni 1994), S. 335-337.

194 "Precautionary Principle". In: Science and Environmental Health Network. <http://www.sehn.org/>

Technologischer Fundamentalismus vertritt die Meinung, dass Leben eine Art Bauprojekt ist, egal ob es sich auf das Ökosystem des Planeten bezieht oder auf Systeme, die den menschlichen Organismus ausmachen. Im Mittelpunkt einer ökologischen und lebenszentrierten Forschung über die Existenz von Menschen auf unserem Planeten stehen Respekt vor der Unversehrtheit des Körpers und die Erkenntnis, dass unsere Körper den gleichen Gesetzen der Physik und Chemie unterliegen wie die Ökosphäre. Daraus folgt, dass technologische Eingriffe in unsere Körper mit der gleichen Vorsicht durchgeführt werden sollten, wie unsere Eingriffe in die Ökosphäre.

Schönheitsoperationen sind ein gutes Beispiel um die Trennung von Kultur und der größeren Lebenswelt aufzuzeigen. Alle Lebewesen sterben natürlich letztendlich, und das menschliche Aussehen verändert sich, während wir älter werden. Dennoch suchen viele Menschen unserer reichen westlichen Gesellschaft eine technische Lösung, um das Altern zu verhindern oder ihr Aussehen aus anderen nicht-medizinischen Gründen zu verändern. 2014 gaben AmerikanerInnen mehr als 12 Milliarden US-Dollar für kosmetische Behandlungen (chirurgische und nicht-chirurgische) aus, von denen 90 % an Frauen vorgenommen wurden. Die zwei am häufigsten angewandten Behandlungen sind Fettabsaugung und Brustvergrößerung.[195] Das führt zu wichtigen Fragen.

Fettabsaugung oder Liposuktion, „verschlankt bestimmte Körperteile und formt sie um, indem überschüssige Fettansammlungen entfernt werden, ihre Körperkonturen und -proportionen verbessert werden, und letztendlich ihr

---

195 "Cosmetic Surgery National Data Bank Statistics", American Society for Aesthetic Plastic Surgery. <http://www.surgery.org/sites/default/files/2014-Stats.pdf>

Selbstbild verbessert wird." Brustvergrößerung „ist die chirurgische Einsetzung eines Brustimplantat (Mamma-Augmentation) um Brüste grösser, symmetrischer und voller erscheinen zu lassen nach einer Schwangerschaft oder Gewichts-Reduktion".[196] Auch wenn einige Menschen, die sich Fett absaugen lassen, übergewichtig sind, ist Liposuktion keine Behandlung von Fettleibigkeit, und Brustvergrößerungen haben selten etwas mit körperlicher Gesundheit zu tun. Für diese Behandlungen entscheiden sich normalerweise Menschen, die danach streben, ihr Aussehen den sozialen Normen anzupassen.

Die Gendermuster dieser Operationen sind klar. Obwohl Feministinnen zu diesem Thema nicht alle einer Meinung sind[197], haben einige Autorinnen Gründe für „die Ablehnung jeglicher kosmetischer körperlicher Alternative als gewalttätig und unethisch" angeführt und setzen sich stattdessen für „eine anhaltende Auseinandersetzung mit stereotypen Medienbildern von „weiblichen" Frauen und „männlichen" Männern"[198] ein. Die Verbindung von meiner technologischen Fundamentalismus-Kritik mit meiner Patriarchats-Kritik lässt mich schlussfolgern, dass diese kosmetischen Eingriffe unvereinbar sind mit stabilen und anständigen Gesellschaften, die menschliches Gedeihen auf eine ökologisch nachhaltige Weise fördern. Die Tatsache, dass Menschen sich für diese Behandlungen entscheiden und dass manche Menschen von positiven Ergebnissen berichten, spricht nicht gegen eine Diskussion über ihre weitergehenden Auswirkungen. Sheila Jeffreys behauptet, dass im Patriarchat „Schönheitspraktiken nichts mit der individuellen Entschei-

---

196 "Cosmetic Procedures", American Society of Plastic Surgeons. <http://www.plasticsurgery.org/cosmetic-procedures.html>

197 Cressida J. Heyes and Meredith Jones (Ed.): *Cosmetic Surgery: A Feminist Primer.*

198 Tania Lienert: "Women's Self-Starvation, Cosmetic Surgery and Transsexualism". In: *Feminism & Psychology*, Vol. 8, Nr. 2 (1998), S. 245.

dung von Frauen zu tun haben oder einem ›diskursiven Raum‹, in dem Frauen sich kreativ ausdrücken können, sondern sind, wie es andere Feministinnen bereits vor mir gesagt haben, ein äußerst wichtiger Aspekt der Unterdrückung von Frauen".[199]

Wenn in einem Gespräch über geschlechtsangleichende Operationen auch die Probleme mit kosmetischen Operationen feministisch infrage gestellt werden, führt dies häufig bereits zu dem Vorwurf, transphobisch zu sein. Trotzdem sind die Parallelen kaum zu ignorieren. Nicht alle Menschen, die sich als Transgender-Personen identifizieren, wollen eine Hormontherapie oder eine geschlechtsangleichende Operation. Aber grundsätzlich befürwortet die Transgender-Bewegung diese Behandlungen für diejenigen, die sie haben möchten, und findet, dass sie nicht infrage gestellt werden dürfen. Deshalb sollten sie als medizinisch notwendige Behandlungen öffentlich finanziert werden. Auch hierfür gilt, dass diese Behandlungen für manche Menschen positive Auswirkungen haben. Aber wie kann eine Behandlung als medizinisch notwendig erachtet werden, wenn kaum etwas über den Zustand bekannt ist, der korrigiert werden soll, geschweige denn seiner Ursachen?

Diese Frage könnte durch schlüssige Beweise beseitigt werden, wenn durch die Behandlungen das Unwohlsein, die Not und die soziale Entwurzelung der Menschen gelindert würden. Die Forschungsergebnisse sind aber bestenfalls gemischt. Eine Studie in Schweden kommt zu dem Schluss:

„Personen mit Transsexualität haben nach der Geschlechtsangleichung wesentlich höhere Sterblichkeits-Risiken, suizidales Verhalten und psychiatrische Erkrankungen als die Allgemeinbevölkerung. Unsere Erkenntnisse weisen darauf hin, dass Geschlechtsangleichungen, auch wenn sie Gender-

---

199 Sheila Jeffreys: *Beauty and Misogyny: Harmful Cultural Practices in the West*, S. 2.

Dysphorie lindern, als Behandlung für Transsexualität nicht ausreichen. Sie sollten zur verbesserten psychiatrischen und somatischen Versorgung für diese PatientInnen-Gruppe nach geschlechtsangleichenden Operationen anregen".[200]

Andere Studien fanden deutliche Beweise für Erfolge, aber diese wenigen Studien bezogen sich auf eine kleine Anzahl von PatientInnen.[201] Eine Bewertung von 28 Studien mit 1.833 Teilnehmenden, die sich einer Geschlechtsangleichung unterzogen hatten, die auch eine Hormontherapie beinhaltete, kam zu dem Schluss: „Es gibt einige, allerdings wenig gesicherte, Ergebnisse, die nahelegen, dass Geschlechtsangleichungen, die auch hormonelle Eingriffe bei Individuen mit Geschlechtsidentitätsstörung beinhalten, die Gender-Dysphorie, das psychologische Funktionieren und Begleiterkrankungen, die Sexualfunktion und die allgemeine Lebensqualität verbessern".[202]

Zur Verdeutlichung des Arguments nehmen wir nun einmal theoretisch an, dass geschlechtsangleichende Operationen bei der Mehrheit der Menschen, die sich dieser Behandlung unterziehen, zu nachweislich positiven Ergebnissen führen. Trotzdem sollten weiterhin grundlegende Fragen über die Folgen solcher Operationen, die gesundes Gewebe zerstören,

---

200 Cecilia Dhejne et al.: "Long-Term Follow-Up of Transsexual Persons Undergoing Sex Reassignment Surgery: Cohort Study in Sweden", in: *PLoS One*, Vol. 6, Nr. 2 (2011). <http://journals.plos.org/plosone/article?id=10.1371/journal.pone.0016885>

201 Annelou L.C. de Vries et al.: "Young Adult Psychological Outcome after Puberty Suppression and Gender Reassignment", in: *Pediatrics*, Vol. 134, Nr. 4 (2014), S. 696-704. <http://www.ncbi.nlm.nih.gov/pubmed/25201798>

202 Mohammad Hassan Murad et al.: "Hormonal Therapy and Sex Reassignment: A Systematic Review and Meta-analysis of Quality of Life and Psychosocial Outcomes". In: *Clinical Endocrinology*, Vol. 72, Nr. 2 (2010), S. 214–231. <http://onlinelibrary.wiley.com/doi/10.1111/j.1365-2265.2009.03625.x/abstract>

statt kranke oder beschädigte Teile des Körpers zu heilen, gestellt werden. Was folgt ist eine Zusammenfassung der verschiedenen Arten von Behandlungen von einem Befürworter der Transgenderbewegung:

„Für Erwachsene: Brustkorb- oder Brustoperationen, genitale rekonstruktive Chirurgie und Operationen zur Feminisierung oder Maskulinisierung des Gesichts sind möglich. Wenn eine 18 Monate oder länger andauernde Therapie mit weiblichen Hormonen nicht zu einer ausreichenden Entwicklung der Brust geführt hat, ist eine Brustvergrößerung möglich. Bei transsexuellen Männern kann die Brust entfernt werden und ein männlich wirkender Brustkorb geformt werden. Genitale rekonstruktive Operationen von transsexuellen Frauen umfassen Orchiektomie (Entfernung der Hoden), Vaginoplastik[203] und die Konstruktion einer Klitoris. Am häufigsten wird die penile Inversionstechnik benutzt, bei der die äußere Haut des Penis zur Innenseite der Vagina umgeformt wird. Die Eichel des Penis wird verkleinert, um eine Klitoris zu bilden. Die Hoden werden entfernt und Haut vom Hodensack wird benutzt, um die Schamlippen zu formen. Genitale rekonstruktive Chirurgie für transsexuelle Männer umfasst die operative Entfernung der Gebärmutter, Oophorektomie (Entfernung der Eierstöcke), Metaidoioplastik[204] oder Phalloplastik[205]. Metaidoioplastik umfasst die Freisetzung der Klitoris und bringt sie nach vorne, die Verlängerung der Urethra,[206] so dass man sich im Stehen entleeren

---

203 Die operative Konstruktion einer künstlichen Vagina. (DH)

204 Dabei wird die durch die Hormontherapie vergrößerte Klitoris teilweise aus ihrem Hautmantel herausgeschnitten und eine Harnröhre aus den kleinen Schamlippen geformt. (DH)

205 Penoid-Aufbau, also die Konstruktion eines penisähnlichen Gebildes aus körpereigenem Gewebe. (DH)

206 Harnröhre. (DH)

kann, und die Bildung eines Skrotums[207] aus den Schamlippen, in die Implantate für die Testikel[208] eingesetzt werden. Das ist eine einfachere Behandlung als Phalloplastik und erfordert keine umfangreiche Hauttransplantation. Für Phalloplastik ist eine Hauttransplantation erforderlich; die Haut wird häufig aus dem Unterarm genommen. Damit der Phallus sich aufrichten kann, ist ein Schwellkörperimplantat notwendig. Gesichtschirurgie steht auch zur Verfügung, um das Aussehen von Gesicht und Nacken weiblicher oder männlicher erscheinen zu lassen. Sie kann Operationen von Nase, Brauenknochen, Wangen, Kiefer, Kinn und Adamsapfel umfassen".[209]

Ein anderer Wissenschaftler, auch ein Befürworter, äußert sich zu einer noch detaillierteren Liste solcher Behandlungen und schreibt:

„Es kann der Eindruck entstehen und sich so anfühlen, als ob man *mit dem eigenen Körper im Krieg ist* (Betonung von RJ), wenn man sich diese Liste der Eingriffe ansieht. Um die Erfahrung erträglicher zu machen, ist es notwendig, diesen Prozess umzuformulieren, und ihn mit volkstümlich positiven Worten – nicht als Krieg – zu beschreiben".[210]

Mir erscheint diese Kriegsmetapher angemessen und ich finde, dass man sie nicht einfach wegwünschen kann. Was den Wunsch betrifft, die geschlechtsangleichenden Operationen „erträglicher" zu machen, gilt die Tatsache – ob ausgesprochen oder nicht –, dass wenn ChirurgInnen bei dieser Behandlung gesundes Gewebe zerstören, niemand sicher weiß, was medizi-

---

207 Hodensack. (DH)

208 Hoden. (DH)

209 W. O. Bockting: "Transgender Identity Development", S. 751-752.

210 SJ Langer: "Our Body Project: From Mourning to Creating the Transgender Body". In: *International Journal of Transgenderism*, Vol. 15, Nr. 2 (2014), S. 74.

nisch eigentlich erreicht worden ist. Es fällt mir schwer, nicht zu fragen – wie wir es auch bei Schönheitsoperationen tun sollten: Sind derartig hochinvasive medizinische Eingriffe ein gesunder Weg für unsere Gesellschaft, mit körperlichem Unbehagen und Sorgen bezüglich sozialer Normen umzugehen? Das scheint mir eine naheliegende Frage zu sein, aber ich vermute, dass sie in liberaler Gesellschaft, in der die Unterstützung für Transgenderismus üblich ist, bereits zu Transphobie-Vorwürfen führen könnte.

Nichts von all dem, was ich hier diskutiere, ist eine Verurteilung irgendeiner Person, die sich für eine solche Operation entscheidet, sondern eher die Sorge über die generelle Gesundheit unserer Kultur, in der solche Operationen als Lösung für soziale Probleme angeboten werden. Wir können verstehen, dass es schon immer „Transgender-Personen in vielen Indigenen, westlichen und östlichen Kulturen und Gesellschaften von der Antike bis zum heutigen Tag gegeben hat", wie das Informationsblatt der American Psychological Association (APA) feststellt, aber wir sollten dann nicht vergessen, auch den nächsten Satz hinzuzufügen: „Allerdings kann sich die Bedeutung von Gender-Nichtkonformität von Kultur zu Kultur unterscheiden".[211] Nicht in jeder Kultur wird auf Transgender-Fragen mit hormonellen und chirurgischen Eingriffen einer technologisch fundamentalistischen Kultur reagiert.

Dennoch scheint Norman Spack, ein führender Arzt, der diesen medizinischen Ansatz befürwortet, nicht zu zögern, seine Begeisterung, in die Entwicklung eines Kindes mit "Pubertätsblockern" einzugreifen, klar zu machen. Und das

---

211 "Answers to Your Questions about Transgender People, Gender Identity and Gender Expression", American Psychological Association. <http://www.apa.org/topics/lgbt/transgender.aspx>

bereits zu einem Zeitpunkt, als diese Behandlung in den Vereinigten Staaten noch nicht zugelassen war. Wie er schreibt: „Wir stehen an einem Scheideweg. Wir lechzen danach, das niederländische Protokoll für die Unterdrückung der Pubertät anzuwenden, aber können das nicht tun ohne Erlaubnis der Krankenversicherungen, für diese teuren Medikamente zu bezahlen oder Druck von medizinischen Gesundheitsverbänden, diese Behandlungen zu fordern".[212] Davon zu sprechen, nach einer Behandlung zu „lechzen", die die Entwicklung eines Kindes stört, und auf begrenzten Forschungsergebnissen und einer vagen Vorstellung der Ursachen für diese Behandlungen beruht, ist ein Beispiel von technologischem Fundamentalismus und eine Ablehnung einer ökologischen Weltanschauung. Sich Sorgen zu machen über das Tempo, mit dem medizinisch-technologische „Lösungen" für ein Problem, das wichtige soziale und politische Dimensionen hat, eingeführt werden, ist nicht transphobisch, sondern eine Antwort, die dem Vorsorgeprinzip entspricht und uns daran erinnert, wie wenig wir von all diesen Entwicklungen eigentlich verstehen.

Vorstellungsvermögen

Mir wird oft gesagt, dass meine Unfähigkeit, Transgenderismus zu verstehen, an mangelndem Vorstellungsvermögen liegt, weil ich in der binären Vorstellung von Mann und Frau feststecke, so dass ich nicht über meine Cisgender-Privilegien hinausgucken kann. Aber der Begriff „Cisgender" – wie er im Oxford English Dictionary definiert ist, als „Person, deren Vorstellung von persönlicher Identität ihrem Gender bei der Geburt entspricht" - trifft nicht auf mich zu, aus Gründen, die meine Haltung

---

212 Norman Spack: "Foreword", in: *The Transgender Child*, S. xi.

zum Transgender-Konzept zusammenfassen. Meine Haltung zu meiner persönlichen Identität stimmt nicht mit den Gendernormen für Männer im Patriarchat überein; ich bin ein Kritiker dieser Gendernormen und identifiziere mich mit Frauenbewegungen, die diese Normen in Frage stellen. Wenn jemand den Begriff „Cisgeschlecht" prägen würde, würde ich diesen auch als Etikett ablehnen, weil ich nicht weiß, was es bedeutet, wenn jemand, der eindeutig als biologisch männlich geboren wurde (wie ich das war), behauptet, sich so zu verhalten wie es das männliche Geschlecht vorschreibt; die Vorstellung von cisgeschlechtlich hat nichts mit meinem Verständnis von Biologie zu tun.

Ich kann mir eine Welt jenseits des Patriarchats sehr gut vorstellen, in dem Menschen ihre Fähigkeiten ungehindert von rigiden, repressiven und reaktionären Gendernormen entwickeln. In einer solchen Welt bräuchten wir die biologische Realität einer sexuell zweigestalteten Gattung nicht zu ignorieren, um Menschen zu erlauben, sich auf so vielfältige Arten zu entwickeln, wie sie das innerhalb der Realität der binären biologischen Vorstellung von Mann und Frau gerne tun möchten: ungehindert von patriarchalen Vorstellungen von Geschlecht, Gender und Macht.

Ich habe ein gutes Vorstellungsvermögen, versuche aber nicht, komplexe intellektuelle Fragen und schwierige soziale und politische Probleme einfach wegzudenken. Wenn eine Behauptung für mich keinen Sinn macht, bemühe ich mich, sie zu verstehen. Und wenn andere mir sagen, dass sie ähnliche Probleme damit haben und die Behauptung auch nicht verstehen, gehe ich davon aus, dass hier etwas Wichtiges herausgefunden werden muss. Anhand von Korrespondenzen und Gesprächen mit anderen, sowie Diskussionen, die in der allgemeinen Kultur stattfinden, gelten die Fragen, Herausforderungen und

Anliegen, die ich in diesem Kapitel besprochen habe, nicht nur für mich.

Wie ich am Anfang dieses Kapitels beschrieben habe, bleiben viele Menschen aus linken, progressiven und liberalen Kreisen stumm, aus Angst transphobisch genannt zu werden: eine Art von Selbstzensur. Wie ich ebenfalls in Gesprächen erfahren habe, gibt es noch eine andere, sogar weiter verbreitete Angst – die Gefühle von Transgender-Personen zu verletzen. Nachdem ich meine Argumentation zum Transgenderismus für eine langjährige Freundin aus feministischen und progressiven Bewegungen zusammengefasst hatte, fragte ich sie nach ihrer Meinung. Sie stimmte meiner Analyse zu, sagte aber, dass Transgender-Personen bereits genug Probleme hätten und dass sie nicht gemein sein wolle. Deshalb würde sie es vermeiden, kritische Fragen stellen.

„Deine Solidarität mit der Transgender-Bewegung basiert also auf dem Glauben, dass Menschen in dieser Bewegung emotional nicht in der Lage sind, die intellektuellen und politischen Behauptungen zu diskutieren, die sie selber aufstellen?", fragte ich und wies darauf hin, dass ich das für eine merkwürdige Basis für Solidarität halten würde. Sie zuckte mit den Schultern, ohne mir zu antworten, und blieb dabei, Fragen zu Transgender-Themen zu vermeiden. Diejenigen, die diese Entscheidung treffen, sollten daran denken, dass das Vermeiden von Fragen nie zu Antworten führt.

Schlussfolgerungen

Ich möchte zu dem Rat von James Baldwin, wie mit Terror umzugehen ist, zurückkehren: „Es gibt keinen Ort, an den du laufen könntest. Geh' also auf ihn zu. Zumindest weißt du so, was dich treffen wird".[213]

Wenn ich an meine erste Begegnung mit einer Patriarchats-Kritik als Student 1988 zurückdenke, hatte ich erst einmal Angst vor einer radikalen feministischen Analyse. Sie schien eine Bedrohung für mein Verständnis der Welt und für mich selbst als Mann zu sein. Was auch immer Feminismus war, ich war ziemlich sicher, dass er gefährlich war, eine Bewegung, die mir etwas wegnehmen würde.

Aber je mehr ich las und mit Feministinnen sprach, desto weniger Angst hatte ich vor ihnen und desto mehr fürchtete ich die Symptome des Patriarchats. Ich erkannte, dass Feminismus keine Bedrohung für Männer war, sondern ein Geschenk für uns. Der Feminismus hat meine unverdienten Privilegien und meinen Status in Frage gestellt und forderte mich auf, meine Annahmen darüber, was es bedeutet, ein Mann zu sein, zu

---

213 James Baldwin im Interview von Mavis Nicholson: "Mavis on Four" (1987). <https://www.youtube.com/watch?v=3Wht4NSf7E4>

überprüfen. Nichts davon war einfach. Aber der Feminismus hat mir einen Weg aufgezeigt, zu verstehen, warum ich nie männlich genug war: Eine Angst, von der ich erfahren habe, dass sie von den meisten Männern geteilt wird. Die vorherrschende Meinung über Maskulinität in der Kultur der Vereinigten Staaten geht davon aus, dass Männer von Natur aus ehrgeizig und aggressiv sind, und dass „ein richtiger Mann" zu sein, daher vom Kampf um Kontrolle, Eroberung und Herrschaft gekennzeichnet ist. Ein „richtiger" Mann sieht sich die Welt an, entscheidet, was er will, und nimmt es sich.

Ich fing an zu verstehen, dass Feminismus nicht nur das Herz der Frauenbewegung ist, sondern mir auch die Werkzeuge gab, um aufhören zu können, der Mann zu sein, der ich eigentlich nie sein wollte. Ich begann die Regeln für toxische Männlichkeit abzulehnen, mit denen ich zwar sozialisiert worden war, aber mit denen ich mich nie wohlgefühlt hatte und von denen ich mich oft bedroht fühlte.

Ich dachte, dass ich so den Feminismus besser verstehen könnte, von dem mir beigebracht worden war, ihn zu fürchten. Aber der Feminismus beinhaltete eine Reihe von Ideen, die mich stärkten – intellektuell und moralisch – auf das *Patriarchat* zuzugehen, was mich am Anfang noch mehr erschreckte.

Im Mittelpunkt dieser Erkenntnis stand das Werk von Andrea Dworkin, die zentrale Figur im feministischen Kampf gegen Pornografie. Als ich zum ersten Mal ein Buch von Dworkin in die Hand nahm, wusste ich nur, dass sie eine hässliche, Männer hassende feministische Lesbe war. Zumindest war es das, was ich glaubte zu wissen, weil ich es von den Kommentaren anderer über ihre Arbeiten „gelernt" hatte. Aber diese Karikatur überdauerte nicht einmal das Lesen der ersten Seite ihres Buches. Ich erkannte schnell, wie tief Dworkin nicht nur Frauen liebte, sondern auch Männer und verstand, dass sie uns alle herausforderte, die besten Menschen zu werden, die wir sein können, das Streben nach patriarchaler Kontrolle abzulehnen und die Herausforderung, voll und ganz Mensch zu werden, anzunehmen.

Einer der ersten Texte, den ich von Dworkin las, war eine Rede, die sie 1983 vor einer Männergruppe hielt: „Ich möchte einen Waffenstillstand für 24 Stunden, in denen keine Vergewaltigung stattfindet". Das war ihre Reaktion auf die Frage, die Feministinnen oft gestellt wird: „Was wollen denn Frauen von Männern?", „Gebt uns einfach einen Tag lang Ruhe," sagte sie, „einen Tag, an dem keine neuen Leichen aufgestapelt werden, einen Tag, an dem den alten Qualen keine neuen hinzugefügt werden".[214] Dworkin wollte Männern helfen, nicht nur unseretwegen, sondern um die Gewalt von Männern gegen Frauen zu stoppen. Sie wollte ein Ende der Belästigungen, Vergewaltigungen, Angriffe, des sexuellen Missbrauchs von Kindern, und sie wusste, dass das erfordern würde, dass Männer sich selber ändern, dass wir erkennen müssten, dass Feminismus uns einen Weg bietet, uns selber zu retten. In der gleichen Rede, forderte sie Männer heraus, diese Verantwortung zu übernehmen:

> „Wir wollen die Aufgabe nicht übernehmen, euch zu helfen, an eure Menschlichkeit zu glauben. Wir können es nicht länger. Wir haben es immer wieder versucht. Es wurde uns mit systematischer Ausbeutung und systematischem Missbrauch vergolten. Ihr müsst dies von jetzt an selber tun, und das wisst ihr".[215]

Ich war unsicher darüber, was es bedeuten würde, an meine eigene Menschlichkeit zu glauben, als ein Mann, der im Patriarchat erzogen wurde. Aber es wurde mir bald deutlich,

---

214 Andrea Dworkin: *Letters from a War Zone*, S. 170-171.
215 Ebendort, S. 170.

dass es viel mehr bedeutete, als einfach nur kein Vergewaltiger zu sein oder ein „Macho-Scheißkerl" der übelsten Sorte. Ich verstand, dass das „sensibler Kerl"-Profil, das ich gepflegt hatte, keine Freikarte war, um nicht von Feministinnen kritisiert zu werden. Als ich später realisierte, dass ich als Junge missbraucht worden war, auf eine Weise, in der Mädchen und Frauen so oft missbraucht werden, berührte mich die feministische Kritik von Gewalt und Missbrauch im Patriarchat auf einer weiteren Ebene: Nicht nur als jemand, der zum potentiellen Täter erzogen worden war, sondern als jemand, der auch ein Opfer wurde. Ich folgte meinen intellektuellen und emotionalen Reaktionen – die mir beide sagten, dass diese Analyse richtig war und wichtig für mein eigenes Überleben – und stolperte vorwärts.

Während ich stolperte, hatte ich das Glück, Jim Koplin zu treffen, einen älteren Mann mit umfangreicher Erfahrung mit Feminismus und anderen radikalen politischen Bewegungen, der ein guter Freund und Berater wurde.[216] Ich hatte auch das Glück, dass meine Professorin die Philosophin Naomi Scheman war. Sie wurde mein Vorbild für rigorose und prinzipientreue intellektuelle Arbeit und war Teil einer lebendigen feministischen Arbeitsgemeinschaft mit anderen Studierenden. Während ich an der Universität lernte und nachdachte, engagierte ich mich in einer lokalen feministischen Arbeitsgruppe, Organizing Against Pornography.[217] So erfuhr ich, wie positiv es war mit aktiven Frauen zusammenzuarbeiten.

Zu dieser Zeit war radikaler Feminismus ein wichtiger Teil der öffentlichen Diskussion über die Politik von biologischem

---

216 Ich erzähle die Geschichte dieser Beziehung in *Plain Radical: Living, Loving, and Learning to Leave the Planet Gracefully*.

217 Organizing Against Pornography, "Organizational Records", Minnesota Historical Society. <http://www2.mnhs.org/library/findaids/00183.xml>. Sich gegen Pornografie organisieren. (DH)

Geschlecht und Gender. Obwohl ich mich keinen Illusionen hingab, dass das Ende des Patriarchats unmittelbar bevorstände, nahm ich doch an, dass feministische Organisationen dazu beitragen würden, unsere zutiefst ungerechte und grundsätzlich nicht nachhaltige Gesellschaft in der uns übrig bleibenden Zeit zu verbessern. Heute bin ich mir darüber aus zwei Gründen nicht mehr so sicher.

Erstens habe ich in dem Vierteljahrhundert, in dem ich mit feministischen Organisationen gearbeitet habe, die weitverbreitete Ablehnung der radikalfeministischen Analysen und Einsichten erfahren. Ich war zwar nie davon ausgegangen, dass der Mainstream diese Ideen akzeptieren würde, hatte aber nicht erwartet, dass sie nicht nur vom Mainstream, sondern selbst innerhalb des Feminismus ignoriert würden. Wie der Literaturkritiker Fredric Jameson schreibt: „Jemand sagte einmal, dass es einfacher ist, sich das Ende der Welt vorzustellen, als das Ende des Kapitalismus".[218] Darauf habe ich immer scherzhaft geantwortet, dass es für manche einfacher ist, sich das Ende der Welt vorzustellen, als das Ende ihrer Klimaanlagen – um damit die Besessenheit der reichen Gesellschaft mit energiereichen und modernen Technologien infrage zu stellen. Aber ich denke inzwischen, dass es für die meisten Menschen weitaus schwieriger ist, sich das Ende des Patriarchats vorzustellen. Die Ablehnung der Erkenntnisse des radikalen Feminismus – vor allem zu Fragen von Vergewaltigung, sexueller Ausbeutung und Transgenderismus, nicht nur in der Dominanzkultur, sondern auch innerhalb des Feminismus – ist ein Zeichen dafür, wie tief das Patriarchat im Alltagsleben verwurzelt ist. Radikaler Feminismus bietet eine schonungslose Abrechnung

---

218 Fredric Jameson: "Future City". In: *New Left Review*, Mai-Juni 2003. <http://newleftreview.org/II/21/fredric-jameson-future-city>

mit dem Patriarchat an, und fordert, dass wir uns für drastische Veränderungen einsetzen – nicht nur im öffentlichen, sondern auch in unserem persönlichen Leben, das heißt der Art, wie wir über uns selbst denken. Das ist der Unterschied zum liberalen Individualismus und postmodernen Gehabe, die weniger fordernd sind und daher populärer. Radikaler Feminismus fordert eine Menge von uns selbst, politisch und persönlich.

Zweitens ist meine Schätzung der Zeit, die noch für einen Systemwandel bleibt – nicht nur um das Patriarchat zu überwinden, sondern auch weiße Vorherrschaft, Nationalismus, Kapitalismus und das Industriemodell der menschlichen Beherrschung des Planeten – drastisch gesunken. Ich glaubte, dass uns noch ein oder zwei Jahrhunderte bleiben würden, aber inzwischen denke ich eher an Jahrzehnte, wenn wir Glück haben. Niemand kann vorhersagen, wie lange das Ökosystem des Planeten so große konsumierende Menschenmengen noch aushalten kann, aber es gibt gute Gründe zu denken, dass wir zu lange unvertretbar optimistisch waren.

Klingt das unberechtigt, vielleicht sogar hysterisch? Schau Dir die Gesundheit der Ökosphäre an, von der unser Leben abhängt – Grundwasser-Verknappung, Oberbodenabtrag, chemische Verunreinigung, zunehmende Vergiftung unserer eigenen Körper, Anzahl und Größe von „toten Zonen" in den Meeren, beschleunigtes Artensterben und Rückgang der Biodiversität – und die Nachrichten sind schlecht und werden immer schlechter: Die Degeneration verläuft viel schneller, als WissenschaftlerInnen erwartet haben. Wir leben in einer auf Öl basierenden Ökonomie, die das billige und einfach zugängliche Öl rapide aufbraucht,[219] was bedeutet, dass wir

---

219 Michael T. Klare: *The Race for What's Left: The Global Scramble for the World's Last Resources.*

mit einer riesigen Neugestaltung der Infrastruktur, auf denen unser Leben aufgebaut ist, konfrontiert sind[220]. Die Verzweiflung, diese Neugestaltung zu vermeiden, hat uns in ein Zeitalter „extremer Energie" geführt, in dem noch mehr gefährliche und zerstörerische Technologien benutzt werden (Hydrofrakturierung, Tiefseebohrungen, Teersandförderung). Und es gibt natürlich die unbestreitbare Klimazerstörung, die immer schneller voranschreitet.[221]

WissenschaftlerInnen haben Wendepunkte[222] und Grenzen des Planeten[223] ermittelt, die angeben, wie die heutigen menschlichen Aktivitäten unseren Planeten über seine Grenzen hinausdrängen. Eine renommierte Gruppe WissenschaftlerInnen hat davor gewarnt, dass die Menschheit einen kritischen Wandel des ganzen Planeten erzwingt, „mit der Möglichkeit, dass die Erde sich schnell und unwiederbringlich in einen für Menschen unbekannten Zustand verwandelt", was bedeutet, dass „die biologischen Ressourcen, die wir heute noch als selbstverständlich ansehen, vielleicht innerhalb einiger weniger menschlicher Generationen rasanten und unberechenbaren Umwandlungen unterliegen werden".[224] Das ist eine höfliche Formulierung, die besagt, dass ohne sofortige radikale Veränderungen das Spiel aus ist für Leben auf diesem Planeten – uns mit eingeschlossen.

---

220 James Howard Kunstler: *The Long Emergency: Surviving the End of Oil, Climate Change, and Other Converging Catastrophes of the Twenty-First Century.*

221 Naomi Klein: *Die Entscheidung : Kapitalismus vs. Klima.*

222 "Back to Earth". In: *Nature*, June 7, 2012. <http://www.nature.com/nature/journal/v486/n7401/index.html>

223 "Planetary Boundaries". In: *Nature*, September 23, 2009. <http://www.nature.com/news/specials/planetaryboundaries/index.html>

224 Anthony Barnosky et al.: "Approaching a State Shift in Earth's Biosphere". In: *Nature*, 7. June 2012. <http://www.nature.com/nature/journal/v486/n7401/full/nature11018.html>

Das ist der Punkt, an dem progressive AktivistInnen gerne Martin Luther King Jr. zitieren: „Wir müssen erkennen, dass der Bogen des moralischen Universums lang ist, aber er neigt sich der Gerechtigkeit zu".[225] Selbst wenn diese hoffnungsvolle Beurteilung der langfristigen moralischen Entwicklung der Menschen richtig ist, scheint die Stärke der Biegung weit langsamer zu sein, als die zunehmende Degeneration der Ökosphäre. Wieviel Zeit werden wir noch haben, um an der Neigung des moralischen Bogens zu arbeiten? Um es nochmals zu betonen, niemand kann es vorhersagen, aber eine ehrliche Lektüre der Literatur deutet darauf hin, dass die früheren optimistischen Annahmen nicht länger haltbar sind.

Ich habe mich nur widerstrebend diesen Tatsachen gestellt, aber ich habe meine Vermeidungsstrategien letztendlich aufgegeben – die hauptsächlich auf der naiven Idee basierten, dass plötzlich magische Lösungen auftauchen würden, weil wir das gerne möchten. Ich fing an, die Daten über die zutiefst zerstörenden Konsequenzen unserer Art und Weise zu leben ernst zu nehmen und mich mit der schmerzlichen Realität zu konfrontieren, dass die kapitalistische Gier nach unkontrollierter Habsucht und unbegrenztem Wachstum ökozidal ist. Religiös fundamentalistische Versprechen von göttlicher Führung für die Auserwählten hatten mich noch nie überzeugt, und so habe ich auch kein Vertrauen in den technologischen Fundamentalismus, der verspricht, dass wunderbare Geräte mit fortschrittlicher Technologie uns alle retten werden. Eine ehrliche Auseinandersetzung mit der Realität ist alles, was uns bleibt.

---

225 Martin Luther King Jr.: "Where Do We Go from Here?" Annual Report to the Southern Christian Leadership Conference, 16. August 1967. <http://www.stanford.edu/group/King/publications/speeches/Where_do_we_go_from_here.html>

Viele Leute sagen mir, dass es deprimierend sei, ehrlich über die zahlreichenden ökologischen Krisen zu sprechen, und dass sie das nicht verarbeiten können. An manchen Tagen geht es mir sicherlich auch so, aber eins der Dinge, das mich darauf vorbereitet hat, schwierigen ökologischen Krisen ins Auge zu sehen, war meine Beschäftigung mit Pornografie. Das mag eine merkwürdige Aussage sein: Wie kann die Beschäftigung mit pornografischem Material zu einer größeren Bereitschaft führen, den ökologischen Zusammenbruch ernst zu nehmen? Die Antwort ist einfach: *Weil Pornografie so ist, wie das Ende der Welt aussieht.*

Ich begann diese Formulierung bei öffentlichen Reden zu dem Thema zu benutzen. Um die Menschen im Publikum mit einzubeziehen, bat ich sie, mir das Ende des Satzes „Pornografie ist ..." zuzurufen. Das half mir, die Reaktion einer Gruppe gegenüber pornografischem Material einzuschätzen. Die Antworten reichten von „heiß" bis zu „entwürdigend für Frauen" und allem dazwischen. Nach ihren Antworten erklärte ich dann, dass meine Antwort nach vielen Jahren Forschung zu dem Thema lautet: Pornografie ist so, wie das Ende der Welt aussieht.

Damit meine ich nicht, dass Pornografie das Ende der Welt herbeiführt oder dass Pornografie das bedrohlichste soziale Problem ist, das wir haben. Aber wenn wir den Mut haben, die heutige Pornografie ehrlich zu betrachten, bekommen wir – auf eine sehr körperliche Weise – einen Eindruck von den Konsequenzen der Symptomatik des Patriarchats. Vieles der heutigen Pornografie ist nicht einfach gefilmter Sex, sondern Sex, der innerhalb der Dynamik von Herrschaft und Unterordnung des Patriarchats inszeniert und hauptsächlich männlichen Konsumenten präsentiert wird, die ihn als Masturbations-Vorlage benützen. Je einfacher erhältlich und akzeptierter in der Mainstream-Gesellschaft Pornografie geworden ist, desto brutaler und Frauen gegenüber entwürdigender wurde sie. Und auch deutlich rassistischer. Obwohl es eine große Bandbreite von pornografischem Bildmaterial gibt, erweitert das populäre „Gonzo"-Genre die Grenzen der Entwürdigung von und Grausamkeit gegenüber Frauen. Neben diesem extremen Material, das von der „legitimen" Porno-Industrie produziert wird, gibt es sogar noch viel härtere Genres – Vergewaltigungspornos, Folter-Pornos, Pornos, die jegliche Ungleichheit sexualisieren, die man sich nur vorstellen kann.

In ihrem Kern ist es genau das, was Pornografie macht: Sie macht Ungleichheit sexuell erregend. Pornografie vereinigt männliche Vorherrschaft mit männlicher sexueller Lust. Pornografie erotisiert nicht nur weibliche Unterordnung, sondern jegliche erdenkliche Ungleichheit, vor allem die „Rassen"ungleichheit der weißen Vormachtstellung. Pornografie verwandelt Frauen in objektivierte Körper für männliche sexuelle Lust und entfremdet Männer von Frauen und Männer von sich selbst.

Wenn wir einen ehrlichen Blick auf Pornografie werfen, sehen wir eine Welt, in der Empathie und Mitgefühl – die Gefühle, die stabile, anständige menschliche Gemeinschaften ermöglichen – überrannt werden von einer egozentrischen, von Gefühlen losgelösten Genusssucht. Die heutige Pornografie ist nur erfolgreich, wenn Männer ihre Fähigkeit, sich in die Frauen, die in den Filmen benutzt werden, einzufühlen und Mitgefühl zu empfinden, unterdrücken.

Stellen wir uns das Verlieren unserer eigenen Menschlichkeit vor, das sich auf allen Ebenen unserer Gesellschaft zeigt, die durch Hierarchien strukturiert sind und in der die Dynamik von Herrschaft und Unterordnung alle Beziehungen und Interaktionen bestimmt. Empathie und Mitgefühl allein liefern keine politische Analyse, aber ohne emotionale Fähigkeiten ist keine anständige Politik möglich. Wie würde eine solche unmenschliche politische und soziale Politik aussehen? Pornografie gibt uns ein Bild einer solchen Welt, und das ist keine Welt, in der ich leben möchte.

Hört sich das ungerechtfertigt oder hysterisch an? Wenn ja, dann sollten wir uns an die alltäglichen Genres in der heutigen Pornografie erinnern, an Filme in denen Männer ihre Penisse aggressiv in die Kehlen von Frauen stoßen, um den Frauen den Mund zu stopfen oder die verschiedenen Arten von Filmen mit zahlreichen Penetrationen, in denen drei Männer eine Frau gleichzeitig oral, vaginal und anal penetrieren. Das einzige Problem, das die Porno-Industrie hat, ist, was sie als nächstes tun will. Wie mir ein erfolgreicher Porno-Produzent in einem Interview bei der jährlichen Pornografie-Tagung in Las Vegas sagte, ist es schwierig, Zukunftstrends in der Pornografie vorherzusagen, weil jeder Sexualakt, den wir uns vorstellen können, egal, wie extrem, bereits gefilmt ist. „Es ist so, dass es nur eine begrenzte Anzahl von Löchern gibt, nur eine begrenzte Anzahl der Möglichkeit der Penetration, die an Frauen durchgeführt werden kann", meinte er.

Nachdem ich gelernt hatte, wie die Porno-Industrie das menschliche Gedeihen an den intimsten Stellen unseres Lebens untergräbt, – was im gegenwärtigen Patriarchat als „normal" gilt – habe ich mich weniger gesträubt, mir die Konsequenzen der gleichen Dynamik auf einer globalen Ebene anzuschauen. In der Pornografie gelten Frauen als eine Ansammlung von Löchern, die von Männern in Filmen gefüllt werden, so dass Männer zu Hause zu Bildern von erotisierter männlicher Dominanz masturbieren können. Männlichen Zuschauern, von denen man eigentlich eine Verbindung zu den Frauen in ihrem Leben erwarten könnte, wird gesagt, dass sie sich keine Sorgen darüber zu machen brauchen, wie eine reine Sammlung von Löchern sich anfühlen könnte: Empathie ist hier kein relevanter Faktor. Genau so fühlen wir möglicherweise auf der globalen Ebene eine Verbindung zu bestimmten Orten der lebenden Welt, aber wir brauchen uns keine Sorgen über eine Welt zu machen, die entweder als Mine, aus der wir Rohstoffe gewinnen, oder als Müllhalde, auf die wir unseren Abfall werfen, definiert wird.

Vom Intimen bis hin zum Globalen leben wir in einer Welt, die auf Herrschaft und Unterordnung basiert, deren ultimative Ausdrucksform der Besitzanspruch ist. Männer sagen, sie hätten ein Recht darauf, ihre Frauen zu besitzen oder wenigstens Frauen für Sex zu kaufen, wenn sie das wollen, und wir Menschen behaupten regelmäßig, dass wir die größere lebende Welt besitzen können. Beim Streben nach Herrschaft durch Besitz, schalten wir die Menschlichkeit derjenigen aus, die wir beherrschen, und behandeln die Welt, die wir beherrschen, als ob sie nichts als eine Ansammlung von Objekten wäre, die uns bereits gehören. Vom Intimen bis hin zum Globalen ist die Dynamik der Herrschaft und Unterordnung furchterregend.

Anstatt von diesem Terror vollständig gelähmt zu werden, versuche ich, auf ihn zuzugehen. Die Angst der Dominanzkultur davor, die ungerechten und nicht nachhaltigen Arten der modernen Systeme ehrlich zu beurteilen, kann bedeuten, dass unser moralischer Bogen nicht schnell genug gebogen wird, um das Schlimmste zu verhindern, das kommen wird. Aber das bedeutet nicht, dass nichts getan werden kann, dass es keine Projekte gibt, die es wert sind, dass wir unsere Zeit und Energie in sie investieren. Das bringt mich zu der Frage zurück, die ich schon früher stellte, und von der ich denke, dass sie unsere Entscheidungen, welche Projekte wir unterstützen sollen, leiten kann: „Ist es wahrscheinlich, dass dieses Projekt Menschen helfen wird, stabile und anständige menschliche Gesellschaften zu formen und zu unterhalten, die in einer nachhaltigen Beziehung zur größeren lebenden Welt bleiben können?"

Diese Frage bedeutet nicht, dass die Existenz solcher Gemeinschaften das Schlimmste, das kommen mag, verhindern wird. Aber sie können uns daran erinnern, dass wir an unseren Grundwerten festhalten müssen, was auch immer unsere Zukunft sein wird. Selbst wenn wir die Richtung der heutigen ungerechten und nicht nachhaltigen Gesellschaft nicht verändern können, können wir zumindest danach streben, Teil eines rettenden Überbleibsels zu sein. Das heißt, dass wir an dem Konzept der Würde festhalten müssen (alle Menschen kommen mit dem gleichen moralischen Anspruch auf ein gutes Leben auf die Welt), sowie dem Konzept der Solidarität (Menschen sind soziale Wesen, die in anständigen und sinnvollen Beziehungen innerhalb einer Gemeinschaft gedeihen) und dem Konzept der Gleichheit (eine Gleichheit von Ressourcen ist notwendig, um den Anspruch auf Würde einzulösen und Solidarität sinnvoll werden zu lassen).

Diese Werte, die zentral für den Feminismus und andere radikale Analysen sind, beseelen meine Vision von einem „rettenden Überbleibsel", der Erhaltung von Gemeinschaften, egal, wie klein sie auch sind, die stabil genug sind, um zu überleben, und in denen Werte gepflegt werden, die das menschliche Gedeihen in einer nachhaltigen Beziehung mit der größeren lebenden Welt fördern.

Wenn es unmöglich erscheint, sich das vorzustellen, weil das Patriarchat und andere Systeme, die auf einer Dynamik von Herrschaft und Unterordnung basieren, zu erdrückend erscheinen, möchte ich eine Metapher vorschlagen, der ich erstmals in einer Klasse von Naomi Scheman, der feministischen

Philosophin, die einen so großen Einfluss auf meine intellektuelle Entwicklung gehabt hat, begegnet bin. Stellen wir uns das Patriarchat wie Beton in der Stadt vor, schlug Scheman vor. Er bedeckt fast alles, ist schwer und scheinbar unbeweglich, und pflastert das Leben der nicht-menschlichen Welt zu. Aber die tägliche Abnutzung produziert Risse und in diesen Rissen können Pflanzen wachsen – ein bisschen Gras hier und dort, etwas Unkraut, manchmal sogar eine Blume. Lebendige Dinge sollten ja nicht durch den Beton wachsen, aber sie tun es doch und widerstehen in dieser Weise dem Versuch des Betons, die Stadt zu beherrschen.

Genau dort passiert es, in den Rissen des Patriarchats, der weißen Vorherrschaft, des Nationalismus, des Kapitalismus, des Industriemodells, das energiereiche Spitzentechnologien anbetet. In diesen Rissen können wir Würde, Solidarität und Gleichheit hegen und pflegen. Sich ernsthaft zu verpflichten, in diesen Rissen zu arbeiten, erfordert keine arroganten Behauptungen, dass wir wüssten, wie alle Probleme zu lösen seien, oder dass eine einzige Ideologie Lösungen anbieten kann, oder dass umfassende Lösungen überhaupt noch möglich sind in der Zeit, die uns bleibt. Aber wir können uns mit der Bescheidenheit, die aus dem Erkennen der menschlichen Grenzen erwächst, verpflichten, uns gegen jegliche Ideen, Systeme, Institutionen und Praktiken, die auf der Behauptung beruhen, dass die Dynamik von Herrschaft und Unterordnung natürlich oder unvermeidlich sei, zu wehren. Und wir können uns auch verpflichten, uns gegen jegliche Ideologie zu wehren, die menschliche Wesen auf den Status von Objekten reduziert oder sich weigert, die Integrität des menschlichen Körpers als Teil einer größeren lebenden Welt zu respektieren.

Vor dem Hintergrund dieses Ansatzes für soziale Veränderung, glaube ich auch weiterhin, dass der radikale

Feminismus einen produktiven Rahmen für das Verständnis der „sozialen Konstruktion von Gender" bietet, die im Patriarchat Ungleichheit produziert: 1. Die Parameter unseres Handelns werden definiert von den biologischen Realitäten einer sexuell zweigestaltigen Art mit Geschlechtsunterschieden, die unabhängig von menschlicher Beurteilung existieren – aber Menschen fällen Urteile darüber, welche *Bedeutung* diesen Unterschieden zugewiesen werden soll. 2. Wir treffen individuelle Entscheidungen, aber diese Entscheidungen werden beeinflusst durch die Möglichkeiten, die Menschen zur Verfügung stehen, und Beschränkungen, die ihnen auferlegt werden, und wie sie diese Dinge zu einem bestimmten historischen Zeitpunkt an einem bestimmten Ort verstehen. Und 3. die Entscheidungen, die wir treffen, individuell und kollektiv, müssen schlüssig sein, nicht nur nach den Prinzipien der sozialen Gerechtigkeit, sondern auch nach den biologischen Grenzen der größeren lebenden Welt.

Ich glaube, dass diese Ideen für die Befreiung der Frauen im Patriarchat und für das Projekt von Männern, zu lernen, unsere volle Menschlichkeit zu entwickeln, wesentlich sind, ebenso für unser Ziel, stabile, anständige menschliche Gemeinschaften zu schaffen. Ich glaube, dass dieses Projekt nicht nur neue Wege erfordert, uns gesellschaftlich, politisch und ökonomisch zu organisieren, sondern auch eine andere Auffassung davon, was es bedeutet, Mensch zu sein.

Ich spreche nicht für feministische Frauen, und auch nicht für Frauen im Allgemeinen. Ich spreche nicht für profeministische Männer und auch nicht für Männer im Allgemeinen. Ich erkläre niemandem, wie er oder sie die Welt zu verstehen hat. Was ich versuche, ist so klar wie möglich auszudrücken, wie ich dazu gekommen bin, die Welt durch meine Beschäftigung mit dem Feminismus und anderen radikalen Kritiken illegitimer Machtsysteme zu verstehen und warum ich glaube, dass diese Theorien wichtig sind für unser individuelles und kollektives Gedeihen.

Ich bin mir nicht sicher, ob die heutigen kritischen Bewegungen die notwendigen radikalen Änderungen erfolgreich vorantreiben werden. Aber ich zögere nicht, radikale Ansätze zu befürworten, um soziale Gerechtigkeit und ökologische Nachhaltigkeit zu erreichen und kreative Wege zu finden, diese Ziele zu erreichen. Was auch immer wir in den kommenden Jahrzehnten erreichen oder nicht erreichen können, wir können wenigstens versuchen, unser Bestes zu tun, und Veränderungen zu schaffen, auch wenn sie klein sind.

Das einzige, worüber ich ziemlich sicher bin, ist, dass all dies schmerzhaft sein wird. Dass wir aber für die Fähigkeit, diesen Schmerz zu spüren, dankbar sein sollten. Er ist ein Zeichen dafür, dass wir uns im Leben voll engagieren, und uns ständig bemühen, bessere Menschen zu werden. Ich werde bald 60 Jahre alt sein, und wenn ich auf mein Leben zurückblicke kann ich es in zwei Hälften einteilen. In der ersten Hälfte habe ich verzweifelt versucht, „normal" zu sein, um ins Bild zu passen, ein Mann zu sein, „realistisch" zu sein darüber, wie die Welt funktioniert – und es hat mich tief unglücklich gemacht. In der zweiten Hälfte meines Lebens habe ich versucht, die Gründe dieser Misere zu verstehen, sowohl in den Besonderheiten meiner eigenen Umstände als auch in den Systemen, die unsere Gesellschaft strukturieren. Und ich habe versucht, meinem Versprechen treu zu bleiben, ehrlich zu sein in meiner Beurteilung, wie die Welt funktioniert – und auch selbstkritisch über mein eigenes Leben. Dieser Prozess war oft schmerzhaft und ist dies auch weiterhin, aber ich habe nicht vor, rückwärts zu gehen.

Ich glaube nicht, dass Schmerz irgendeine Zauberkraft besitzt, oder dass Leiden uns automatisch zu besseren Menschen macht. Schmerz ist einfach ein Teil menschlichen Lebens, und die Frage ist, wie wir mit dem Leiden umgehen. Rennen wir vor ihm weg oder gehen wir auf es zu?

Besser als jeder andere zeitgenössische Autor, den ich kenne, hat James Baldwin diese Entscheidungen verstanden. Als er 1962 über die Rolle der KünstlerInnen schrieb, einer Gesellschaft wie Amerika mit ihrer weißen Vorherrschaft dabei zu helfen, die Tiefe ihrer Symptomatik zu erkennen, erinnerte er uns daran: „Nicht alles, was wir sehen, kann geändert werden, aber es kann nichts geändert werden, was wir nicht sehen." In diesem Essay mit dem Titel „As Much Truth as One Can Bear",[226] schlägt Baldwin vor, dass ein guter Schriftsteller versuchen sollte, „so viel Wahrheit zu erzählen, wie man vertragen könne und dann ein wenig mehr."

Ich möchte zu Baldwins Herausforderung einen weiteren Schritt hinzufügen. Unsere Aufgabe – für uns alle, Männer und Frauen, für welche Wege wir uns auch immer entschieden haben – ist es, so viel von der Wahrheit zu erzählen, wie wir ertragen können und dann noch ein wenig mehr und dann den ganzen Rest der Wahrheit, ob wir ihn ertragen können oder nicht.

Die Wahrheit – die Pathologie des Patriarchats und andere Dynamiken von Herrschaft und Unterordnung sowie das menschliche Versagen, unseren Platz in der größeren lebenden Welt zu verstehen – ist mehr, als wir ertragen sollten, vielleicht mehr als wir ertragen können. Aber dennoch ist es unsere

---

226 So viel Wahrheit, wie man ertragen kann. (DH) James Baldwin: "As Much Truth As One Can Bear". In: Randall Kenan (ed.): *The Cross of Redemption: Uncollected Writings*, S. 28-34.

Aufgabe, sie zu ertragen. Uns von dieser Aufgabe abzuwenden, bedeutet, uns von unserer Menschlichkeit abzuwenden.

Bibliografie

Allen, Amy: „Feminist Perspectives on Power". In: Edward N. Zalta (ed.): *The Stanford Encylopedia of Philosophy*. Sommer 2014. <http://plato.stanford.edu/archives/sum2014/entries/feminist-power/>

Anderson, Elizabeth: "Feminist Epistemology and Philosophy of Science". In: Edward N. Zalta (ed.): *The Stanford Encyclopedia of Philosophy*. Fall 2012. <http://plato.stanford.edu/archives/fall2012/entries/feminism-epistemology>

Anderson, Michelle J.: "All-American Rape". In: *St. John's Law Review*, 79:3, 2012.

Antevska, Aleksandra and Nicola Gavey: "'Out of Sight and Out of Mind': Detachment and Men's Consumption of Male Sexual Dominance and Female Submission in Pornography". In: *Men and Masculinities*, 18:5, 2015.

AntiDiskriminierungsBüro (ADB) Köln / Öffentlichkeit gegen Gewalt e.V. (Hg.): *Sprache schafft Wirklichkeit. Glossar und Checkliste für einen rassismuskritischen Sprachgebrauch*. Köln, Öffentlichkeit gegen Gewalt e. V., 2013.

Baldwin, James: "As Much Truth As One Can Bear". In: Randall Kenan (ed.): *The Cross of Redemption: Uncollected Writings*. New York, Pantheon, 2010, S. 28-34.

Baldwin, James. Interview von Mavis Nicholson: „Mavis on Four." 1987. <https://www.youtube.com/watch?v=3Wht4NSf7E4>

Baldwin, James: Interview in: *The Advocate*, Auszüge in: *Utne Reader*. Juli/August 2002.

Barnosky, Anthony et al.: "Approaching a State Shift in Earth's Biosphere". In: *Nature*, 7. June 2012. <http://www.nature.com/nature/journal/v486/n7401/full/nature11018.html>

Barry, Kathleen: *The Prostitution of Sexuality*. New York, New York University Press, 1995.

Barry, Kathleen: *Unmaking War Remaking Men: How Empathy Can Reshape Our Politics, Our Soldiers and Ourselves.* Santa Rosa, CA: Phoenix Rising Press of Santa Rosa, 2011.

Barry, Kathleen: *Unmaking War Remaking Men: How Empathy Can Reshape Our Politics, Our Soldiers and Ourselves.* North Melbourne, Spinifex Press, 2010.

Bartky, Sandra Lee: *Femininity and Domination. Studies in the Phenomenology of Oppression.* New York, Routledge, 1990.

Baumgardner, Jennifer: *Fem: Goo Goo, Gaga and Some Thoughts on Balls.* Berkeley, CA; Seal Press, 2011.

Bell, Diane and Renate Klein (eds.): *Radically Speaking: Feminism Reclaimed.* North Melbourne, Spinifex Press, 1996.

Bem, Sandra Lipsitz: *The Lenses of Gender: Transforming the Debate on Sexual Inequality.* New Haven, CT; Yale University Press, 1993.

Bennett, Judith M.: *History Matters: Patriarchy and the Challenge of Feminism.* Philadelphia, University of Pennsylvania Press, 2006.

Bennett, Judith: "History Matters: The Grand Finale", 29. März 2009. <http://girlscholar.blogspot.com/2009/03/history-matters-grand-finale-guest-post.html>

Bissinger, Buzz: "Call Me Caitlyn". In: *Vanity Fair*, Juli 2015, S. 50-69, 105-106.

Blackless, Melanie et al: *How Sexually Dimorphic Are We? Review and Synthesis.* In: *American Journal of Human Biology*, 12:2 (März/April 2000). S. 151-166.

Bockting, Walter O.: "Transgender Identity Development". In: Deborah L. Tolman und Lisa M. Diamond (Ed.): *APA Handbook of Sexuality and Psychology.* Washington, DC; American Psychological Association, 2014.

Boghani, Priyanka: "When Transgender Kids Transition, Medical Risks are Both Known and Unknown". In: PBS Frontline, 30. Juni 2015. <http://www.pbs.org/wgbh/frontline/article/when-transgender-kids-transition-medical-risks-are-both-known-and-unknown/>

Boylan, Jennifer Finney: *Stuck in the Middle with You: A Memoir of Parenting in Three Genders.* New York, Crown, 2013.

Boylan, Jennifer Finney: "Op-Ed: Trans Community Can Change Minds by Changing Discourse". In: *Los Angeles Times*, 15. August

2014. <http://www.latimes.com/opinion/op-ed/la-oe-adv-boylan-transgender-language-20140817-story.html>

Boyle, Karen (ed.): *Everyday Pornography*. New York, Routledge, 2010, S. 105-113.

Brownmiller, Susan: *Gegen unseren Willen. Vergewaltigung und Männerherrschaft*. Übersetzung: Ivonne Carroux. Frankfurt am Main, S. Fischer, 1980.

Buchwald, Emilie, Pamela Fletcher und Martha Roth (ed.): *Transforming a Rape Culture*. Minneapolis, MS; Milkweed Edtions, 2005, 2nd edition.

Burgess, Ann Wolbert (ed.): *Rape and Sexual Assault II*. New York: Garland, 1988.

Butler, Judith: *Das Unbehagen der Geschlechter*. Übersetzung: Kathrina Menke. Frankfurt am Main, Suhrkamp, 1991.

Butler, Judith: *Körper von Gewicht. Die diskursiven Grenzen des Geschlechts*. Übersetzung: Karin Wördemann. Berlin, Berlin Verlag, 1995.

Card, Claudia: *Lesbian Choices*. New York, Columbia University Press, 1995.

Cobble, Dorothy Sue, Linda Gordon, and Astrid Henry: *Feminism Unfinished: A Short, Surprising History of American Women's Movements*. New York, Liveright/W.W. Norton and Co., 2014.

Cockburn, Cynthia: *Blockierte Frauenwege: wie Männer Gleichheit in Institutionen und Betrieben verweigern*. Übersetzung: Michael Haupt und Gabriela Mischkowski. Hamburg, Argument Verlag, 1993.

Collins, Patricia Hill: *Black Feminist Thought: Knowledge, Consciousness, and the Politics of Empowerment*. New York, Routledge Classics, 2008.

Combahee River Collective: "The Combahee River Collective Statement". In: Barbara Smith (ed.): *Home Girls: A Black Feminist Anthology*. New Brunswick, NJ, Rutgers University Press, 2000.

Crenshaw, Kimberlé: "Demarginalizing the Intersection of Race and Sex: A Black Feminist Critique of Antidiscrimination Doctrine, Feminist Theory and Antiracist Politics". In: *University of Chicago Legal Forum*, 1. 1989, S. 139-167.

Crenshaw, Kimberlé: "Why intersectionality can't wait". In: *Washington Post*, 24. September 2015. <https://www.washingtonpost.com/news/in-theory/wp/2015/09/24/why-intersectionality-cant-wait/>

Crenshaw, Kimberlé Williams, with Priscilla Ocen and Jyoti Nanda: "Black Girls Matter: Pushed Out, Overpoliced and Underprotected". In: African American Policy Forum, and Center for Intersectionality and Social Policy Studies, 2015. <https://www.law.columbia.edu/sites/default/files/legacy/files/public_affairs/2015/february_2015/black_girls_matter_report_2.4.15.pdf >

Crofton, Jenny: "What It Means to Be MultiGender: The Questions Many Have, but Are Afraid to Ask". In: *The Body Is Not An Apology Magazine*, 5. August 2016. <http://thebodyisnotanapology.com/magazine/what-it-means-to-be-multigender-the-questions-many-have-but-are-afraid-to-ask/>

Currah, Paisley: "General Editor's Introduction". In: *Transgender Studies Quarterly*, 3:1-2. 2016.

Devries, K. M. et al.: "The Global Prevalence of Intimate Partner Violence Against Women". In: *Science*, 340:6140. 28. Juni 2013: 1527-1528.

Dhejne, Cecilia et al.: "Long-Term Follow-Up of Transsexual Persons Undergoing Sex Reassignment Surgery: Cohort Study in Sweden", in: *PLoS One*, 6:2 (2011). <http://journals.plos.org/plosone/article?id=10.1371/journal.pone.0016885>

Diagnostic and Statistical Manual of Mental Disorders. Arlington, VA, American Psychiatric Association, 2013, 5th ed.

Dines, Gail: *Pornland: Wie die Pornoindustrie uns unserer Sexualität beraubt*. Übersetzung: Aimée M. Ziegler. Mainz, Thiele, 2014.

Dolan, Karen: "Caitlyn Jenner Isn't 'Posing' as a Woman—She Is a Woman". In: Alternet, 1. Juni 2015. <http://www.alternet.org/gender/yes-females-can-have-penises-and-males-can-have-vaginas-get-over-it>

Douglas, Raymond M.: *On Being Raped*. Boston, Beacon, 2016.

Dworkin, Andrea: *Pornographie: Männer beherrschen Frauen*. Übersetzung: Erica Fischer. Köln, EMMA, 1987.

Dworkin, Andrea: *Letters from a War Zone*. Chicago, Lawrence Hill Books, 1993.

Dworkin, Andrea: *Heartbreak: The Political Memoir of a Feminist Militant*. New York, Basic Books, 2002.

Editorial Board of the New York Times: "Transgender Today". In: *New York Times*, 4. Mai 2015. <http://www.nytimes.com/2015/05/04/opinion/the-quest-for-transgender-equality.html>

Faludi, Susan: *Die Männer schlagen zurück. Wie die Siege des Feminismus sich in Niederlagen verwandeln und was Frauen dagegen tun können.* Übersetzung: Sabine Hübner. Reinbek, Rowohlt, 1993.

Farley, Melissa and Howard Barkan: "Prostitution, Violence, and Post-Traumatic Stress Disorder". In: *Women & Health*, 27:3, 1998: 37-49.

Farley, Melissa Farley et al.: "Prostitution and Trafficking in 9 Countries: Update on Violence and Posttraumatic Stress Disorder". In: *Journal of Trauma Practice*, 2:3/4, 2003: 33-74.

Fausto-Sterling, Anne: The Five Sexes, Revisited. In: *Sciences*, 40:3, Juli/August 2000.

Fine, Cordelia: *Die Geschlechterlüge. Die Macht der Vorurteile über Mann und Frau.* Übersetzung: Susanne Held. Stuttgart, Klett-Cotta, 2012.

Fine, Cordelia: „His brain, her brain?" In: *Science*, 346 (2014): 915-916.

Foster, Judy with Marlene Derlet: *Invisible Women of Prehistory: Three Million Years of Peace, Six Thousand Years of War.* North Melbourne, Spinifex Press, 2013.

Freedman, Estelle B.: *Redefining Rape: Sexual Violence in the Era of Suffrage and Segregation.* Cambridge, MA; Harvard University Press, 2013.

French, Marilyn: *From Eve to Dawn: A History of Women. Volume 1: Origins.* Toronto, McArthur & Co., 2002.

Friedan, Betty: *Der Weiblichkeitswahn oder Die Mystifizierung der Frau.* Übersetzung: Margaret Carroux. Reinbek, Rowohlt, 1966.

Frye, Marilyn: *The Politics of Reality.* Freedom, CA, Crossing Press, 1983.

Frye, Marilyn: *Willful Virgin: Essays in Feminism 1976-1992.* Freedom, CA, Crossing Press, 1992.

Ginelle, Leela: "Real Talk with Trans People". In: *Medium*, 8. September 2015. <https://medium.com/matter/real-talk-with-trans-people-57b9aa3b91a8>

Glass, Alice: "Prostitution Survivor Testimony", Nordic Model Now! <https://nordicmodelnow.org/testimonial/alice-glass/>

Goldberg, Michelle: "What Is a Woman? The Dispute between Radical Feminism and Transgenderism". In: *New Yorker*, 4. August 2014. <http://www.newyorker.com/magazine/2014/08/04/woman-2>

Goldberg, Michelle: "The Trans Women Who Say that Trans Women Aren't Women: Meet the Apostates of the Trans Rights Movement". In: *Slate*, 9. Dezember 2015. <http://www.slate.com/articles/double_x/doublex/2015/12/gender_critical_trans_women_the_apostates_of_the_trans_rights_movement.single.html>

Goodnough, Abby and Margot Sanger-Katz: "Health Care Rules Proposed to Shield Transgender Patients from Bias". In: *New York Times*, 3. September 2015. <http://www.nytimes.com/2015/09/04/us/health-care-rules-proposed-to-shield-transgender-patients-from-bias.html?_r=1>

Gordon, Linda: *The Women's Liberation Moment*. In: Dorothy Sue Cobble, Linda Gordon, and Astrid Henry: *Feminism Unfinished: A Short, Surprising History of American Women's Movements*. New York, Liveright/W.W. Norton and Co., 2014.

Gordon, Linda and Allen Hunter: "Not All Male Dominance Is Patriarchal". In: *Radical History Review*, 71. Frühjahr 1998:71-83.

Gray, John: *Männer sind anders, Frauen auch*. Übersetzung: Matthias Schossig. München, Goldmann, 1992.

Greenberg, Sam: "DKE chants on Old Campus spark controversy". In: *Yale Daily News*, 14. Oktober 2010. <http://yaledailynews.com/crosscampus/2010/10/14/dke-chants-on-old-campus-spark-controversy/>

Griffin, Susan: "Rape: The All-American Crime". In: *Ramparts Magazine*, September 1971.

Grossmann, Dave: *On Killing. The Psychological Cost of Learning to Kill in War and Society*. New York, Back Bay Books, 2009, revised edition.

Heyes, Cressida J. and Meredith Jones (ed.): *Cosmetic Surgery: A Feminist Primer*. Farnham, UK; Ashgate Publishing, 2009.

Heywood, Leslie and Jennifer Drake (eds.): *Third Wave Agenda: Being Feminist, Doing Feminism*. Minneapolis, University of Minnesota Press, 1997.

Hoagland, Sarah Lucia: *Die Revolution der Moral: Neue lesbisch-feministische Perspektiven*. Übersetzung: Cornelia E. Kähler. Berlin, Orlanda Frauenverlag, 1991.

hooks, bell: *Feminist Theory: From Margin to Center*. Boston, South End Press, 1984.

Hunt, Elle: "'20 minutes of action': father defends Stanford student son convicted of sexual assault". In: *The Guardian*, 5. Juni 2016. <http://www.theguardian.com/us-news/2016/jun/06/father-stanford-university-student-brock-turner-sexual-assault-statement>

Hyde, Janet Shibley: "The Gender Similarity Hypothesis". In: *American Psychologist*. September 2005: 581-592.

Jameson, Fredric: "Future City". In: *New Left Review*, Mai-Juni 2003. <http://newleftreview.org/II/21/fredric-jameson-future-city>

Jeffreys, Sheila: *The Idea of Prostitution*. North Melbourne, Spinifex Press, 1997.

Jeffreys, Sheila: *Beauty and Misogyny: Harmful Cultural Practices in the West*. London, Routledge, 2005.

Jeffreys, Sheila: *Gender Hurts: A Feminist Analysis of the Politics of Transgenderism*. New York, Routledge, 2014.

Jensen, Robert: *Writing Dissent: Taking Radical Ideas from the Margins to the Mainstream*. New York, Peter Lang, 2001.

Jensen, Robert: *Citizen of the Empire: The Struggle to Claim Our Humanity*. San Francisco, City Lights, 2004.

Jensen, Robert: *The Heart of Whiteness: Confronting Race, Racism and White Privilege*. San Francisco, City Lights, 2005.

Jensen, Robert: *Getting Off: Pornography and the End of Masculinity*. Boston, South End Press, 2007. (Vergriffen, aber gratis zu bestellen unter <http://robertwjensen.org/>

Jensen, Robert: "Pornography Is What the End of the World Looks Like". In: Karen Boyle (ed.): *Everyday Pornography*. New York, Routledge, 2010, S. 105-113.

Jensen, Robert: *Arguing for Our Lives: A User's Guide to Constructive Dialog*. San Francisco, City Lights, 2013.

Jensen, Robert: "Some basic propositions about sex, gender, and patriarchy." *Dissident Voice*, 13. Juni 2014. <http://dissidentvoice.org/2014/06/some-basic-propositions-about-sex-gender-and-patriarchy/>

Jensen, Robert: "There are limits: Ecological and social implications of trans and climate change". *Dissident Voice*, 12. September

2014. <http://dissidentvoice.org/2014/09/ecological-and-social-implications-of-trans-and-climate-change/>

Jensen, Robert: "Feminism unheeded". *Nation of Change*, 8. Januar 2015. <http://www.nationofchange.org/2015/01/08/feminism-unheeded/>

Jensen, Robert: "A transgender problem for diversity politics". In: *Dallas Morning News*, 5. Juni 2015.

Jensen, Robert: *Plain Radical: Living, Loving, and Learning to Leave the Planet Gracefully*. Berkeley, CA; Counterpoint/Soft Skull, 2015.

Johnson, Allan G.: *The Gender Knot: Unraveling Our Patriarchal Legacy*. Philadelphia, PA, Temple University Press, 2014, 3rd edition.

Jones, Jane Clare: "'You Are Killing Me': On Hate Speech and Feminist Silencing". In: *Trouble and Strife*, 16. Mai 2015. <http://www.troubleandstrife.org/new-articles/you-are-killing-me/>

Jordan-Young, Rebecca: *Brain Storm: The Flaws in the Science of Sex Differences*. Cambridge, MA; Harvard University Press, 2010.

Jordan-Young, Rebecca and Raffaella I. Rumiati: "Hardwired for Sexism? Approaches to Sex/Gender". In: *Neuroethics*, 5, 2012: 305-315.

Joyce, Kathryn: *Quiverfull: Inside the Christian Patriarchy Movement*. Boston, Beacon, 2009.

Karkazis, Katrina: *Fixing Sex: Intersex, Medical Authority, and Lived Experience*. Durham, NC; Duke University Press, 2008.

Kandiyoti, Deniz: "Bargaining with Patriarchy". In: *Gender and Society*, 2:3, 1988.

Khader, Serene J.: "Must Theorizing about Adaptive Preferences Deny Women's Agency?" In: *Journal of Applied Philosophy*, 29:4, 2012.

King, Martin Luther Jr.: "Where Do We Go from Here?" Annual Report to the Southern Christian Leadership Conference, 16. August 1967. <http://www.stanford.edu/group/King/publications/speeches/Where_do_we_go_from_here.html>

Kitchens, Caroline: "It's Time to End 'Rape Culture' Hysteria". In: *Time Magazine*, 20. März 2014. <http://time.com/30545/its-time-to-end-rape-culture-hysteria/>

Klare, Michael T.: *The Race for What's Left: The Global Scramble for the World's Last Resources*. New York, Metropolitan, 2012.

Klein, Naomi: *Die Entscheidung : Kapitalismus vs. Klima*. Übersetzung: Christa Prummer-Lehmair. Frankfurt am Main, S. Fischer, 2015.

Koss, Mary P. Koss: "Hidden Rape: Sexual Aggression and Victimization in a National Sample of Students in Higher Education". In: Ann Wolbert Burgess (ed.): *Rape and Sexual Assault II*. New York: Garland, 1988, S. 3-25.

Kunstler, James Howard: *The Long Emergency: Surviving the End of Oil, Climate Change, and Other Converging Catastrophes of the Twenty-First Century*. New York, Grove, 2006.

Langer, SJ: "Our Body Project: From Mourning to Creating the Transgender Body". In: *International Journal of Transgenderism*, 15:2, 2014.

Leigh, Carol: "Inventing Sex Work". In: Jill Nagle (ed.): *Whores and Other Feminists*. New York, Routledge, 1997, S. 223-231.

Leeuwen, Mary Stewart Van: "Servanthood or Soft Patriarchy? A Christian Feminist Looks at the Promise Keepers Movement". In: *Journal of Men's Studies*, 5:3, 1997. <http://www.cbeinternational.org/sites/default/files/pp112_7sosp.pdf>

Lerner, Gerda: *Die Entstehung des Patriarchats*. Übersetzung: Walmot Möller-Falkenberg. Frankfurt/Main, Campus Verlag, 1995.

Lerner, Gerda: *Zukunft braucht Vergangenheit. Warum Geschichte uns angeht*. Übersetzung: Walmot Möller-Falkenberg. Königstein/Taunus, Ulrike Helmer Verlag, 2002.

Lienert, Tania: "Women's Self-Starvation, Cosmetic Surgery and Transsexualism". In: *Feminism & Psychology*, 8:2, 1998.

Limbaugh, Rush H.: *The Way Things Ought to Be*. New York, Pocket Books, 1992.

Lorber, Judith: *Paradoxes of Gender*. New Haven, CT; Yale University Press, 1994.

Lorde, Audre: *Sister Outsider*. Freedom, CA, Crossing Press, 1984.

Lynch, Loretta E.: "Remarks at Press Conference Announcing Complaint Against the State of North Carolina to Stop Discrimination Against Transgender Individuals". Washington, DC, 9. Mai 2016. <https://www.justice.gov/opa/speech/attorney-general-loretta-e-lynch-delivers-remarks-press-conference-announcing-complaint>

MacKinnon, Catharine A.: *Feminism Unmodified: Discourses on Life and Law*. Cambridge, MA, Harvard University Press, 1987.

MacKinnon, Catharine A.: *Toward a Feminist Theory of the State.* Cambridge, MA, Harvard University Press, 1989.

MacKinnon, Catharine A. and Andrea Dworkin: *In Harm's Way: The Pornography Civil Rights Hearings.* Cambridge, MA, Harvard University Press, 1997.

Marcotte, Amanda: "RAINN Denounces, Doesn't Understand the Concept of 'Rape Culture,'" Slate, 18. März 2014. <http://www.slate.com/blogs/xx_factor/2014/03/18/rainn_attacks_the_phrase_rape_culture_in_its_recommendations_to_the_white.html>

Marcuse, Herbert: *Der eindimensionale Mensch. Studien zur Ideologie der fortgeschrittenen Industriegesellschaft.* München, dtv, 2008, 6. Auflage.

Marcuse, Herbert: *Versuch über die Befreiung.* Übersetzung: Helmut Reinicke und Alfred Schmidt. Frankfurt am Main, Suhrkamp, 2008.

McClelland, Mac: "Is Prostitution Just Another Job?". In: *New York Magazine*, 21. März 2016. <http://nymag.com/thecut/2016/03/sex-workers-legalization-c-v-r.html>

Millett, Kate: *Sexus und Herrschaft. Die Tyrannei des Mannes in unserer Gesellschaft.* Übersetzung: Ernestine Schlant. München, Desch, 1971.

Moraga, Cherríe and Gloria E. Anzaldúa (eds.): *This Bridge Called My Back: Writing by Radical Women of Color.* Albany, NY, State University of New York Press, 2015, 4th edition.

Moran, Rachel: *Was von Menschen übrig bleibt: Die Wahrheit über Prostitution.* Übersetzung: Maria Heydel. Marburg, Tectum, 2015.

Morris, Monique W.: *Pushout: The Criminalization of Black Girls in Schools.* New York, New Press, 2016.

Mosquin, Ted and Stan Rowe: "A Manifesto for Earth". In: *Biodiversity*, 5:1 (2004): 3-9. <http://www.ecospherics.net/pages/EarthManifesto.pdf>

Murad, Mohammad Hassan et al.: "Hormonal Therapy and Sex Reassignment: A Systematic Review and Meta-analysis of Quality of Life and Psychosocial Outcomes". In: *Clinical Endocrinology*, 72:2 (2010): 214–231. <http://onlinelibrary.wiley.com/doi/10.1111/j.1365-2265.2009.03625.x/abstract>

Nagle, Jill (ed.): *Whores and Other Feminists.* New York, Routledge, 1997.

Norma, Caroline and Melinda Tankard Reist (eds.): *Prostitution Narratives: Stories of Survival in the Sex Trade*. North Melbourne, Spinifex Press, 2016.

Oakley, Ann: *Sex, Gender and Society*. Farnham, UK, Ashgate, 1985, revised editon.

Orr, David W.: "Technological Fundamentalism". In: *Conservation Biology*, 8:2, Juni 1994: 335-337.

Paiella, Gabriella: "Brock Turner's Childhood Friend Blames His Felony Sexual-Assault Conviction on Political Correctness". In: *New York Magazine*, 6. Juni 2016. <http://nymag.com/thecut/2016/06/brock-turners-friend-pens-letter-of-support.html>

Phillips, Lynn: *Flirting with Danger: Young Women's Reflections on Sexuality and Domination*. New York, New York University Press, 2000.

Randolph, Sherie M.: *Florynce "Flo" Kennedy: The Life of a Radical Black Feminist*. Chapel Hill, University of North Carolina Press, 2015.

Raymond, Janice G.: *The Transsexual Empire: The Making of the She-Male*. New York, Teachers College Press, 1994, reissued with new introduction.

Reilly-Cooper, Rebecca: Sex and Gender: A Beginner's Guide. 2015. <http://sexandgenderintro.com/>

Richardson, Sarah S.: *Sex Itself: The Search for Male and Female in the Human Genome*. Chicago, University of Chicago Press, 2013.

Ring, Trudy: "This Year's Michigan Womyn's Music Festival Will Be the Last". In: Advocate.com, 21. April 2015. <http://www.advocate.com/michfest/2015/04/21/years-michigan-womyns-music-festival-will-be-last>

Roiphe, Katie: *The Morning After: Fear, Sex and Feminism*. New York, Little, Brown and Co. 1993.

Rosenfeld, Diane L.: "Who Are You Calling a 'Ho'?: Challenging the Porn Culture on Campus". In: Melinda Tankard Reist and Abigail Bray (eds.): *Big Porn Inc: Exposing the Harms of the Global Pornography Industry*. North Melbourne, Spinifex Press, 2011.

Russell, Diana E. H.: *Sexual Exploitation: Rape, Child Sexual Abuse, and Workplace Harassment*. Beverley Hills, CA; Sage, 1984.

Sanday, Peggy Reeves: *Fraternity Gang Rape: Sex, Brotherhood, and Privilege on Campus*. New York, New York University Press, 1990.

Sapolsky, Robert M.: "Caught Between Male and Female". In: *Wall Street Journal*, 6. Dezember 2013. <http://www.wsj.com/articles/SB1000142 405270230485480457923403052617704>

Saraswat, Aruna, Jamie D. Weinand, and Joshua D. Safer: "Evidence Supporting the Biologic Nature of Gender Identity". In: *Endocrine Practice*, 21:2 (2015): 199-204. <http://www.medscape.com/viewarticle/840538>

Savic, Ivanka and Stefan Arver: "Sex Dimorphism of the Brain in Male-to-Female Transsexuals". In: *Cerebral Cortex*, 21:11 (November 2011): 2525-2533. <http://cercor.oxfordjournals.org/content/21/11/2525>

Scheman, Naomi: *Engenderings: Constructions of Knowledge, Authority, and Privilege*. New York, Routledge, 1993.

Schwalbe, Michael: *Manhood Acts: Gender and the Practices of Domination*. New York, Routledge, 2014.

Schwartz, Maralee and Kenneth J. Cooper: "Equal Rights Initiative in Iowa Attacked". In: *Washington Post*, 23. August 1992. <https://www.washingtonpost.com/archive/politics/1992/08/23/equal-rights-initiative-in-iowa-attacked/f3e553a1-b768-449f-8d65-d096f9e318ee/>

Scott, Joan Wallach: *Gender and the Politics of History*. New York, Columbia University Press, 1988.

Smith, Barbara: *The Truth That Never Hurts: Writings on Race, Gender, and Freedom*. New Brunswick, NJ; Rutgers University Press, 2000.

Smith, Barbara (ed.): *Home Girls: A Black Feminist Anthology*. New Brunswick, NJ, Rutgers University Press, 2000.

Smuts, Barbara: The Evolutionary Origins of Patriarchy, in: *Human Nature*, 6:1, 1995: 1-32.

Spack, Norman P.: "Foreword". In: Stephanie Brill und Rachel Pepper (ed.): *The Transgender Child: A Handbook for Families and Professionals*. San Francisco, Cleis Press, 2008.

Stack, Liam: "Light Sentence for Brock Turner in Stanford Rape Case Draws Outrage". In: *New York Times*, 6. Juni 2016. <http://www.nytimes.com/2016/06/07/us/outrage-in-stanford-rape-case-over-dueling-statements-of-victim-and-attackers-father.html?_r=0>

Steinem, Gloria: "Op-ed: On Working Together Over Time". In: *Advocate*, 2. Oktober 2013. <http://www.advocate.com/commentary/2013/10/02/op-ed-working-together-over-time>

Steinmetz, Katy: "The Transgender Tipping Point: America's Next Civil
  Rights Frontier". In: *Time*, 4. Juni 2014, S. 38-46.

Stoltenberg, John: *Refusing to Be a Man: Essays on Sex and Justice.*
  Portland, OR, Breitenbush Books, 1989.

Stoltz, Jo-Anne Madeleine et al.: "Associations between Childhood
  Maltreatment and Sex Work in a Cohort of Drug-using Youth".
  In: *Social Science and Medicine*, 65:6, 2007: 1214-1221.

Sullivan, Mary: *Making Sex Work: A Failed Experiment with Legalized
  Prostitution.* North Melbourne, Spinifex Press, 2007.

Tankard Reist, Melinda and Abigail Bray (eds.): *Big Porn Inc: Exposing
  the Harms of the Global Pornography Industry.* North Melbourne,
  Spinifex Press, 2011.

Thomas, Jake: "Delaying Puberty with the Help of the State".
  In: *The Atlantic*, 22. Oktober 2014. <http://www.theatlantic.com/
  health/archive/2014/10/delaying-puberty-with-the-help-of-the-
  state/381366/>

Tjaden, Patricia and Nancy Thoennes: *Extent, Nature, and Consequences
  of Rape Victimization: Findings from the National Violence Against
  Women Survey.* <http://www.ncjrs.gov/pdffiles1/nij/210346.pdf>

Tjaden, Patricia and Nancy Thoennes: *Full Report of the Prevalence,
  Incidence, and Consequences of Violence Against Women: Findings
  from the National Violence Against Women Survey.* <https://www.
  ncjrs.gov/pdffiles1/nij/183781.pdf>

Tolman, Deborah L. and Lisa M. Diamond (ed.): *APA Handbook of
  Sexuality and Psychology.* Washington, DC; American Psychological
  Association, 2014.

Tong, Rosemarie P.: *Feminist Thought: A More Comprehensive
  Introduction.* Boulder, CO; Westview Press, 2013, 4th edition.

Trebilcot, Joyce: *Dyke Ideas: Process, Politics, Daily Life.* Albany, State
  University of New York Press, 1994.

Valenti, Jessica: "What Does a Lifetime of Leers Do to Us?" In: *New York
  Times*, 4. Juni 2016. <http://www.nytimes.com/2016/06/05/opinion/
  sunday/what-does-a-lifetime-of-leers-do-to-us.html?_r=0>

Vries, Annelou L.C. de et al.: "Young Adult Psychological Outcome after
  Puberty Suppression and Gender Reassignment", in: *Pediatrics*, 134:4
  (2014): 696-704. <http://www.ncbi.nlm.nih.gov/pubmed/25201798>

Wade, Lisa: "Serena Williams' Patriarchal Bargain".
In: *Sociological Images*, 22. Mai 2011. <https://thesocietypages.org/socimages/2011/05/22/women-damned-if-you-do-damned-if-you-dont/>

Walby, Sylvia: *Theorizing Patriarchy*. Oxford, Basil Blackwell, 1990.

Walker, Alice: *Auf der Suche nach den Gärten unserer Mütter. Essays.* Übersetzung: Gertraude Krueger. München, Weismann Verlag Frauenbuchverlag, 1987.

Watson, Laurel B. et al.: "Understanding the Relationships Among White and African American Women's Sexual Objectification Experiences, Physical Safety Anxiety, and Psychological Distress". In: *Sex Roles*, 2015: 91-104.

Watson, Lori: "Why Sex Work Isn't Work". In: *Logos*, 13, 2014. <http://logosjournal.com/2014/watson/>

Weil, Elizabeth: "What if It's (Sort of) a Boy and (Sort of) a Girl?" In: *New York Times Magazine*, 24. September 2006. <http://www.nytimes.com/2006/09/24/magazine/24intersexkids.html?fta=y&_r=0>

Whisnant, Rebecca and Christine Stark (eds.): *Not For Sale: Feminists Resisting Prostitution and Pornography.* North Melbourne, Spinifex Press, 2004.

Zell, Ethan Zell et al.: "Evaluating Gender Similarities and Differences Using Metasynthesis". In: *American Psychologist.* Januar 2015: 10-20.

Zell, Ethan et al.: "Mars, Venus, or Earth? Sexism and the Exaggeration of Psychological Gender Differences". In: *Sex Roles*, 2016. doi 10.1007/s11199-016-0622-1.

Index

Index

Index

Vortex: The Crisis of Patriarchy
Susan Hawthorne

In this enlightening yet devastating book, Susan Hawthorne writes with clarity and incisiveness on how patriarchy is wreaking destruction on the planet. The twin mantras of globalisation and growth expounded by the neoliberalism that has hijacked the planet are revealed in all their shabby deception.

The book shows a way out of the vortex: it is up to the collective imagination and action of people everywhere to take up the challenges Susan Hawthorne shows are needed.

Susan Hawthorne demands that we not only face the social and ecological crises of our moment in history, but recognize their patriarchal roots.

—Robert Jensen, Professor Emeritus,
University of Texas at Austin

ISBN 9781925950168

Prostitution Narratives: Stories of Survival in the Sext Trade
Edited by Caroline Norma and Melinda Tankard Reist

For too long the global sex industry and its vested interests have dominated the prostitution debate repeating the same old line that sex work is just like any job. In large sections of the media, academia, public policy, Government and the law, the sex industry has had its way. Little is said of the damage, violation, suffering, and torment of prostitution on the body and the mind, nor of the deaths, suicides and murders that are routine in the sex industry.

Whatever your stand on prostitution, it's the first-hand stories of women that have to be listened to first. These accounts are among the most unsettling you will ever read, dispelling in just a few pages the comforting fairytales our society has built around 'sex work'.

—Steve Biddulph, author of *Raising Boys*

ISBN 9781742199863

*Für weitere Bücher von Spinifex Press
schreiben Sie uns bitte, um einen
vollständigen Katalog zu erhalten, oder
besuchen Sie unsere Webseite.*

Spinifex Press
PO Box 105
Mission Beach QLD 4852
Australien

www.spinifexpress.com.au
women@spinifexpress.com.au

Zeitfracht Medien GmbH
Ferdinand-Jühlke-Straße 7
99095 Erfurt, Deutschland
produktsicherheit@kolibri360.de